职业教育规划教材

经济应用数学

白雪银 李海燕 王玉红 主 编
张 远 李慧敏 李 健 副主编

化学工业出版社
·北京·

内 容 简 介

《经济应用数学》内容包括函数及其应用、函数的极限与应用、一元函数微分学、导数的应用、不定积分、定积分及其应用、二元函数微分学、微分方程初步、概率论初步。书中内容及其难度以高职院校经济管理类专业的需要为基础，每章、节后都配有一定数量的习题、复习题，供教师和学生选用。为方便教学，配套参考答案，可扫描每章的二维码免费下载。

本书是高职高专经济管理类专业学生学习高等数学课程的教材，也可作为高职高专其他相关专业的教材，并可供相关专业人员使用。

图书在版编目（CIP）数据

经济应用数学/白雪银，李海燕，王玉红主编. —北京：化学工业出版社，2021.8
ISBN 978-7-122-39419-4

Ⅰ.①经… Ⅱ.①白… ②李… ③王… Ⅲ.①经济数学-高等职业教育-教材 Ⅳ.①F224.0

中国版本图书馆 CIP 数据核字（2021）第 127989 号

责任编辑：韩庆利
责任校对：王　静　　　　　　　　　　　　　装帧设计：刘丽华

出版发行：化学工业出版社（北京市东城区青年湖南街 13 号　邮政编码 100011）
印　　刷：北京京华铭诚工贸有限公司
装　　订：三河市振勇印装有限公司
787mm×1092mm　1/16　印张 13½　字数 305 千字　2021 年 10 月北京第 1 版第 1 次印刷

购书咨询：010-64518888　　　　　　　　　售后服务：010-64518899
网　　址：http://www.cip.com.cn
凡购买本书，如有缺损质量问题，本社销售中心负责调换。

定　　价：45.00 元　　　　　　　　　　　　　　版权所有　违者必究

前言

本书以"必须、够用"为度；以应用为目的，能力培养为本位；突出激发兴趣，激励学生主动参与教学过程，以学生为主体，教师为主导等数学课程主要教育教学理念，构建体系，选取内容，配置资源。本书是结合当前高职高专院校经济数学课程改革的实际，针对高职层次的经济管理类专业所需数学知识而编写的，是一本适宜于经济管理类专业学生学习高等数学课程的教材。

教材分为必修、选修两个模块，其中必修模块包括函数及其应用、函数的极限与应用、一元函数微分学、导数的应用、不定积分、定积分及其应用六章，选修模块包括二元函数微分学、微分方程初步、概率论初步三章。书中带 * 内容为选修内容。

书中知识内容可根据专业人才培养计划需求及学生实际水平进行剪裁或在教学过程中有所不同侧重；同时以模块化结构更能显示一元微积分的核心内容：如极限思想、瞬时变化率模型——导数模型、关于一类和式的极限问题——定积分模型等。

本书力求体现基础课为专业服务的思想，在保证科学性的基础上，注意讲清概念，减少理论推导，注重学生基本运算能力和分析问题、解决问题能力的培养。内容及其难度以高职高专经济管理类专业的需要为基础，以学生专业学习与岗位工作需要为依据，理论知识以够用为度，涉及性质与定理的内容，以图形描述或数值表达或文字说明加以适当解释，淡化逻辑推理。以"专业结合，突出应用"为原则，教材体系突出与财经管理专业紧密结合，体现数学知识专业化、应用问题数学化，突出高等数学在财经管理专业中的应用性。以"案例驱动，问题导向"为原则，数学概念要以实际案例为背景导入，知识的展开以解决问题为导向，形成数学知识来源于实际问题，反过来又应用于实际问题。

本书第1章、第3章由李慧敏编写，第2章由白雪银编写，第4章、第7章由张远编写，第5章由王玉红编写，第6章由李健、张远联合编写，第8章由李海燕编写，第9章由李海燕、李慧敏联合编写，附录由李明芬编写，全书的编写大纲、体系结构、统稿由白雪银、李海燕承担。

由于编者水平所限，书中若有不妥之处，敬请同仁和读者批评指正。

编　者

目录

附录 / 195

参考文献 / 206

第1章

函数及其应用

函数是高等数学中最重要的概念之一，在数学、自然科学、经济学和管理学的研究中，函数关系随处可见，初等函数研究的主要是常量及其运算，高等数学所研究的主要是变量及变量之间的依赖关系，而函数正是这种依赖关系的体现．因此应该理解函数的概念、特性，掌握基本初等函数的图像性质，理解分段函数、反函数、复合函数等概念，了解经济学中的常见函数．所以有必要对函数的概念、图像及性质进行复习．

习题与复习
题参考答案

1.1 函数的概念

笔记

1.1.1 常量与变量

函数是微积分学的主要研究对象，它的实质就是变量之间的对应关系，为了了解这一点，先给出几个有关的概念．

在观察各种现象或过程的时候，经常会遇见两种不同的量：一种是在过程中保持不变的、取一个固定数值的量，这种量称为**常量**；另一种是在过程中起变化的、可在一定的范围内取不同数值的量，这种量称为**变量**．常量的例子很多，例如，北京到呼和浩特的直线距离，作匀速直线运动的物体的速度等都是常量；变量的例子举不胜举，例如自然界中的温度、湿度，经济问题中的商品价格、银行利率等等．

常量和变量的概念是相对的，要根据过程具体分析．例如，2021 年的第一季度的人民币存款利率，它可以看作是一个常量，而要考虑 2003 年到 2021 年的人民币存款利率，它就是一个变量．一个变量所能取值的集合叫做这个变量的变域．

通常用字母 x，y，z 等表示变量，用字母 a，b，c 表示常量．

在给出函数定义之前，先看几个例子．

【例 1】 某种商品的市场供求量 q 与该商品的价格 p 满足关系式

$$q = 100 - 5p$$

通过这个关系式，根据不同的价格 p，可以知道该商品的市场需求量 q．

如价格 $p = 9$ 时，由已知关系式得

$$q = 100 - 5 \times 9 = 55$$

显然，p 和 q 是两个变量，而 p 和 q 的关系式确定了这两个变量之间的对应关系.

【例2】 某一时期银行的人民币整存整取定期储蓄存期与年利率如下表：

存期	三个月	六个月	一年	二年	三年	五年
年利率	1.71%	1.89%	1.98%	2.25%	2.52%	2.79%

这张表格就确定了存期与年利率这两个变量之间的对应关系。根据不同的存期可以知道整存整取定期储蓄的年利率是多少。如存期六个月的年利率为 1.89%，存期五年的年利率为 2.79%.

通过以上例题可以发现它们具有如下共同特征：

① 都有两个变量，前者取值确定后，后者取值随之确定．每个变量都有相应的变域．如例 1 中商品的价格 p 的变域为 $[0，20]$，例 2 中人民币存期的变域就是 {三个月，六个月，一年，二年，三年，五年}.

② 两个变量之间被一个对应规则约束，或者说两个变量按一个规则对应。如例 1 中的两个变量按一个关系式对应，例 2 中的两个变量则按一个表格对应。

这些共同特征所反映出的变量之间的对应关系就是函数．下面，给出具体函数的定义.

1.1.2 函数的定义

1.1.2.1 函数

笔记

定义 1 设有两个非空实数集合 D、M，如果对于数集 D 中的每一个数 x，按照某一确定法则 f，对应着数集 M 中唯一的一个数 y，则称 y 是定义在集合 D 上的**函数**，记作

$$y = f(x), x \in D$$

函数也称为映射.

其中：x 称为**自变量**，y 称为**因变量**或**函数**，f 表示**对应法则**．数集 D 称为该函数的**定义域**，是 x 的取值范围．数集 M_f 称为该函数的**值域**，是 y 的取值范围，且 $M_f = \{y \mid y = f(x)，x \in D\}$，$M_f \subseteq M$.

当自变量 x 在其定义域取定某确定的值 x_0 时，因变量 y 按照所给的函数关系 $y = f(x)$ 就有唯一确定的值 y_0 与它对应，y_0 叫做当 $x = x_0$ 时的函数值，记作 $y|_{x=x_0}$ 或 $f(x_0)$．同一问题中不同的函数，应该有不同的记号，如 $f(x)$，$g(x)$，$F(x)$，$G(x)$ 等，f，g，F，G 等均表示对应法则.

【例3】 已知函数 $f(x) = x^2 + 2$，求：$f(0)$，$f(1)$，$f(-2)$，$f(x+1)$，$f(x)+1$，$f\left(\dfrac{1}{x}\right)$.

解

$f(0) = (0)^2 + 2 = 2$

$f(1) = (1)^2 + 2 = 3$

$f(-2) = (-2)^2 + 2 = 6$

$f(x+1) = (x+1)^2 + 2 = x^2 + 2x + 3$

$$f(x)+1=(x)^2+2+1=x^2+3$$

$$f\left(\frac{1}{x}\right)=\left(\frac{1}{x}\right)^2+2=\frac{1}{x^2}+2$$

【例4】 设 $f(x+3)=\dfrac{x+1}{x+2}$，求 $f(x)$．

解 令 $x+3=t$，则 $x=t-3$

$$f(x+3)=\frac{(t-3)+1}{(t-3)+2}=\frac{t-2}{t-1}$$

$$f(t)=\frac{t-2}{t-1}$$

$$f(x)=\frac{x-2}{x-1}$$

若一个函数仅用一个数学表达式表示，求函数的定义域通常是求使函数有意义的自变量的取值范围，在解决实际问题时，还应结合实际情况来确定函数的定义域．当函数定义域确定后，按照对应法则 f，因变量的变化范围也随之确定，所以以定义域和对应法则就是确定一个函数的两个要素．

1.1.2.2　函数的定义域

（1）定义域的表示方法

① 用集合表示．

② 用区间表示．

③ 用邻域表示．

集合和区间较为熟悉，下面仅介绍邻域的概念．

定义2 设 $a\in R$，$\delta>0$，称开区间 $(a-\delta,\,a+\delta)$ 为点 a 的 δ 邻域，记作 $U(a,\,\delta)$，即

$$U(a,\delta)=(a-\delta,a+\delta)=\{x\mid|x-a|<\delta\}$$

其中：点 a 称为邻域的中心，δ 称为邻域的半径．

在 $U(a,\,\delta)$ 中去掉中心点 a 后，称为点 a 的去心邻域，记作 $\overset{\circ}{U}(a,\,\delta)$，即

$$\overset{\circ}{U}(a,\delta)=\{x\mid 0<|x-a|<\delta\}=(a-\delta,a)\bigcup(a,a+\delta)$$

（2）定义域常见的几种情况

① 分式的分母不能为零；

② 偶次根式 $\sqrt[n]{f(x)}$（n 为偶数），只要 $f(x)\geqslant0$；

③ 对数式 $\log_a f(x)$（$a>0$ 且 $a\neq1$），只要 $f(x)>0$．

【例5】 求函数 $y=\dfrac{1}{x-2}+\sqrt{x-1}$ 的定义域．

解 对于 $\dfrac{1}{x-2}$，要求 $x-2\neq0$，即 $x\neq2$；

对于 $\sqrt{x-1}$，要求 $x-1\geqslant0$，即 $x\geqslant1$；

故所给函数的定义域是 $D=[1,2)\bigcup(2,+\infty)$

 笔 记

1.1.2.3 函数的表示法

函数有以下三种表示法：

（1）**解析法**（又称公式法） 用数学式子来表示两个变量之间的对应关系.

对于表示函数解析法，作如下几点说明：

① 有时一个函数不能由一个式子表示，而需要在定义域中不同部分用不同的式子来表示，这样的函数称为分段函数.

例如，$y = |x| = \begin{cases} x, & x \geq 0 \\ -x, & x < 0 \end{cases}$

② 如果因变量 y 可以表示成一个只包含自变量 x 的式子，那么把这样的函数称为显函数. 如果两个变量之间的对应关系可以由一个方程 $F(x, y) = 0$ 来确定，即当 x 的值给定后可以由方程确定 y 的值，就说这个方程确定了一个函数 $y = f(x)$. 将这样由方程 $F(x, y) = 0$ 确定的函数 $y = f(x)$ 称为隐函数.

例如，方程 $x^2 + y^2 = 0$ 就确定了变量 y 是变量 x 的隐函数.

（2）**图示法**（又称图像法） 用平面直角坐标系中的曲线来表示两个变量之间的关系.

（3）**表格法**（又称列表法） 将自变量的一些值与相应的函数值列成表格表示变量之间的对应关系.

1.1.2.4 函数的单值性

📝 笔记

在上述的函数定义中，规定对于每个 $x \in D$，有且仅有唯一的一个 y 值与之对应的函数称为单值函数，若对于每个 $x \in D$，有 y 的多个值与之对应，则不符合上述函数的定义。把出现这种情况的函数称为多值函数。如不加特别说明，所有函数都指单值函数。对于多值函数通常是限制其 y 的变化范围使之成为单值，再进行研究.

1.1.3 反函数

在函数 $y = f(x)$ 中 x 为自变量，y 为因变量，然而在同一过程中存在着函数关系的两个变量究竟哪个是自变量，哪个是因变量，并不是绝对的，要看问题的具体要求而定. 例如，

在商品销售中，已知某商品的价格为 P，如果想从该商品的销售量 Q 来确定其销售收入 R，则 Q 是自变量，R 是因变量

$$R = PQ \tag{1}$$

相反地，要从该商品的销售收入 R 确定销售量 Q，则 R 是自变量，Q 是因变量，函数式为

$$Q = \frac{R}{P} \tag{2}$$

我们称函数（2）是函数（1）的反函数，或者说它们互为反函数.

定义 3 设函数 $y = f(x)$ 定义在数集 A 上，其值域为数集 M. 如果对于数集 M 中每一个数 y，数集 A 中都有唯一的一个 x，使 $f(x) = y$. 记由 y 对应于 x 规则为

f^{-1}，则称 f^{-1} 为 f 的**反函数**，记作 $x=f^{-1}(y)$.

习惯上，自变量用 x 表示，因变量用 y 表示．因此，$y=f(x)$ 的反函数常记为 $y=f^{-1}(x)$，称 $y=f(x)$ 和 $y=f^{-1}(x)$ 互为反函数，其图形关于直线 $y=x$ 对称．例如，函数 $y=3x-2$ 与函数 $y=\dfrac{x+2}{3}$ 互为反函数，关于直线 $y=x$ 对称．函数 $y=2^x$ 与函数 $y=\log_2 x$ 互为反函数，它们的图形关于 $y=x$ 对称.

定理 1（反函数存在定理）　单调函数必有反函数，且单调增加（减少）的函数的反函数也是单调增加（减少）的.

求反函数步骤：

从方程 $y=f(x)$ 中解出唯一的 x，并写成 $x=g(y)$；

将方程 $x=g(y)$ 中的字母 x，y 对调，得到函数 $y=g(x)$，这就是所求函数的反函数.

【例 6】　求 $y=2x-5$ 的反函数.

解　解出 x，得

$$x=\frac{1}{2}(y+5)$$

将 x，y 分别换为 y，x，得

$$y=\frac{1}{2}(x+5)$$

所以，$y=2x-5$ 的反函数为 $y=\dfrac{1}{2}(x+5)$

习题 1-1

1. 求下列函数的定义域.

(1) $y=\sqrt{x+4}$　　　　(2) $y=\ln(3-x)$

(3) $y=\dfrac{1}{x^2+8x+15}$　　(4) $y=\dfrac{1}{\ln(x+1)}$

2. 设分段函数

$$f(x)=\begin{cases} x^2+2 & (-2<x\leqslant 1)\\ 5-x & (1<x<2) \end{cases}$$

求 $f(x)$ 的定义域，并求 $f(-1)$，$f(1)$，$f\left(\dfrac{3}{2}\right)$.

3. 判断下列各对函数是否相同

(1) $f(x)=x$，$g(x)=\sqrt{x^2}$　　(2) $f(x)=x+1$，$g(x)=\dfrac{x^2-1}{x-1}$

4. 求下列函数的反函数

(1) $y=3x+2$　　　　(2) $y=2\sin 3x$

(3) $y=1+\ln(x+2)$　　(4) $y=\mathrm{e}^{2x}+2$

1.2 函数的性质

1.2.1 有界性

定义 1 设函数 $y=f(x)$ 的定义域为 D，如果存在 $M>0$，使得对于任意 $x\in D$，都有

$$|f(x)|<M$$

则称函数 $y=f(x)$ 是有界的；如果这样的 M 不存在，则称函数 $f(x)$ 在 D 内是无界的.

例如，函数 $y=\dfrac{1}{1+x^2}$ 就是有界函数，因为对于任意的 x，都有

$$\dfrac{1}{1+x^2}\leqslant 1$$

1.2.2 单调性

有些函数的函数值随着自变量的增大而增大，有些函数的函数值随着自变量的增大而减小，这就是函数的单调性.

定义 2 设函数 $y=f(x)$，$x\in(a,b)$，若对于任意两点 x_1，$x_2\in(a,b)$，当 $x_1<x_2$，恒有：

(1) $f(x_1)<f(x_2)$，则称函数在 (a,b) 内单调增加，区间 (a,b) 称为单调增加区间；

(2) $f(x_1)>f(x_2)$，则称函数在 (a,b) 内单调减少，区间 (a,b) 称为单调减少区间.

单调增加函数和单调减少函数统称为单调函数，单调增加区间和单调减少区间统称为单调区间，单调函数之所以重要是由于单调函数有反函数.

【例 1】 讨论函数 $f(x)=3x-2$ 的单调性.

解 函数 $f(x)=3x-2$ 的定义域是 $(-\infty,+\infty)$，假设 $x_1<x_2$，于是
$f(x_1)=3x_1-2$，$f(x_2)=3x_2-2$
从而 $f(x_1)-f(x_2)=3(x_1-x_2)<0$，即 $f(x_1)<f(x_2)$
可见，函数 $f(x)=3x-2$ 是单调增加函数.

1.2.3 奇偶性

定义 3 设函数 $y=f(x)$ 的定义域关于原点对称，若对于定义域内的任意 x 都满足：

(1) $f(-x)=f(x)$，则称函数 $f(x)$ 为偶函数；

(2) $f(-x)=-f(x)$，则称函数 $f(x)$ 为奇函数.

偶函数的图像是关于 y 轴对称，奇函数的图像关于原点对称. 如果函数 $f(x)$ 既不是偶函数也不是奇函数，则称为非奇非偶函数.

📝 笔记

例如 $y=\sin x$，$y=x$，对于任意的 $x\in(-\infty,+\infty)$ 是奇函数；

$\quad\quad y=\cos x$，$y=x^2$，对于任意 $x\in(-\infty,+\infty)$ 是偶函数.

【例2】 判断下列函数的奇偶性：

(1) $y=x^4+3$ $\qquad\qquad$ (2) $y=\dfrac{a^x-a^{-x}}{2}$

解 本例各函数的定义域都是 $(-\infty,+\infty)$，关于原点对称.

(1) 因为 $f(-x)=(-x)^4+3=x^4+3=f(x)$

所以函数 $y=x^4+3$ 是偶函数.

(2) 因为 $f(-x)=\dfrac{a^{-x}-a^{-(-x)}}{2}=\dfrac{a^{-x}-a^x}{2}=-\dfrac{a^x-a^{-x}}{2}=-f(x)$

所以函数 $y=\dfrac{a^x-a^{-x}}{2}$ 是奇函数.

1.2.4 周期性

定义4 设函数 $y=f(x)$ 定义域为 D，如果存在正数 T，使得对于任意 $x\in D$，$x+T\in D$ 有

$$f(x+T)=f(x)$$

则称函数 $y=f(x)$ 是以 T 为周期的周期函数，满足这个等式的最小正数 T 称为函数的周期.

例如 $y=\cos x$，$y=\sin x$ 的周期都是 $T=2\pi$；$y=\tan x$，$y=\cot x$ 的周期都是 π.

📝 笔 记

习题 1-2

1. 确定下列函数的奇偶性.

(1) $y=x^2\sin x$ $\qquad$ (2) $y=\ln\dfrac{1-x}{1+x}$

(3) $y=\dfrac{a^x-1}{a^x+1}$ $\qquad$ (4) $y=x^5-1$

2. 讨论下列函数在指定区间上的单调性.

(1) $y=x^2$ $\qquad\qquad\qquad x\in(-1,0)$

(2) $y=\log_{\frac{1}{2}}x$ $\qquad\qquad x\in(0,+\infty)$

(3) $y=\sin x$ $\qquad\qquad\qquad x\in\left(\dfrac{\pi}{2},\dfrac{3\pi}{2}\right)$

3. 下列函数中哪些是周期函数？如果是周期函数，指出其最小正周期.

(1) $y=2\sin(3x-\pi)$ $\qquad$ (2) $y=|\cos x|$

(3) $y=1+\tan x$ $\qquad\qquad$ (4) $y=1-x^2$

4. 下列函数在指定区间内是否有界？

(1) $y=\arctan x$ 在 $(-\infty,+\infty)$ 内 $\quad$ (2) $y=\sin x+\cos x$ 在 $[0,2\pi]$ 上

(3) $y=\tan x$ 在 $(0,\pi)$ 内

1.3 初等函数

1.3.1 基本初等函数

常数函数 $y=c$，幂函数 $y=x^a$（a 为常数），指数函数 $y=a^x$（$a>0$，$a\neq 1$），对数函数 $y=\log_a x$（$a>0$，$a\neq 1$），三角函数 $y=\sin x$、$y=\cos x$、$y=\tan x$、$y=\cot x$、$y=\sec x$、$y=\csc x$，反三角函数 $y=\arcsin x$、$y=\arccos x$、$y=\arctan x$、$y=\text{arccot}\, x$，这六类函数统称为基本初等函数.

为了便于应用，下面就其图像和性质作简要的复习：

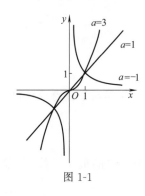

图 1-1

（1）幂函数 $y=x^a$（$a\neq 0$），如图 1-1 所示.

定义域：随 a 的不同而不同，不论 a 取何值，函数在 $(0，+\infty)$ 内总有定义.

值域：随 a 不同而不同.

主要性质：在 $(0，+\infty)$ 内，当 $a>0$ 时，函数单调增加；

当 $a<0$ 时，函数单调减少；不论 a 为何值，函数图形都要经过点 $(1，1)$.

（2）指数函数 $y=a^x$（$a>0$，$a\neq 1$），如图 1-2 所示.

定义域：$(-\infty，+\infty)$.

值域：$(0，+\infty)$.

主要性质：当 $a>1$ 时，则函数 a^x 单调增加；当 $0<a<1$ 时，则函数 a^x 单调减少. 不论 a 为何值，函数图形都要经过点 $(0，1)$，即 $a^0=1$.

（3）对数函数 $y=\log_a x$（$a>0$，$a\neq 1$），如图 1-3 所示.

定义域：$(0，+\infty)$.

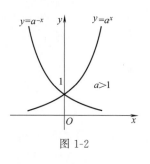

图 1-2

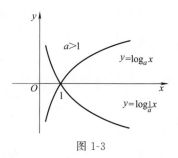

图 1-3

值域：$(-\infty，+\infty)$.

主要性质：$\log_a 1=0$，当 $a>1$ 时，则函数 a^x 单调增加，当 $0<a<1$ 时，则函数 a^x 单调减少. 不论 a 为何值，函数图形都要经过点 $(1，0)$，即 $\log_a 1=0$.

（4）正弦函数 $y=\sin x$，如图 1-4 所示.

定义域：$(-\infty，+\infty)$.

值域：$[-1，1]$.

主要性质：奇函数，周期 $T=2\pi$，在 $\left[2k\pi-\dfrac{\pi}{2},\ 2k\pi+\dfrac{\pi}{2}\right]$ 上单调增加，在 $\left[2k\pi+\dfrac{\pi}{2},\ 2k\pi+\dfrac{3\pi}{2}\right]$ 上单调减少，其中 k 为整数，有界 $|\sin x|\leqslant 1$.

（5）余弦函数 $y=\cos x$，如图 1-5 所示.

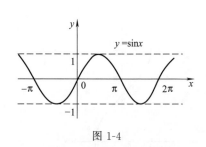

图 1-4

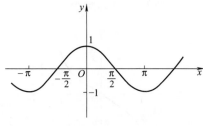

图 1-5

定义域：$(-\infty,\ +\infty)$.

值域：$[-1,\ 1]$.

主要性质：偶函数，周期 $T=2\pi$，在 $[2k\pi-\pi,\ 2k\pi]$ 上单调减少，$[2k\pi,\ 2k\pi+\pi]$ 上单调增加，其中 k 为整数，有界 $|\cos x|\leqslant 1$.

（6）正切函数 $y=\tan x$，如图 1-6 所示.

定义域：$\left\{x\ \Big|\ x\neq k\pi+\dfrac{\pi}{2},\ k\in Z\right\}$.

值域：$(-\infty,\ +\infty)$.

主要性质：奇函数，周期 $T=\pi$，

在 $\left(k\pi-\dfrac{\pi}{2},\ k\pi+\dfrac{\pi}{2}\right)$ 内单调减少，无界.

（7）余切函数 $y=\cot x$，如图 1-7 所示.

　笔记

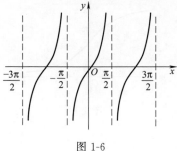

图 1-6

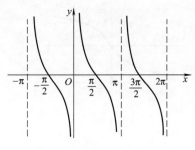

图 1-7

定义域：$\{x\ |\ x\neq k\pi,\ k\in Z\}$.

值域：$(-\infty,\ +\infty)$.

主要性质：非奇非偶函数，周期 $T=\pi$，在 $(k\pi,\ k\pi+\pi)$ 内单调减少，无界.

（8）反正弦函数 $y=\arcsin x$，如图 1-8 所示.

定义域：$[-1,\ 1]$.

值域：$\left[-\dfrac{\pi}{2},\ \dfrac{\pi}{2}\right]$.

主要性质：奇函数，单调增加.

（9）反余弦函数 $y=\arccos x$，如图 1-9 所示.

定义域：$[-1,\ 1]$.

值域：$[0,\ \pi]$.

主要性质：单调减少.

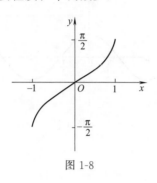

图 1-8

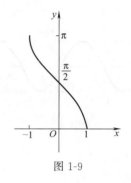

图 1-9

（10）反正切函数 $y=\arctan x$，如图 1-10 所示.

定义域：$(-\infty,\ +\infty)$.

值域：$\left(-\dfrac{\pi}{2},\ \dfrac{\pi}{2}\right)$.

主要性质：奇函数，单调增加.

（11）反余切函数 $y=\operatorname{arccot} x$，如图 1-11 所示.

定义域：$(-\infty,\ +\infty)$.

值域：$(0,\ \pi)$.

主要性质：单调减少.

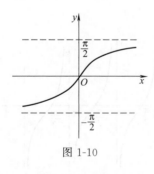

图 1-10

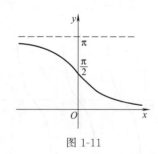

图 1-11

1.3.2 复合函数

有些问题中，两个变量的联系不是直接的，而是通过另一个变量联系起来的. 例如：某个经济问题中，成本 C 是产量 q 的函数，而产量 q 又是时间 t 的函数，时间 t 通过产量 q 间接影响成本 C，于是成本 C 可以看做是时间 t 的函数，C 与 t 的这种关系为复合的函数关系.

定义 1 设函数 $y=f(u)$ 的定义域是 D，而函数 $u=\varphi(x)$ 的定义域是 M，且

$u=\varphi(x)$ 的值域包含在 D 中，则对任意 $x\in M$，通过 u 有唯一的 y 与之对应，即 y 是 x 的函数. 记为

$$y=f[\varphi(x)]$$

这种函数称为复合函数，其中 u 称为中间变量.

许多复杂的函数，都可以看作几个简单函数经过中间变量复合而成.

关于复合函数的几点解释：

复合函数是函数之间的一种运算的结果，而不是一种函数.

不是任何两个函数都可以构成一个复合函数.

例如，函数 $y=\ln u$ 和 $u=-x^2$ 就不能构成复合函数，因为 $y=\ln u$ 的定义域是 $(0，+\infty)$，而 $u=-x^2$ 的值域是 $(-\infty，0]$，显然 $(0，+\infty)\bigcap(-\infty，0)=\varnothing$，$y=\ln(-x^2)$ 无意义.

复合函数分解的结果不一定是纯粹的基本初等函数，更多的是由基本初等函数经四则运算形成的函数构成的.

【例1】 $y=\sin x^2$ 由哪些函数复合而成的.

解 令 $u=x^2$，则 $y=\sin u$，而 $u=x^2$

所以 $y=\sin x^2$ 是由 $y=\sin u$ 和 $u=x^2$ 两个基本初等函数复合而成的.

【例2】 $y=\sin^2 x$ 由哪些函数复合而成的.

解 令 $u=\sin x$，则 $y=u^2$，而 $u=\sin x$

所以 $y=\sin^2 x$ 是由 $y=u^2$ 和 $u=\sin x$ 两个基本初等函数复合而成的.

【例3】 $y=(2x-1)^3$ 由哪些函数复合而成的.

解 令 $u=2x-1$，则 $y=u^3$，而 $u=2x-1$

所以 $y=(2x-1)^3$ 是由 $y=u^3$ 和 $u=2x-1$ 两个基本初等函数复合而成的.

【例4】 $y=\sqrt{\lg\left(\dfrac{1}{x}\right)}$ 由哪些函数复合而成的.

解 令 $v=\dfrac{1}{x}$，$u=\lg v$，则 $y=\sqrt{u}$

所以 $y=\sqrt{\lg\left(\dfrac{1}{x}\right)}$ 是由 $y=\sqrt{u}$，$u=\lg v$，$v=\dfrac{1}{x}$ 三个基本初等函数复合而成的.

1.3.3 初等函数

定义2 由常数及基本初等函数经过有限次四则运算与有限次复合而成的，且可用一个式子表示的函数统称为初等函数.

为了研究需要，今后经常将一个给定的初等函数看成由若干个简单函数经过四则运算或复合而成的形式. 简单函数是指基本初等函数，或由基本初等函数经过有限次四则运算而成的函数.

习题 1-3

指出下列函数是由哪些基本初等函数复合而成的.

（1）$y=\sin x^3$ （2）$y=\cos^2(1+2x)$

（3）$y=(3+x+2x^2)^3$ （4）$y=\text{lnln}\sin x$

（5）$y=\arccos\dfrac{1}{x}$ （6）$y=\text{e}^{-x^2}$

（7）$y=\sqrt{\ln 2x}$ （8）$y=\sqrt{\tan\left(\dfrac{x}{2}+6\right)}$

1.4 经济学中常见的函数

1.4.1 需求函数与供给函数

1.4.1.1 需求函数

在经济学中，需求是指在一定的价格条件下，消费者愿意并且有支付能力购买的商品的数量．消费者对某种商品的需求是由多种因素决定的，其中，商品的价格是影响需求的一个主要因素．假设其它条件不变（如消费者的收入、偏好及其它替代商品的价格等），把商品的需求量 Q 仅看成是其价格 P 的函数，这个函数就称为需求函数．记作：

$$Q=f(P)(P\geqslant 0)$$

从需求的特征来看，需求函数一般是减函数：商品的价格低，则需求量就大；商品的价格高，则需求量就小．需求量的函数图像称为需求曲线，需求曲线是单调下降的．

 笔记

常用的需求函数有以下几种：

（1）线性函数

$$Q=a-bP(a>0,b>0)$$

（2）二次函数（抛物线型）

$$Q=a-bP-cP^2(a>0,b\geqslant 0,c>0)$$

（3）指数函数

$$Q=A\text{e}^{-bP}(A>0,b>0)$$

（4）幂函数

$$Q=AP^{-a}(A>0,a>0)$$

对于具体问题，可根据实际情况确定需求函数及其中的参数．

在经济学中，需求函数常以反函数的形式 $P=f^{-1}(Q)$ 给出，需求函数的反函数也称为需求函数，有时也称为价格函数．

【例1】 市场上销售的某种衬衫的件数 Q 是价格 P 的线性函数．当价格 P 为 50 元一件时，可售出 1500 件；当价格 P 为 60 元一件时，可售出 1200 件．试确定需求函数和价格函数．

解 设需求线性函数 $Q=a-bP(a>0,\ b>0)$.

根据题意，有 $\begin{cases}1500=a-50b\\1200=a-60b\end{cases}$ 解得 $a=3000$，$b=30$

于是，所求需求函数为 $Q=3000-30P$

从而，得其价格函数为 $P=100-\dfrac{Q}{30}$

1.4.1.2　供给函数

在经济学中，供给是指在一定价格条件下，商品生产者或企业愿意并能够出售的商品数量．供给也是由多种因素决定的，其中，最主要的也是商品的自身价格．因此，在分析时，通常假定其他条件（如生产中的投入成本、技术状况、生产者对其他商品及未来的价格预测等）保持不变，把供给量 Q 仅看作是价格 P 的函数，这个函数称为供给函数．

记作：

$$Q = g(P)(P > 0)$$

从供给的特征来看：商品的价格低，生产者不愿意生产（或企业不愿供给商品），供给就少；商品的价格高，生产者愿意生产（或企业愿意供给商品），则供给多．因此，供给函数一般为单调增加函数．供给函数的反函数 $P = g^{-1}(Q)$ 也称为供给函数．供给函数的图像，称为供给曲线．供给曲线是单调增加的．

常用的供给函数有以下几种类型：

（1）线性函数

$$Q = -c + dP(c > 0, d > 0)$$

（2）二次函数

$$Q = -a + bP + cP^2(a > 0, b \geqslant 0, c > 0)$$

（3）指数函数

$$Q = Ae^{kP} - B(A > 0, B > 0, k > 0)$$

供给函数的形式很多，它与市场组织、市场状况及成本函数有密切关系．

 笔记

当市场上的需求量和供给量相等时，需求关系与供给关系之间达到某种均衡，这时的商品价格和需求量（或供给量）分别称为均衡价格和均衡数量．假设需求曲线 $Q_d = f(P)$ 和供给曲线 $Q_s = g(P)$ 的交点为 $(\overline{P}, \overline{Q})$，则 $\overline{P}$、$\overline{Q}$ 分别是**均衡价格**和**均衡数量**，该点 $(\overline{P}, \overline{Q})$ 称为均衡点．

例如，若取需求函数为 $Q_d = f(P) = a - bP$，供给函数为 $Q_s = g(P) = -c + dP$，则均衡价格 $\overline{P}$ 应该使供给和需求相等，$Q_d = Q_s$ 即

$$a - bP = -c + dP$$

所以均衡价格为 $\overline{P} = \dfrac{a+c}{b+d}$，均衡数量为 $\overline{Q} = a - b\overline{P} = \dfrac{ad - bc}{d + b}$．

【例 2】　设某商品的需求函数为 $Q = f(P) = 53 - 2P^2$，供给函数为 $Q = g(P) = P - 2$，试确定该商品的均衡价格、均衡数量．

解　由供需均衡条件 $Q_d = Q_s$，可得

$$53 - 2P^2 = P - 2$$

解得　　　$P_1 = -5.5$（价格一般不取负数，故舍去）　　　$P_2 = 5$

所以该商品的均衡价格为 $\overline{P} = 5$，由此得均衡数量为 $\overline{Q} = 3$．

该商品的均衡点是（5，3），当价格低于 5 时需求大于供给，当价格高于 5 时，供给大于需求．

1.4.2　收益函数

总收益是指生产者出售一定数量的产品所得到的全部收入．收益与产品的价格及

销售数量有关．当产品的单位售价为 P，销售量为 Q 时，总收益函数为

$$R = PQ$$

为处理方便，常常假定产销平衡，其含义是供应量、需求量、销售量是统一的．

【例3】 某药厂生产某种药品，年销量 Q 万瓶，每瓶售价 2 元，该厂每年的自销量稳定在 50 万瓶，如果委托代销，销售量可上升 20%，但销售量达 60 万瓶时呈饱和状态．如果代销费为代销部分药价的 40%，试将总收益 R（万元）表示为年产量 Q（万瓶）的函数．

解 （1）当 $0 \leqslant Q \leqslant 50$ 时，生产的药品可全部自销售出，此时

$$R = R(Q) = 2Q$$

（2）当 $50 < Q \leqslant 60$ 时，通过委托代销，可全部售出，扣除代销费 $2 \times 40\%(Q-50)$，此时

$$R = R(Q) = 2Q - 2 \times 40\%(Q-50) = 1.2Q + 40$$

（3）当 $Q > 60$ 时，即使委托代销，也只能售出 60 万瓶，此时

$$R = R(Q) = 1.2 \times 60 + 40 = 112$$

综合（1）（2）（3）得到总收益 R 与年产量 Q 的函数关系式为

$$R = R(Q) = \begin{cases} 2Q & 0 \leqslant Q \leqslant 50 \\ 1.2Q + 40 & 50 < Q \leqslant 60 \\ 112 & Q > 60 \end{cases}$$

平均收益是指销售一定量的商品时，每单位商品所得的平均收入，即每单位商品的售价．平均收益函数记作 AR，即

$$AR = \frac{总收益}{销量} = \frac{R(Q)}{Q} = f^{-1}(Q) = P$$

1.4.3 成本函数

讲到收益，不能不谈成本，它们往往是密切联系的．总成本是指在生产一定数量的产品所耗费的经济资源或费用的总和，根据成本与产量的关系，一般总成本可分为固定成本与可变成本两部分．固定成本是指与产量无关的成本，如设备维修费、场地租赁费等，用 C_0 表示．可变成本随产量的变化而变化，如原材料费、动力费等，记作 $C_1(Q)$（Q 为产量）．从而，总成本 C 表示为

$$C = C(Q) = C_0 + C_1(Q)(Q \geqslant 0)$$

平均成本是指在总产量为 Q 时平均每个单位产品的成本，记作 AC．按平均成本的，应有

$$AC = \frac{C(Q)}{Q}(Q > 0)$$

【例4】 已知某产品的成本 C 是产量 Q 的线性函数，而当 $Q = 2000$ 时，$C = 9000$；当 $Q = 4400$ 时，$C = 12600$；求当 $Q = 5600$ 时的成本是多少？

解 设总成本函数为 $C = C_0 + kQ$

由题意有

$$k = \frac{12600 - 9000}{4400 - 2000} = 1.5$$

所以

$$C_0 = 9000 - 1.5 \times 2000 = 6000$$

即成本函数为 $\qquad C=C(Q)=6000+1.5Q$

当 $Q=5600$ 时，成本为 $C(5600)=6000+1.5\times5600=14400$

1.4.4　利润函数

利润是一个企业所追求的主要目标之一，一般的，总利润记作 L．总利润是总收益与总成本之差，显然，总利润是产量（或销售量）Q 的函数，即

$$L=L(Q)=R(Q)-C(Q)(Q\geqslant0)$$

【例5】　设某产品的价格函数是 $P=60-\dfrac{Q}{1000}(Q\geqslant10000)$，其中，$P$ 为价格（元），Q 为产品的销售量．又设产品的固定成本为 60000 元，变动成本为 20 元/件．求：（1）成本函数；（2）收益函数；（3）利润函数．

解　（1）成本函数为 $C(Q)=C_0+C_1(Q)=60000+20Q$

（2）收益函数为 $R=PQ=60Q-\dfrac{Q^2}{1000}$

（3）利润函数为 $L(Q)=R(Q)-C(Q)=-\dfrac{Q^2}{1000}+40Q-60000$

习题 1-4

1. 假设某种产品的供给函数和需求函数分别为 $Q_s(P)=12P-4,Q_d(P)=8-4P$，则该产品的均衡价格为_____，均衡数量为_____，均衡点为_____．

2. 某工厂生产某产品，每日最多生产 100 单位．它的日固定成本为 130 元，生产一个的单位产品的可变成本为 6 元，则该厂日总成本函数为_____，平均成本函数_____．

3. 某厂生产某种产品的总成本函数与总收益函数分别为 $C(Q)=5Q+200$ 与 $R(Q)=10Q-0.01Q^2$，则利润 L 与产量 Q 的函数关系为_____．

复习题 1

一、填空题

1. 已知 $f(x)=x^2,g(x)=2^x,f(g(x))=$_____．

2. 函数 $f(x)=\lg(4x-3)$ 的定义域是_____．

3. 函数 $f(x)=\dfrac{1}{\sqrt{x^2-3x+2}}$ 的连续区间为_____．

4. 设 $f(x)=\begin{cases}0 & x<0 \\ \pi & x=0, \\ -1 & x>0\end{cases}$ 则 $f\{f[f(3)]\}=$_____．

5. 某产品需求函数为 $Q=2-P-P^2$，供给函数为 $S=3P-10$，则均衡价格为_____．

6. 设 $f(x)=\dfrac{1-x}{x}$，$g(x)=\dfrac{1}{x}$，则 $f[g(x)]=$_____，$g[f(x)]=$_____．

7. 函数 $y=1+\lg(x+2)$ 的反函数为_____．

8. $y=|u|$，$u=\sin v$，$v=x+\dfrac{\pi}{3}$ 复合成的复合函数是_____．

笔记

二、选择题

1. 下列各对函数中，（ ）中的两个函数相同.

A. $f(x)=\ln x^2$，$g(x)=2\ln x$ 　　　B. $f(x)=e^{-\frac{1}{2}\ln x}$，$g(x)=\dfrac{1}{\sqrt{x}}$

C. $f(x)=\dfrac{x^2-1}{x+1}$，$g(x)=x-1$ 　　D. $f(x)=e^{\ln x}$，$g(x)=x$

2. 下列函数中是奇函数的是（ ）.

A. $y=x^2\cos x$ 　　　　　　　　　　B. $y=\arccos x$

C. $y=\dfrac{3^x+3^{-x}}{2}$ 　　　　　　　　D. $y=\ln\dfrac{1+x}{1-x}$

3. 下列函数中是偶函数的是（ ）.

A. $y=x^2\sin x$ 　　　　　　　　　　B. $y=\lg\dfrac{1-x^2}{1+x^2}$

C. $y=x+\cos x$ 　　　　　　　　　　D. $y=\dfrac{a^x-1}{a^x+1}$

4. 函数 $y=\ln(x-1)+\sqrt{2-x}$ 的定义域是（ ）.

A. $(1,+\infty)$ 　　B. $(1,2]$ 　　C. $[1,2]$ 　　D. $(-\infty,2]$

5. $\operatorname{arccot}\left(\sin\dfrac{3\pi}{2}\right)=$（ ）.

A. $\dfrac{\pi}{4}$ 　　　　　　B. $-\dfrac{\pi}{4}$ 　　　　　　C. $\dfrac{3\pi}{4}$ 　　　　　　D. $\dfrac{3\pi}{2}$

三、计算题

1. 下列函数是由哪些函数复合而成的.

(1) $y=(2-3x)^3$ 　　　(2) $y=\sin 4x$ 　　　(3) $y=\ln\cos 3x$

(4) $y=\left(\arcsin\dfrac{x}{3}\right)^2$ 　　(5) $y=\sqrt{\cos 2^x}$ 　　(6) $y=\cos^2(3x+1)$

2. 求下列函数的反函数.

(1) $y=\dfrac{1-x}{1+x}$ 　　　　　　　　　(2) $y=3+\ln(x+1)$

(3) $y=\sqrt[3]{2x-1}$ 　　　　　　　　　(4) $y=\ln\tan 3x$

四、解答题

1. 某企业对一产品的销售策略是：购买量不超过 20kg，每千克售价 10 元；购买量不超过 200kg，超过 20kg 的部分每千克售价 7 元；购买量超过 200kg 的部分，每千克售价 5 元. 试给出购买量为 x kg 的费用函数 $C(x)$.

2. 已知生产某种产品的总成本为 $C(q)=50+2q+0.1q^2$，该产品的需求函数为 $q=40-2p$，试求产量 q 为 10 时平均成本和总利润.

第2章

函数的极限与应用

高等数学所研究的主要是变量及变量之间的依赖关系．函数正是这种依赖关系的体现，极限方法是研究变量之间依赖关系的基本方法．本章将在介绍数列与函数的极限概念的基础上，进一步介绍两个重要极限，无穷小与无穷大的概念以及函数连续性．

习题与复习
题参考答案

2.1 极限的概念

极限是微积分中最基本的概念，极限的方法是人们从有限中认识无限，从近似中认识精确，从量变中认识质变的一种数学方法，它是微积分的基本思想方法，微积分学中其他的一些重要概念，如导数、积分、级数等等，都是用极限来定义，极限是贯穿高等数学各知识环节的主线．

 笔 记

本节首先简单介绍数列的极限，然后推广到一般函数的极限．

2.1.1 极限思想

关于"无穷"的思想，无论在古代西方还是中国，都有萌芽．"割圆术"就是这一思想的体现，阿基米德利用圆内正 96 边形得到圆周率 π 的值在 $\frac{223}{71} \sim \frac{22}{7}$，而我国魏晋时期的著名数学家刘徽更是以惊人的圆内正 3072 边形将 π 的值精确到了3.1416．这些方法都体现了"无限分割之后再无限求和"的微积分数学思想．

【例 1】 ［割圆术与圆的面积］ 魏晋时期的数学家刘徽利用"割圆术"计算圆的面积及圆周率．"割圆术"求圆面积的作法和思路如图 2-1 所示，对于一个半径为 R 的圆，先作圆内接正六边形，记其面积为 A_1；再作圆内接正十二边形，记其面积为 A_2，循此下去，每次边数成倍增加，得到一系列圆内接正多边形的面积 A_1，A_2，A_3，…，A_n，…．构成一列有次序的数列，其中内接正 $6 \times 2^{n-1}$ 边形的面积记为 $A_n (n \in Z^+)$．

从图形的几何直观上不难看出：随着圆内接正多边形边数的增加，内接正多边形的面积与圆的面积越来越接近，当边数 n 无限增大时，即内接正多边形的边数无限增加，在这个过程中，内接正多边形无限接近于圆，同时 A_n 也无限接近于某一确定

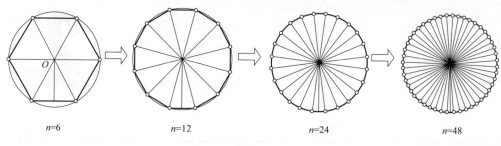

$n=6$ $\qquad$ $n=12$ $\qquad$ $n=24$ $\qquad$ $n=48$

图 2-1

的数值，这个确定的数值就理解为圆的面积 A. 刘徽于公元 263 年撰写的《九章算术注》中指出"割之弥细，所失弥少，割之又割，以至于不可割，则与圆周合体而无所失矣!"

为了刻画数列的这种变化趋势，下面引入数列极限的概念.

2.1.2 数列的极限

定义 1 对于数列 $\{x_n\}$，如果当 n 无限增大时，x_n 趋向于常数 A，则称当 n 趋于无穷大时，数列 $\{x_n\}$ 以 A 为**极限**，记作

$$\lim_{n \to \infty} x_n = A \text{ 或 } x_n \to A (n \to \infty)$$

并称数列 $\{x_n\}$ 是**收敛**的，如果数列 $\{x_n\}$ 没有极限，就称数列 $\{x_n\}$ 是**发散**的.

【例 2】 观察下列数列的变化趋势，指出它们的极限.

(1) $\lim_{n \to \infty} (-1)^n \dfrac{1}{2^n}$ $\qquad$ (2) $\lim_{n \to \infty} \dfrac{n}{n+1}$ $\qquad$ (3) $\lim_{n \to \infty} 2n$

解 (1) 当 n 依次取 1，2，3，4，$5 \cdots$ 时，$x_n = (-1)^n \dfrac{1}{2^n}$ 的各项依次为 $-\dfrac{1}{2}$，$\dfrac{1}{4}$，$-\dfrac{1}{8}$，$\dfrac{1}{16}$，$-\dfrac{1}{32} \cdots$，容易看出，当 n 无限增大时，x_n 无限接近于常数 0，根据数列极限的定义 $\lim_{n \to \infty} (-1)^n \dfrac{1}{2^n} = 0$；

(2) 由于 $x_n = \dfrac{n}{n+1} = 1 - \dfrac{1}{n+1}$，则当 n 依次取 1，2，3，4，$5 \cdots$ 时数列 $\{x_n\} = \left\{\dfrac{n}{n+1}\right\}$ 为 $1 - \dfrac{1}{2}$，$1 - \dfrac{1}{3}$，$\cdots$，$1 - \dfrac{1}{n+1}$，$\cdots$，故有 $\lim_{n \to \infty} \dfrac{n}{n+1} = 1$；

(3) 当 n 依次取 1，2，3，4，$5 \cdots$ 时，其各项为：2，4，6，8，$10 \cdots$. 当 n 无限增大时，$2n$ 也无限增大，它不趋于任何常数，该数列就没有极限.

性质 1 （极限的唯一性） 数列 $\{x_n\}$ 不能收敛于两个不同的极限.

性质 2 （收敛数列的有界性） 如果数列 $\{x_n\}$ 收敛，那么数列 $\{x_n\}$ 一定有界.

2.1.3 函数的极限

下面研究函数的极限. 主要讨论函数 $y = f(x)$ 当自变量趋于无穷大 $(x \to \infty)$

笔记

时和自变量趋于有限值（$x \rightarrow x_0$）时两种情况的极限.

2.1.3.1　当 $x \rightarrow \infty$ 时，函数 $f(x)$ 的极限

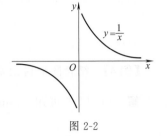

图 2-2

$x \rightarrow \infty$ 表示自变量 x 的绝对值无限增大，为区别起见，把 $x > 0$ 且无限增大记为 $x \rightarrow +\infty$；把 $x < 0$ 且其绝对值无限增大记为 $x \rightarrow -\infty$.

反比例函数 $y = \dfrac{1}{x}$ 的图像如图 2-2 所示. x 轴是曲线的一条水平渐近线，也就是说当自变量 x 的绝对值无限增大时，相应的函数值 y 无限逼近常数 0，像这种当 $x \rightarrow \infty$ 时，函数 $f(x)$ 的变化趋势，我们有如下定义：

定义 2　如果 $|x|$ 无限增大时，函数 $f(x)$ 的值无限趋近于一个确定的常数 A，则称 A 是函数 $f(x)$ 当 $x \rightarrow \infty$ 时的**极限**，记作 $\lim\limits_{x \rightarrow \infty} f(x) = A$，或者 $f(x) \rightarrow A (x \rightarrow \infty)$.

由定义，有 $\lim\limits_{x \rightarrow \infty} \dfrac{1}{x} = 0$，$\lim\limits_{x \rightarrow +\infty} \dfrac{1}{x} = 0$，$\lim\limits_{x \rightarrow -\infty} \dfrac{1}{x} = 0$.

如图 2-3 所示. 考察 $y = \left(\dfrac{1}{2}\right)^x$ 与 $y = 2^x$.

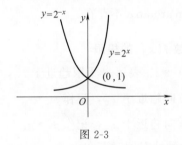

图 2-3

当 $x \rightarrow +\infty$ 时，函数 $y = \left(\dfrac{1}{2}\right)^x \rightarrow 0$，所以 $\lim\limits_{x \rightarrow +\infty} \left(\dfrac{1}{2}\right)^x = 0$.

当 $x \rightarrow -\infty$ 时，函数 $y = \left(\dfrac{1}{2}\right)^x \rightarrow +\infty$，所以 $\lim\limits_{x \rightarrow -\infty} \left(\dfrac{1}{2}\right)^x$ 不存在.

当 $x \rightarrow +\infty$ 时，函数 $y = 2^x \rightarrow +\infty$，当 $x \rightarrow -\infty$ 时，函数 $y = 2^x \rightarrow 0$，$\lim\limits_{x \rightarrow -\infty} 2^x = 0$，所以 $\lim\limits_{x \rightarrow \infty} 2^x$ 不存在.

定理 1　$\lim\limits_{x \rightarrow \infty} f(x) = A$ 的充分必要条件是 $\lim\limits_{x \rightarrow +\infty} f(x) = \lim\limits_{x \rightarrow -\infty} f(x) = A$.

对于上面的函数 $y = \left(\dfrac{1}{2}\right)^x$ 与 $y = 2^x$，由于 $\lim\limits_{x \rightarrow +\infty} f(x) \neq \lim\limits_{x \rightarrow -\infty} f(x)$，所以 $\lim\limits_{x \rightarrow \infty} f(x)$ 不存在.

【例 3】　结合图形求 $\lim\limits_{x \rightarrow \infty} \left(1 + \dfrac{1}{x^2}\right)$.

解　考察函数 $f(x) = \left(1 + \dfrac{1}{x^2}\right)$，如图 2-4 所示.

当 $x \rightarrow +\infty$ 时，$1 + \dfrac{1}{x^2}$ 无限变小，函数值趋于 1；即 $\lim\limits_{x \rightarrow +\infty} \left(1 + \dfrac{1}{x^2}\right) = 1$.

笔 记

当 $x \to -\infty$ 时，函数值同样趋于 1，即 $\lim\limits_{x \to -\infty}\left(1+\dfrac{1}{x^2}\right)=1$.

所以

$$\lim_{x \to \infty}\left(1+\frac{1}{x^2}\right)=1$$

【例 4】 结合图形讨论函数 $f(x)=\arctan x$ 在 $x \to \infty$ 时的极限.

解 由图 2-5 可知，$\lim\limits_{x \to +\infty}\arctan x=\dfrac{\pi}{2}$，$\lim\limits_{x \to -\infty}\arctan x=-\dfrac{\pi}{2}$.

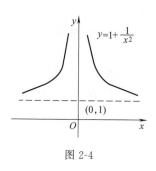

图 2-4

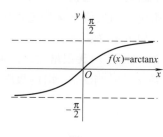

图 2-5

由于 $\lim\limits_{x \to +\infty}\arctan x \neq \lim\limits_{x \to -\infty}\arctan x$，所以当 $x \to \infty$ 时，函数 $f(x)=\arctan x$ 不能接近一个确定的常数从而 $\lim\limits_{x \to \infty}\arctan x$ 不存在.

2.1.3.2 当 $x \to x_0$ 时，函数 $f(x)$ 的极限

与 $x \to \infty$ 的情形类似，$x \to x_0$ 表示 x 无限趋近于 x_0，它包含以下两种情况：

(1) x 是从大于 x_0 的方向趋近于 x_0，记作 $x \to x_0^+$ （或 $x \to x_0+0$）；

(2) x 是从小于 x_0 的方向趋近于 x_0，记作 $x \to x_0^-$ （或 $x \to x_0-0$）.

显然 $x \to x_0$ 是指以上两种情况同时存在.

先来考查两个例子：

讨论当 $x \to 0$ 时函数 $f(x)=x^2+1$ 的变化趋势，如图 2-6 所示，当动点 x 沿横轴从 $x=0$ 两侧无限接近定点 $x=0$ 时，对应曲线上的动点 $M(x, y)$ 沿着曲线 $y=x^2+1$ 无限接近定点 $M_0(0, 1)$，此时函数值无限接近于常数 1. 即当 $x \to 0$ 时 $f(x) \to 1$.

讨论当 $x \to 1$ 时函数 $f(x)=\dfrac{x^2-1}{x-1}$ 的变化趋势（图 2-7）.

由图 2-7 可以发现，尽管该函数在 $x=1$ 处没有定义，但当动点 x 沿横轴从 $x=1$ 两侧无限接近定点 $x=1$ 时，对应曲线上的动点 $M(x, y)$ 沿着曲线 $f(x)=\dfrac{x^2-1}{x-1}$ 无限接近定点 $M(1, 2)$，此时函数值无限接近于常数 2. 即当 $x \to 1$ 时 $f(x) \to 2$.

像这种当 $x \to x_0$ 时，函数 $f(x)$ 的变化趋势，我们有如下定义：

定义 3 设函数 $f(x)$ 在点 x_0 的左右近旁有定义（x_0 点可以除外），如果当自变量 x 趋近于 $x_0(x \neq x_0)$ 时，函数 $f(x)$ 的值无限趋近于一个确定的常数 A，则称 A 为函数 $f(x)$ 当 $x \to x_0$ 时的极限，记作 $\lim\limits_{x \to x_0}f(x)=A$ 或者 $f(x) \to A$ （$x \to x_0$）.

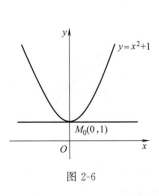

$y = x^2 + 1$

$M_0(0, 1)$

图 2-6

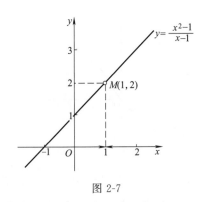

$y = \dfrac{x^2 - 1}{x - 1}$

$M(1, 2)$

图 2-7

从上面的例子还可以看出，虽然 $f(x) = \dfrac{x^2 - 1}{x - 1}$ 在 $x = 1$ 处没有定义，但当 $x \to 1$ 时函数 $f(x)$ 的极限却是存在的，所以当 $x \to x_0$ 时函数 $f(x)$ 的极限与函数在 $x = x_0$ 处是否有定义无关.

由上例子需要指出的是：若 $\lim\limits_{x \to x_0} f(x) = A$ 极限存在时，

（1）A 是唯一的确定的常数；

（2）$x \to x_0$ 表示从 x_0 的左右两侧同时趋于 x_0；

（3）极限 A 的存在与 $f(x)$ 在 x_0 有无定义或定义的值无关.

【例5】 结合图形讨论 $f(x) = c$（c 是常数）当 $x \to x_0$ 时的极限.

解 当 $x \to x_0$ 时，$f(x)$ 的值恒等于 c，如图 2-8 所示.

所以
$$\lim_{x \to x_0} c = c$$

同理观察图像得
$$\lim_{x \to \infty} c = c$$

一般地，任何一个常函数的极限就是这个常数本身.

【例6】 结合图形讨论 $f(x) = x$ 当 $x \to x_0$ 时的极限.

解 如图 2-9 当 $x \to x_0$ 时，$f(x) = x$ 也无限接近于 x_0.

所以 $\lim\limits_{x \to x_0} x = x_0$.

 笔记

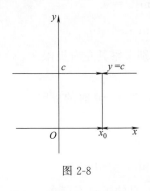

c $y = c$

x_0

图 2-8

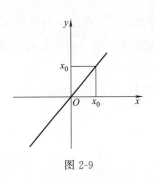

x_0

x_0

图 2-9

【例7】 结合图形讨论当 $x \to 0$ 时，函数 $y = \sin x$、$y = \cos x$ 的极限.

解 由于考察的是 x 无限接近于 0 的情况，所以只需作出在点 $x = 0$ 处附近函数图形便可.

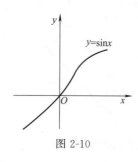

图 2-10

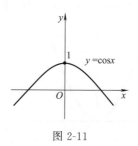

图 2-11

由图 2-10 可知 $\lim\limits_{x \to 0} \sin x = 0$. 由图 2-11 可以看出，$\lim\limits_{x \to 0} \cos x = 1$.

根据基本初等函数的图形，可以得到一些基本的极限公式：

(1) $\lim\limits_{x \to x_0(\infty)} C = C$　（C 是常数）　　(2) $\lim\limits_{x \to x_0} x = x_0$

(3) $\lim\limits_{x \to -\infty} a^x = 0 \ (a > 1)$　　　　　(4) $\lim\limits_{x \to +\infty} a^x = 0 \ (0 < a < 1)$

上面讨论了 $x \to x_0$ 时函数 $f(x)$ 的极限，对于 $x \to x_0^+$ 或 $x \to x_0^-$ 时的情形，有如下定义：

定义 4　如果当 $x \to x_0^+$ （$x \to x_0^-$）时，函数 $f(x)$ 的值无限趋近于一个确定的常数 A，则称 A 为函数 $f(x)$ 当 $x \to x_0^+$ （$x \to x_0^-$）时的右（左）极限，记作 $\lim\limits_{x \to x_0^+} f(x) = A$

笔记

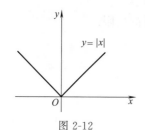

图 2-12

（$\lim\limits_{x \to x_0^-} f(x) = A$），或 $f(x_0 + 0) = A$　（$f(x_0 - 0) = A$）. 左极限和右极限统称为单侧极限.

显然，函数的极限与左右极限有如下关系：

定理 2　$\lim\limits_{x \to x_0} f(x) = A$ 成立的充分必要条件是

$$\lim\limits_{x \to x_0^+} f(x) = \lim\limits_{x \to x_0^-} f(x) = A$$

【例 8】　讨论函数 $f(x) = |x|$ 在点 $x = 0$ 处的极限.

解　由图 2-12 可以看出，当 $x \to 0$ 时

函数的左极限为　　　$f(0 - 0) = \lim\limits_{x \to 0-0} f(x) = \lim\limits_{x \to 0-0} (-x) = 0$；

函数的右极限为　　　$f(0 + 0) = \lim\limits_{x \to 0+0} f(x) = \lim\limits_{x \to 0+0} x = 0$.

由于在 $x = 0$ 点左、右极限都存在且相等，所以 $\lim\limits_{x \to 0} |x| = 0$.

此例表明，求分段函数在分界点的极限通常要分别考察其左右极限.

【例 9】　讨论符号函数　$y = \mathrm{sgn}\, x = \begin{cases} -1, & x < 0 \\ 0, & x = 0 \\ 1, & x > 0 \end{cases}$ ，当 $x \to 0$ 时的极限.

解　由图 2-13 可以看出 $f(0 - 0) = \lim\limits_{x \to 0-0} f(x) = \lim\limits_{x \to 0-0} (-1) = -1$；

$$f(0 + 0) = \lim\limits_{x \to 0+0} f(x) = \lim\limits_{x \to 0+0} 1 = 1.$$

由于左极限不等于右极限，所以符号函数在 $x = 0$ 点的极限不存在.

【例 10】　讨论函数 $f(x) = \begin{cases} x + 1 & x < 0 \\ x^2 & 0 \leqslant x < 1 \\ 1 & x \geqslant 1 \end{cases}$ ，当 $x \to 1$ 时的极限（图 2-14）.

解 $f(1-0)=\lim\limits_{x\to 1^-}f(x)=\lim\limits_{x\to 1^-}x^2=1$,

$f(1+0)=\lim\limits_{x\to 1^+}f(x)=\lim\limits_{x\to 1^+}1=1$,

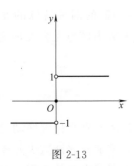

图 2-13

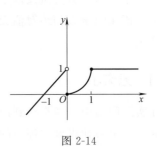

图 2-14

由于 $f(1-0)=f(1+0)$, 因此 $\lim\limits_{x\to 1}f(x)=1$.

说明 以上我们引入了七种类型的极限, 即

(1) $\lim\limits_{n\to\infty}x_n$ (2) $\lim\limits_{x\to\infty}f(x)$ (3) $\lim\limits_{x\to -\infty}f(x)$ (4) $\lim\limits_{x\to +\infty}f(x)$

(5) $\lim\limits_{x\to x_0}f(x)$ (6) $\lim\limits_{x\to x_0^-}f(x)$ (7) $\lim\limits_{x\to x_0^+}f(x)$

为了统一地论述它们共有的运算法则, 如果不特别指出是其中的哪一种极限时, 将用$\lim f(x)$ 或$\lim y$ 泛指其中的任何一种.

笔 记

习题 2-1

1. 根据函数的图像, 讨论下列各函数的极限.

(1) $\lim\limits_{x\to\infty}\dfrac{1}{1+x}$ (2) $\lim\limits_{x\to +\infty}\left(\dfrac{1}{3}\right)^x$ (3) $\lim\limits_{x\to -\infty}5^x$

(4) $\lim\limits_{x\to 2}\dfrac{x^2-4}{x+2}$ (5) $\lim\limits_{x\to 0^+}\sqrt{x}$ (6) $\lim\limits_{x\to 0^+}\lg x$

2. 作出函数 $f(x)=\begin{cases}x^2 & 0<x\leqslant 3 \\ 2x-1 & 3<x<5\end{cases}$ 的图像, 并求出当 $x\to 3$ 时 $f(x)$ 的左、右极限.

3. 设 $f(x)=\dfrac{|x|}{x}$, 当 $x\to 0$ 时分别求 $f(x)$ 的左、右极限, 问: $\lim\limits_{x\to 0}f(x)$, 是否存在?

4. 观察 $y=\dfrac{\sin x}{x}$ 图像（见图 2-15）, 求当 $x\to 0$ 时 $f(x)$ 的极限.

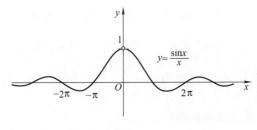

图 2-15

2.2 无穷小与无穷大

无穷小量与无穷大量反映了自变量在某个变化过程中函数的两种特殊的变化趋势，绝对值无限增大和绝对值无限减少．下面用极限定义无穷小量与无穷大量这两种常用变量．

2.2.1 无穷小

在实际问题中，经常遇到极限为零的变量，例如，单摆离开垂直位置摆动时，由于受到空气阻力和机械摩擦力的作用，它的振幅随着时间的增加而逐渐减少并逐渐趋于零．又例如，电容器放电时，其电压随着时间的增加而逐渐减少并趋于零．对于这类变量有如下定义：

2.2.1.1 无穷小的定义

定义 1 当 $x \to x_0 (x \to \infty)$ 时，如果函数 $f(x)$ 的极限为零，则称 $f(x)$ 为当 $x \to x_0 (x \to \infty)$ 时的**无穷小量**，简称**无穷小**，记为 $\lim\limits_{x \to x_0} f(x) = 0 (\lim\limits_{x \to \infty} f(x) = 0)$ 或 $f(x) \to 0$，当 $x \to x_0 (x \to \infty)$ 时．

例如：当 $x \to \infty$ 时，$\dfrac{1}{x}$ 是无穷小量；当 $x \to 2$ 时，$x^2 - 4$ 是无穷小量；

当 $x \to 0$ 时，$\sin x$ 是无穷小量．

再例如：当 $x \to 1$ 时，$\dfrac{1}{x} \to 1$，$f(x) = \dfrac{1}{x}$ 就不是无穷小．

关于无穷小量几点说明：

① 无穷小量是以零为极限的变量，一个很小的数如 10^{-2009} 不是无穷小量．

② 规定常数"0"是无穷小量．

③ 变量是否为无穷小量一定要考虑变化过程，同一个变量在不同的变化过程中，情况会不同．如当 $x \to 0$ 时，$\sin x$ 是无穷小量，但当 $x \to \dfrac{\pi}{2}$ 时，$\sin x$ 不是无穷小量．

【例 1】 自变量在怎样的变化过程中，下列变量为无穷小量．

(1) $\dfrac{1}{x-2}$　　(2) $2x - 4$　　(3) 2^x　　(4) $\left(\dfrac{1}{4}\right)^x$

解 (1) 因为 $\lim\limits_{x \to 2} \dfrac{1}{x-2} = 0$，所以当 $x \to \infty$ 时，$\dfrac{1}{x-2}$ 为无穷小量．

(2) 因为 $\lim\limits_{x \to 2}(2x - 4) = 0$，所以当 $x \to 2$ 时，$2x - 4$ 为无穷小量．

(3) 因为 $\lim\limits_{x \to -\infty} 2^x = 0$，所以当 $x \to -\infty$ 时，2^x 为无穷小量．

(4) 因为 $\lim\limits_{x \to +\infty} \left(\dfrac{1}{4}\right)^x = 0$，所以当 $x \to +\infty$ 时，$\left(\dfrac{1}{4}\right)^x$ 为无穷小量．

2.2.1.2 无穷小的性质（证明从略）

性质 1 有限个无穷小量的代数和是无穷小量．

笔 记

例如，当 $x \to 0$ 时，$x + \sin x$ 也是无穷小量.

性质 2 有限个无穷小量之积是无穷小量.（注：两个无穷小之商未必是无穷小）

例如，当 $x \to 0$ 时，$x \sin x$ 也是无穷小量.

性质 3 有界函数与无穷小量的乘积为无穷小量.

例如，当 $x \to 0$ 时，$x \sin \dfrac{1}{x}$ 也是无穷小量.

性质 4 任一常数与无穷小量之积是无穷小量.

例如，当 $x \to 0$ 时，$3 \sin x$ 也是无穷小量.

【例 2】 求 $\lim\limits_{x \to \infty} \dfrac{\sin x}{x}$.

解 因 $\lim\limits_{x \to \infty} \dfrac{1}{x} = 0$，$|\sin x| \leqslant 1$，即 $\dfrac{1}{x}$ 是当 $x \to \infty$ 时的无穷小，$\sin x$ 是有界函数.
所以根据无穷小的性质知，$\dfrac{1}{x} \sin x$ 仍为当 $x \to \infty$ 时的无穷小，即 $\lim\limits_{x \to \infty} \dfrac{\sin x}{x} = 0$.

【例 3】 求 $\lim\limits_{x \to 0} x^2 \sin \dfrac{1}{x}$.

解 因为 $|\sin \dfrac{1}{x}| \leqslant 1$，当 $x \to 0$ 时，x^2 是无穷小量. 所以根据无穷小量的性质
3，当 $x \to 0$ 时，$x^2 \sin \dfrac{1}{x}$ 是无穷小量. 即 $\lim\limits_{x \to 0} x^2 \sin \dfrac{1}{x} = 0$.

2.2.1.3 函数极限与无穷小的关系

定理 1 如果 $\lim f(x) = A$，则 $f(x) = A + \alpha$，其中 $\lim \alpha = 0$；反之，如果 $f(x) = A + \alpha$ 且 $\lim \alpha = 0$，则 $\lim f(x) = A$.

证明 必要性：若 $\lim f(x) = A$，设 $\alpha = f(x) - A$，则 $\lim \alpha = \lim [f(x) - A] = A - A = 0$，即 α 在 $x \to x_0 (x \to \infty)$ 时为无穷小，显然有 $f(x) = A + \alpha$.

充分性：设 $f(x) = A + \alpha$，且 $\lim \alpha = 0$，则 $\lim f(x) = \lim [A + \alpha] = A + 0 = A$.
常称这个定理为**极限基本定理**.

从这个定理知：当自变量在同一变化过程 $x \to x_0$（或 $x \to \infty$）中时：

① 具有极限的函数等于其极限与一个无穷小之和，即：A 为 $f(x)$ 的极限 $\Leftrightarrow f(x) - A$ 为无穷小.

② 若一函数可表示为一常数与无穷小之和，那么该常数就是其极限.

2.2.2 无穷大

与无穷小量相对应的是无穷大量.

定义 2 如果当 $x \to x_0 (x \to \infty)$ 时，函数 $f(x)$ 的绝对值无限增大，则称 $f(x)$ 为当 $x \to x_0 (x \to \infty)$ 时的**无穷大量**，简称**无穷大**，记为：$\lim\limits_{x \to x_0} f(x) = \infty$（$\lim\limits_{x \to \infty} f(x) = \infty$），或 $f(x) \to \infty$，当 $x \to x_0 (x \to \infty)$ 时. 如果当 $x \to x_0 (x \to \infty)$ 时，函数 $f(x) > 0$ 且 $f(x)$ 无限增大，则称 $f(x)$ 为当 $x \to x_0 (x \to \infty)$ 时的**正无穷大**，记为：$\lim\limits_{x \to x_0} f(x) = +\infty$（$\lim\limits_{x \to \infty} f(x) = +\infty$），或 $f(x) \to +\infty$，当 $x \to x_0 (x \to \infty)$ 时.

笔记

类似地，可以定义 $\lim f(x) = -\infty$.

例如当 $x \to 0$ 时，$\left|\dfrac{1}{x}\right|$ 无限增大，所以 $\dfrac{1}{x}$ 是当 $x \to 0$ 时的无穷大，记作 $\lim\limits_{x \to 0}\dfrac{1}{x} = \infty$；当 $x \to \infty$ 时，x^2 总取正值而无限增大，所以 x^2 是当 $x \to \infty$ 时的无穷大，记作 $\lim\limits_{x \to \infty} x^2 = +\infty$.

关于无穷大量几点说明：

① 无穷大量必须是变量，一个很大的数如 10^{2009} 不是无穷大量.

② 变量在变化过程中绝对值越来越大且可以无限大时，才能称为无穷大. 例如，当 $x \to \infty$ 时，$f(x) = x\sin x$ 的值可以无限增大，但不是越来越大，所以它不是无穷大.

③ 变量是否为无穷大量一定要考虑变化过程，同一个变量在不同的变化过程中，情况会不同. 如当 $x \to \infty$ 时，x^2 是无穷大量，但当 $x \to 0$ 时，x^2 是无穷小量.

【例4】 自变量在怎样的变化过程中，下列变量为无穷大量.

(1) $\dfrac{1}{x-2}$ (2) $\ln x$ (3) 2^x

解：(1) 因为 $\lim\limits_{x \to 2}\dfrac{1}{x-2} = \infty$，所以当 $x \to 2$ 时，$\dfrac{1}{x-2}$ 为无穷大量.

(2) 因为 $x \to +\infty$ 时，$\ln x \to +\infty$，即 $\lim\limits_{x \to +\infty}\ln x = +\infty$；$x \to 0^+$ 时，$\ln x \to -\infty$，即 $\lim\limits_{x \to 0^+}\ln x = -\infty$，所以 $x \to +\infty$ 及 $x \to 0^+$ 时，$\ln x$ 都是无穷大.

(3) 因为 $\lim\limits_{x \to +\infty} 2^{-x} = 0$，所以当 $x \to +\infty$ 时，2^{-x} 为无穷小，因此 $\dfrac{1}{2^{-x}} = 2^x$ 为 $x \to +\infty$ 时的无穷大.

 笔记

2.2.3 无穷大与无穷小的关系

定理2 如果 $\lim f(x) = \infty$，则 $\lim \dfrac{1}{f(x)} = 0$；反之，如果 $\lim f(x) = 0$，且 $f(x) \neq 0$，则 $\lim \dfrac{1}{f(x)} = \infty$.

即：①无穷大量的倒数是无穷小量.②无穷小量（非零）的倒数是无穷大量.

例如，当 $x \to \infty$ 时，x^2 是无穷大，$\dfrac{1}{x^2}$ 为无穷小.

基本初等函数中当 $a > 1$ 时，有 $\lim\limits_{x \to 0^+}\log_a x = -\infty$，$\lim\limits_{x \to +\infty}\log_a x = +\infty$，$\lim\limits_{x \to +\infty} a^x = +\infty$.

显然 $\lim\limits_{x \to +\infty} a^{-x} = \lim\limits_{x \to +\infty}\dfrac{1}{a^x} = 0 \ (a > 1)$；$\lim\limits_{x \to \infty}\dfrac{1}{x^n} = 0$ （n 为正整数）

【例5】 求 $\lim\limits_{x \to 1}\dfrac{2}{x-1}$.

解 因为当 $x \to 1$ 时，分母的极限为 0，即当 $x \to 1$ 时，$\dfrac{1}{f(x)} = \dfrac{x-1}{2}$ 是无穷小，

那么 $f(x) = \dfrac{2}{x-1}$ 是 $x \to 1$ 时的无穷大，因此 $\lim\limits_{x \to 1}\dfrac{2}{x-1} = \infty$.

因此，证明一个变量是无穷小量的方法就是证明它的极限为 0，证明一个变量是

无穷大量的方法就是证明它倒数是无穷小量.

习题 2-2

1. 下列函数中，哪些是无穷大量？哪些是无穷小量？

(1) $f(x) = \dfrac{x+2}{x}$，当 $x \to 0$ 时 　(2) $f(x) = 2^x - 1$，当 $x \to 0$ 时

(3) $y = 5^{-x}$，当 $x \to +\infty$ 时

2. 求下列各函数极限.

(1) $\lim\limits_{x \to 0} x \cdot \sin\dfrac{1}{x}$ 　(2) $\lim\limits_{x \to \infty} \dfrac{\cos x}{x^3}$

2.3 极限的运算

用极限的定义并结合图形求函数的极限只适用于一些简单的情形，为了计算比较复杂的函数极限问题，往往要用到极限的运算法则.

设 x 在同一变化过程中 $\lim f(x)$（此处省略了自变量 x 的变化趋势，下同）及 $\lim g(x)$ 都存在，则有下列运算法则.

即设 $\lim f(x) = A$, 　$\lim g(x) = B$，则

(1) $\lim[f(x) \pm g(x)] = \lim f(x) \pm \lim g(x) = A \pm B$；

(2) $\lim[f(x)g(x)] = \lim f(x) \lim g(x) = AB$；特别有 $\lim Cf(x) = C\lim f(x) = CA$；

(3) $\lim \dfrac{f(x)}{g(x)} = \dfrac{\lim f(x)}{\lim g(x)} = \dfrac{A}{B}$ 　$(B \neq 0)$.

法则（1）、（2）可以推广到有限个函数的情形. 这些法则通常叫做极限的四则运算法则. 特别地，若 n 为正整数，有：

推论 1 　$\lim[f(x)]^n = [\lim f(x)]^n = A^n$；

推论 2 　$\lim \sqrt[n]{f(x)} = \sqrt[n]{\lim f(x)} = \sqrt[n]{A}$ $[n$ 为偶数时，要假设 $\lim f(x) > 0]$.

(1) 直接代入求极限法

【例1】 求 $\lim\limits_{x \to 0} e^x$.

解 　$\lim\limits_{x \to 0} e^x = e^0 = 1$

【例2】 求 $\lim\limits_{x \to 2}(4x^2 + 3)$.

解 　$\lim\limits_{x \to 2}(4x^2 + 3) = \lim\limits_{x \to 2} 4x^2 + \lim\limits_{x \to 2} 3 = 4(\lim\limits_{x \to 2} x)^2 + 3 = 4 \times 2^2 + 3 = 19$

一般地，设多项式 $P(x) = a_n x^n + a_{n-1} x^{n-1} + \text{L} + a_0$，则有

$\lim\limits_{x \to x_0} P(x) = a_n x_0^n + a_{n-1} x_0^{n-1} + \text{L} + a_0$

即可以用代入法求多项式函数的极限 　$\lim\limits_{x \to x_0} P(x) = P(x_0)$.

【例3】 求 $\lim\limits_{x \to 0}\left(2 - \dfrac{3}{x-1}\right)$.

笔 记

解 $\lim\limits_{x \to 0}\left(2 - \dfrac{3}{x-1}\right) = 2 - \dfrac{3}{0-1} = 5$

【例4】 求 $\lim\limits_{x \to 0} \dfrac{2x^2+3}{4-x}$.

解 因为 $\lim\limits_{x \to 0}(4-x) = \lim\limits_{x \to 0}4 - \lim\limits_{x \to 0}x = 4 \neq 0$，$\lim\limits_{x \to 0}(2x^2+3) = 2(\lim\limits_{x \to 0}x)^2 + \lim\limits_{x \to 0}3 = 3$

所以 $\lim\limits_{x \to 0} \dfrac{2x^2+3}{4-x} = \dfrac{3}{4}$.

当遇到有理分式函数 $\dfrac{f(x)}{g(x)}$ 在 x_0 处的极限时，若 $g(x_0) \neq 0$，则有 $\lim\limits_{x \to x_0} \dfrac{f(x)}{g(x)} = \dfrac{f(x_0)}{g(x_0)}$.

【例5】 求 $\lim\limits_{x \to \frac{\pi}{2}} \dfrac{\sin x}{x}$.

解 $\lim\limits_{x \to \frac{\pi}{2}} \dfrac{\sin x}{x} = \dfrac{\sin \frac{\pi}{2}}{\frac{\pi}{2}} = \dfrac{2}{\pi}$

（2）$\dfrac{0}{0}$ 未定式型求极限法

【例6】 求 $\lim\limits_{x \to 3} \dfrac{x-3}{x^2-9}$.

解 由于 $\lim\limits_{x \to 3}(x^2-9) = 0$，因此不能直接用法则3，又 $\lim\limits_{x \to 3}(x-3) = 0$，此极限式的特点为：分子与分母的极限均为零，称为 $\dfrac{0}{0}$ 未定式的极限．因为在 $x \to 3$ 的过程中，$x \neq 3$. 因此求此分式极限时，应首先约去零因子 $(x-3)$，于是 $\lim\limits_{x \to 3} \dfrac{x-3}{x^2-9} = \lim\limits_{x \to 3} \dfrac{1}{x+3} = \dfrac{1}{6}$.

注意：上面的变形只能是在求极限的过程中进行，不要误认为函数 $\dfrac{x-3}{x^2-9}$ 与函数 $\dfrac{1}{x+3}$ 是同一函数.

【例7】 求 $\lim\limits_{x \to 4} \dfrac{x^2-7x+12}{x^2-5x+4}$.

解 同上分析，属于 $\dfrac{0}{0}$ 未定式，应先约去零因子，

$$\lim\limits_{x \to 4} \dfrac{x^2-7x+12}{x^2-5x+4} = \lim\limits_{x \to 4} \dfrac{(x-3)(x-4)}{(x-1)(x-4)} = \lim\limits_{x \to 4} \dfrac{x-3}{x-1} = \dfrac{1}{3}$$

【例8】 求 $\lim\limits_{x \to 0} \dfrac{x}{2-\sqrt{4+x}}$.

解 由于分子、分母的极限为零，不能直接用法则3，属于 $\dfrac{0}{0}$ 未定式，用初等代数方法使分母有理化.

📝 **笔记**

$$\lim_{x \to 0} \frac{x}{2 - \sqrt{4+x}} = \lim_{x \to 0} \frac{x(2 + \sqrt{4+x})}{(2 - \sqrt{4+x})(2 + \sqrt{4+x})}$$

$$= \lim_{x \to 0} \frac{x(2 + \sqrt{4+x})}{-x}$$

$$= \lim_{x \to 0} (-2 - \sqrt{4+x}) = -4$$

小结 $x \to x_0$ 时，若代入后令分母为零，分子也为零．可先约分后再代入或通过分母、分子有理化解决.

（3）$\dfrac{\infty}{\infty}$ 未定式型求极限法

【例 9】 求 $\lim\limits_{x \to \infty} \dfrac{3x^2 - 4x - 5}{4x^2 + x + 2}$.

解 因为 $x \to \infty$ 时，分子分母的极限都不存在，所以不能直接应用法则（3）．可先用 x^2 同除分子、分母，然后再求极限.

$$\lim_{x \to \infty} \frac{3x^2 - 4x - 5}{4x^2 + x + 2} = \lim_{x \to \infty} \frac{3 - \dfrac{4}{x} - \dfrac{5}{x^2}}{4 + \dfrac{1}{x} + \dfrac{2}{x^2}} = \frac{\lim\limits_{x \to \infty} \left(3 - \dfrac{4}{x} - \dfrac{5}{x^2}\right)}{\lim\limits_{x \to \infty} \left(4 + \dfrac{1}{x} + \dfrac{2}{x^2}\right)} = \frac{3 - 0 - 0}{4 + 0 + 0} = \frac{3}{4}$$

【例 10】 求 $\lim\limits_{x \to \infty} \dfrac{2x^2 + x - 3}{3x^3 - 2x^2 - 1}$.

解 不能直接应用法则（3），先用 x^3 同除分子、分母

$$\lim_{x \to \infty} \frac{2x^2 + x - 3}{3x^3 - 2x^2 - 1} = \lim_{x \to \infty} \frac{\dfrac{2}{x} + \dfrac{1}{x^2} - \dfrac{3}{x^3}}{3 - \dfrac{2}{x} - \dfrac{1}{x^3}} = \frac{\lim\limits_{x \to \infty} \left(\dfrac{2}{x} + \dfrac{1}{x^2} - \dfrac{3}{x^3}\right)}{\lim\limits_{x \to \infty} \left(3 - \dfrac{2}{x} - \dfrac{1}{x^3}\right)} = \frac{0 + 0 - 0}{3 - 0 - 0} = 0$$

【例 11】 求 $\lim\limits_{x \to \infty} \dfrac{x^3 - x + 5}{3x^2 + 2}$.

解 因为 $\lim\limits_{x \to \infty} \dfrac{3x^2 + 2}{x^3 - x + 5} = \lim\limits_{x \to \infty} \dfrac{\dfrac{3}{x} + \dfrac{2}{x^3}}{1 - \dfrac{1}{x^2} + \dfrac{5}{x^3}} = 0$，所以 $\lim\limits_{x \to \infty} \dfrac{x^3 - x + 5}{3x^2 + 2} = \infty$.

小结 $x \to \infty$ 时，当遇到分子、分母均为无穷大量的有理分式函数极限时，即针对 $\dfrac{\infty}{\infty}$ 型的极限，先将分子、分母同除以它的最高次幂，然后再求极限.

一般地，设 $a_0 \neq 0$，$b_0 \neq 0$，m，n 为正整数，当 $x \to \infty$ 时，有以下结果

$$\lim_{x \to \infty} \frac{a_0 x^n + a_1 x^{n-1} + \cdots + a_n}{b_0 x^m + b_1 x^{m-1} + \cdots + b_m} = \begin{cases} 0 & n < m \\ \dfrac{a_0}{b_0} & n = m \\ \infty & n > m \end{cases} \text{（其中 } a_0 \neq 0, b_0 \neq 0\text{）}.$$

（4）$\infty - \infty$ 未定式型求极限法

【例 12】 求 $\lim\limits_{x \to 1} \left(\dfrac{2}{x^2 - 1} - \dfrac{1}{x - 1}\right)$.

笔记

解 因为 $x \to \infty$ 时，形式为 $\infty - \infty$，不能直接用法则，所以应先通分.

$$原式 = \lim_{x \to 1} \frac{2 - (x+1)}{x^2 - 1} = \lim_{x \to 1} \frac{-(x-1)}{(x-1)(x+1)} = \lim_{x \to 1} \frac{-1}{x+1} = -\frac{1}{2}$$

当遇到两个有理分式的极限时，若这两个有理分式都是无穷大量，可先将它们通分化简，再求极限.

【例 13】 求 $\lim_{x \to +\infty} (\sqrt{x^2 + x} - x)$.

解 因为 $x \to \infty$ 时，形式为 $\infty - \infty$，不能直接用极限法则. 先恒等变形，将函数"分子有理化"：

$$原式 = \lim_{x \to +\infty} \frac{(\sqrt{x^2 + x} - x)(\sqrt{x^2 + x} + x)}{(\sqrt{x^2 + x} + x)} = \lim_{x \to +\infty} \frac{x}{\sqrt{x^2 + x} + x} = \lim_{x \to +\infty} \frac{1}{\sqrt{1 + \frac{1}{x}} + 1} = \frac{1}{2}$$

小结 （1）运用极限的四则运算法则时，必须注意只有各项极限存在（求商时还要规定分母的极限不为零）才能适用；

（2）像【例 6】【例 9】中分子与分母的极限均为零或无穷大，但它们商的极限却可能会有各种不同的极限值，因此称这种类型的极限为未定式的极限. 未定式的极限类型主要有 $\frac{0}{0}$，$\frac{\infty}{\infty}$，$0 \cdot \infty$，$\infty - \infty$，1^{∞} 等几种形式，如果所求极限是 $\frac{0}{0}$ 或 $\frac{\infty}{\infty}$ 等未定式形式，不能直接用极限法则时，必须先对原式进行恒等变形（因式分解、通分、有理化、变量代换等），然后再求极限.

 笔 记

习题 2-3

1. 求下列极限.

(1) $\lim_{x \to 2} (6x + 5)$ 　　(2) $\lim_{x \to 10} (x^2 - 6x)$ 　　(3) $\lim_{x \to -2} (2x^2 - 5x + 3)$

(4) $\lim_{x \to 5} \frac{2x - 3}{5x + 3}$ 　　(5) $\lim_{x \to -1} \frac{2x^2 + x - 4}{3x^2 + 2}$

2. 求下列极限.

(1) $\lim_{x \to -6} \frac{x^2 - 36}{x + 6}$ 　　(2) $\lim_{x \to 2} \frac{x^2 - 4x + 4}{x - 2}$ 　　(3) $\lim_{x \to 2} \frac{x - 2}{x^2 - x - 2}$

(4) $\lim_{x \to 0} \frac{\sqrt{1 + x} - 1}{x}$ 　　(5) $\lim_{x \to 0} \frac{5x^3 - 2x^2 + x}{4x^2 + 2x}$

3. 求下列极限.

(1) $\lim_{x \to \infty} \frac{3x^3 - 5x^2 + 1}{8x^3 + 4x - 3}$ 　　(2) $\lim_{x \to \infty} \frac{2x - 3}{3x^2 - x + 2}$

(3) $\lim_{x \to \infty} \frac{3x^2 + 5x + 1}{4x^2 - 2x + 5}$ 　　(4) $\lim_{x \to \infty} \frac{2x^3 - x^2 + 5}{3x^2 - 2x - 1}$

2.4 两个重要极限

在今后的极限运算中，许多极限问题都与下面将要讨论的两个重要极限有关.

定理 1 夹逼定理 ：如果函数 $f(x)$，$g(x)$，$h(x)$ 在同一变化过程中满足 $g(x) \leqslant f(x) \leqslant h(x)$，且 $\lim g(x) = \lim h(x) = A$，那么 $\lim f(x)$ 存在且等于 A.

2.4.1　$\lim\limits_{x \to 0} \dfrac{\sin x}{x} = 1$（x 取弧度单位）

这个极限是 $\dfrac{0}{0}$ 型的未定式的极限，无法用以前的方法求出其极限值. 表 2-1 列出了函数 $y = \dfrac{\sin x}{x}$ 在 x 无限接近 0 时的一些函数值.

表 2-1

x	± 0.5	± 0.1	± 0.05	± 0.01	$\cdots \to$	0
$\dfrac{\sin x}{x}$	0.95885	0.99833	0.99958	0.99998	$\cdots \to$	1

从表 2-1 可以看出，当 $|x|$ 愈来愈接近于零时，$\dfrac{\sin x}{x}$ 的值愈来愈接近于 1，即 $\lim\limits_{x \to 0} \dfrac{\sin x}{x} = 1$.

以下给出公式的证明.

证明　因为 $\dfrac{\sin(-x)}{-x} = \dfrac{-\sin x}{-x} = \dfrac{\sin x}{x}$，所以只讨论 x 由正值趋于零的情形.

作单位圆，如图 2-16 所示. 设圆心角 $\angle BOA = x$，延长 OB 交过 A 点的切线于 D，则

$$S_{\triangle AOB} < S_{\text{扇形} AOB} < S_{\triangle AOD}$$

所以　　　　$\dfrac{1}{2}\sin x \leqslant \dfrac{1}{2}x \leqslant \dfrac{1}{2}\tan x$

除以 $\dfrac{1}{2}\sin x$ 得　$1 < \dfrac{x}{\sin x} < \dfrac{1}{\cos x}$

即　　　　　$\cos x < \dfrac{\sin x}{x} < 1$

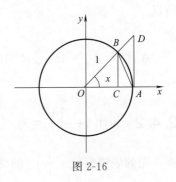

图 2-16

因为 $\lim\limits_{x \to 0}\cos x = 1$，$\lim\limits_{x \to 0} 1 = 1$，由定理 1 得 $\lim\limits_{x \to 0} \dfrac{\sin x}{x} = 1$.

此重要极限有两个特征：

（1）当 $x \to 0$ 时，分子、分母均为无穷小，简记为 "$\dfrac{0}{0}$" 型；

（2）正弦符号后面的变量与分母的变量完全相同，即 $\lim\limits_{\triangledown \to 0} \dfrac{\sin \triangledown}{\triangledown} = 1$.

思考：$\lim\limits_{x \to 0} \dfrac{r}{\sin x} = 1$ 吗？

【例 1】　求 $\lim\limits_{x \to 0} \dfrac{\sin 3x}{2x}$.

解　$\lim\limits_{x \to 0} \dfrac{\sin 3x}{2x} = \lim\limits_{x \to 0} \dfrac{\sin 3x}{3x} \times \dfrac{3}{2} = \dfrac{3}{2} \lim\limits_{3x \to 0} \dfrac{\sin 3x}{3x} = \dfrac{3}{2}$

【例2】 求 $\lim\limits_{x\to 0}\dfrac{1-\cos x}{x^2}$.

解 $\lim\limits_{x\to 0}\dfrac{1-\cos x}{x^2}=\lim\limits_{x\to 0}\dfrac{2\sin^2\dfrac{x}{2}}{4\left(\dfrac{x}{2}\right)^2}=\dfrac{1}{2}\lim\limits_{x\to 0}\left[\dfrac{\sin\dfrac{x}{2}}{\dfrac{x}{2}}\right]^2=\dfrac{1}{2}\left[\lim\limits_{\frac{x}{2}\to 0}\dfrac{\sin\dfrac{x}{2}}{\dfrac{x}{2}}\right]^2=\dfrac{1}{2}$

【例3】 求 $\lim\limits_{x\to \pi}\dfrac{\sin x}{\pi-x}$.

解 令 $\pi-x=t$，则 $x=\pi-t$，当 $x\to\pi$ 时，$t\to 0$，于是

$$\lim\limits_{x\to \pi}\dfrac{\sin x}{\pi-x}=\lim\limits_{t\to 0}\dfrac{\sin(\pi-t)}{t}=\lim\limits_{t\to 0}\dfrac{\sin t}{t}=1$$

【例4】 证明半径为 R 的圆的面积公式：$A=\pi R^2$.

证明 由［割圆术与圆的面积］知：

又因圆内接正 n 边形面积为 $\quad A_n=\dfrac{n}{2}R^2\sin\dfrac{2\pi}{n}$

当圆内接正多边形的边数无限增大，即 $n\to\infty$ 时，A_n 的极限就是圆的面积. 所以

✎ 笔 记

$$A=\lim\limits_{n\to\infty}A_n=\lim\limits_{n\to\infty}\dfrac{n}{2}R^2\sin\dfrac{2\pi}{n}=\pi R^2\lim\limits_{n\to\infty}\dfrac{\sin\dfrac{2\pi}{n}}{\dfrac{2\pi}{n}}\xlongequal{\text{设}t=\frac{2\pi}{n}}\pi R^2\lim\limits_{t\to 0}\dfrac{\sin t}{t}=\pi R^2$$

2.4.2 $\lim\limits_{x\to\infty}\left(1+\dfrac{1}{x}\right)^x=\mathrm{e}$（e= 2. 7182818…是无理数）

先列表观察 $\left(1+\dfrac{1}{x}\right)^x$ 的变化趋势，可得表 2-2.

表 2-2

x	10	10^2	10^3	10^4	10^5	10^6	$\cdots\to +\infty$
$\left(1+\dfrac{1}{x}\right)^x$	2.59374	2.70481	2.71692	2.71815	2.71827	2.71828	$\cdots\to \mathrm{e}$
x	-10	-10^2	-10^3	-10^4	-10^5	-10^6	$\cdots\to -\infty$
$\left(1+\dfrac{1}{x}\right)^x$	2.86792	2.73200	2.71964	2.71841	2.71830	2.71828	$\cdots\to \mathrm{e}$

由上表可以看出，当 $|x|\to\infty$ 时，函数 $\left(1+\dfrac{1}{x}\right)^x$ 的值无限地接近于常数 2.71828…，记这个常数为 e，即 $\lim\limits_{x\to\infty}\left(1+\dfrac{1}{x}\right)^x=\mathrm{e}$（证略）. 令 $\dfrac{1}{x}=t$，则当 $x\to\infty$ 时，$t\to 0$，于是这个

极限又可写成另一种等价形式$\lim\limits_{t \to 0}(1+t)^{\frac{1}{t}}=\mathrm{e}$.

公式特点：（1）$\lim\limits_{x \to \infty}(1+无穷小)^{无穷大}$，即 1^∞ 型；

（2）"无穷小"与"无穷大"的解析式互为倒数，$\lim\limits_{\Delta \to \infty}\left(1+\dfrac{1}{\Delta}\right)^{\Delta}=\mathrm{e}$

推广　① $\lim\limits_{x \to 0}(1+x)^{\frac{1}{x}}=\mathrm{e}$　　② $\lim\limits_{\Delta \to 0}(1+\Delta)^{\frac{1}{\Delta}}=\mathrm{e}$

【例5】　求 $\lim\limits_{x \to \infty}\left(1+\dfrac{4}{x}\right)^{x}$.

解法一　设 $t=\dfrac{4}{x}$，则当 $x \to \infty$ 时，$t \to 0$，所以

$$\lim_{x \to \infty}\left(1+\frac{4}{x}\right)^{x}=\lim_{t \to 0}(1+t)^{\frac{4}{t}}=\lim_{t \to 0}[(1+t)^{\frac{1}{t}}]^{4}=\mathrm{e}^{4}$$

解法二　$\lim\limits_{x \to \infty}\left(1+\dfrac{4}{x}\right)^{x}=\lim\limits_{x \to \infty}\left(1+\dfrac{4}{x}\right)^{\frac{x}{4}\times 4}=\lim\limits_{x \to \infty}\left[\left(1+\dfrac{4}{x}\right)^{\frac{x}{4}}\right]^{4}=\mathrm{e}^{4}$

【例6】　求 $\lim\limits_{x \to \infty}(1-\dfrac{1}{x})^{x+1}$.

解　$\lim\limits_{x \to \infty}\left(1-\dfrac{1}{x}\right)^{x+1}=\lim\limits_{x \to \infty}\left[\left(1+\dfrac{1}{-x}\right)^{-x}\right]^{-1}\left(1-\dfrac{1}{x}\right)$

$$=\left[\lim_{x \to \infty}\left(1+\frac{1}{-x}\right)^{-x}\right]^{-1} \cdot \lim_{x \to \infty}\left(1-\frac{1}{x}\right)=\mathrm{e}^{-1} \cdot 1=\frac{1}{\mathrm{e}}$$

【例7】　求 $\lim\limits_{x \to \infty}\left(1+\dfrac{1}{2x}\right)^{3x+2}$.

解　原式 $=\lim\limits_{x \to \infty}\left[\left(1+\dfrac{1}{2x}\right)^{3x} \cdot \left(1+\dfrac{1}{2x}\right)^{2}\right]$

$$=\lim_{x \to \infty}\left(1+\frac{1}{2x}\right)^{3x} \cdot \lim_{x \to \infty}\left(1+\frac{1}{2x}\right)^{2}$$

$$=\mathrm{e}^{\frac{3}{2}}$$

【例8】　求 $\lim\limits_{x \to \infty}\left(\dfrac{x+3}{x-1}\right)^{x+3}$.

解　$\lim\limits_{x \to \infty}\left(\dfrac{x+3}{x-1}\right)^{x+3}=\lim\limits_{x \to \infty}\left(1+\dfrac{4}{x-1}\right)^{x+3}$，令 $t=\dfrac{4}{x-1}$，则 $x=\dfrac{4}{t}+1, x+3=\dfrac{4}{t}+4$，

由于当 $x \to \infty$ 时，$t \to 0$，所以

$$\lim_{x \to \infty}\left(\frac{x+3}{x-1}\right)^{x+3}=\lim_{t \to 0}(1+t)^{\frac{4}{t}+4}$$

$$=\lim_{t \to 0}(1+t)^{\frac{4}{t}} \cdot (1+t)^{4}$$

$$=[\lim_{t \to 0}(1+t)^{\frac{1}{t}}]^{4} \cdot [\lim_{t \to 0}(1+t)]^{4}=\mathrm{e}^{4}$$

2.4.3　连续复利

作为第二个重要极限公式的应用，我们介绍复利公式．所谓复利计息，就是将一

期的利息与本金之和作为第二期的本金，然后反复计息．设本金为 p，年利率为 r，一年后的本利和为 A_1，则 $A_1 = p + pr = p(1+r)$，第二年的本利和为 $A_2 = A_1 + rA_1 = A_1(1+r) = p(1+r)^2$．

如此反复，第 n 年末的本利和为

$$A_n = p(1+r)^n$$

这就是以年为期的复利公式．若把一年均分为 t 期计息，这时每期利率为 $\dfrac{r}{t}$，则 n 年末的本利和为

$$A_n = p\left(1 + \frac{r}{t}\right)^{nt}$$

假设计息期无限缩短，即期数 $t \to \infty$，于是得到连续复利的计算公式为 $A_n = \lim\limits_{t \to \infty} p\left(1 + \dfrac{r}{t}\right)^{nt} = p\,\mathrm{e}^{rn}$．

【例 9】 某人在银行存入 1000 元，复利率为每年 10%，分别以按年结算和连续复利结算两种方式，计算 10 年后他在银行的存款额．

解 按年结算，第 10 年末的本利和为 $A_{10} = 1000(1+10\%)^{10} \approx 2593.74$（元）．

按连续复利结算，第 10 年末的本利和为 $A_{10} = p\,\mathrm{e}^{rn} = 1000\mathrm{e}^{0.1 \times 10} = 1000\mathrm{e} \approx 2718.28$．

📝 **笔 记**

习题 2-4

1. 填空题．

(1) $\lim\limits_{x \to 0} \dfrac{\sin kx}{x} = $ _____ $(k \neq 0)$ (2) $\lim\limits_{x \to 0} \dfrac{\sin ax}{\sin bx} = $ _____ $(a \neq 0, b \neq 0)$

(3) $\lim\limits_{x \to \infty} \left(1 + \dfrac{k}{x}\right)^x = $ _____ $(k \neq 0)$ (4) $\lim\limits_{x \to 0} \dfrac{\tan x}{x} = $ _____

2. 求下列极限．

(1) $\lim\limits_{x \to 0} \dfrac{\sin 4x}{\tan 5x}$ (2) $\lim\limits_{x \to 0} \dfrac{\sin^2 x}{x^2}$ (3) $\lim\limits_{x \to \infty} \left(1 + \dfrac{1}{2x}\right)^{3x}$

(4) $\lim\limits_{x \to \infty} \left(\dfrac{x+1}{x-1}\right)^x$ (5) $\lim\limits_{x \to \infty} \left(\dfrac{2x-1}{2x+1}\right)^x$ (6) $\lim\limits_{x \to \infty} \left(\dfrac{2-x}{3-x}\right)^x$

2.5 无穷小的比较

无穷小虽然都是以零为极限的量，但不同的无穷小趋近于零的"速度"却不一定相同，有时可能差别很大．例如：当 $x \to 0$ 时，x，$2x$，x^2 都是无穷小，但它们趋向于零的速度不一样，现列于表 2-3．

表 2-3

x	1	0.5	0.1	0.01	0.001	...
$2x$	2	1	0.2	0.02	0.002	...
x^2	1	0.25	0.01	0.0001	0.000001	...

从表中可以看出 x^2 比 x 和 $2x$ 趋于零的速度都快得多，x 和 $2x$ 趋于零的速度大致相仿.

定义 1 设 α 和 β 都是当 $x \to x_0$（或 $x \to \infty$）时的无穷小.

(1) 如果 $\lim \dfrac{\beta}{\alpha} = 0$，则称 β 是比 α **高阶的无穷小**；

(2) 如果 $\lim \dfrac{\beta}{\alpha} = \infty$，则称 β 是比 α **低阶的无穷小**；

(3) 如果 $\lim \dfrac{\beta}{\alpha} = c$（$c$ 为非零常数），则称 α 与 β 为同阶无穷小；特别当 $c = 1$ 时，则称 α 与 β 为**等价无穷小**，记为 $\alpha \sim \beta$.

例如：当 $x \to 0$ 时，x^2，$2x$ 都是无穷小量，因为 $\lim\limits_{x \to 0} \dfrac{x^2}{2x} = 0$，

所以当 $x \to 0$ 时，x^2 是比 $2x$ 高阶的无穷小，即 x^2 是比 $2x$ 趋于零的速度快.

又如：当 $x \to \infty$ 时，$\dfrac{1}{x}$，$\dfrac{3}{x}$，$\dfrac{1}{x^2}$ 都是无穷小量，因为 $\lim\limits_{x \to \infty} \dfrac{\dfrac{3}{x}}{\dfrac{1}{x^2}} = \lim\limits_{x \to \infty} 3x = \infty$.

所以当 $x \to \infty$ 时，$\dfrac{3}{x}$ 是 $\dfrac{1}{x^2}$ 的低阶无穷小；即 $\dfrac{3}{x}$ 是比 $\dfrac{1}{x^2}$ 趋于零的速度慢.

又因为 $\lim\limits_{x \to \infty} \dfrac{\dfrac{3}{x}}{\dfrac{1}{x}} = 3$，所以当 $x \to \infty$ 时，$\dfrac{3}{x}$ 与 $\dfrac{1}{x}$ 是同阶无穷小量. 表示它们趋于零的"快慢"差不多.

因为 $\lim\limits_{x \to 0} \dfrac{\sin x}{x} = 1$，所以当 $x \to 0$ 时，$\sin x$ 与 x 是等价无穷小，即 $\sin x \sim x(x \to 0)$，表示它们趋于零的"快慢"是一致的.

同理：由于 $\lim\limits_{x \to 0} \dfrac{\tan x}{x} = 1$，$\lim\limits_{x \to 0} \dfrac{1 - \cos x}{2x^2} = 1$，当 $x \to 0$ 时，还有 $\tan x \sim x$，$1 - \cos x \sim \dfrac{x^2}{2}$. 类似的因为 $\lim\limits_{x \to 0} \dfrac{\sin \alpha x}{\alpha x} = 1$，所以当 $x \to 0$ 时 $\sin \alpha x \sim \alpha x$.

等价的无穷小必然是同阶的无穷小，但同阶的无穷小不一定是等价的无穷小.

下面是几个常用的等价的无穷小. 当 $x \to 0$ 时，

$$\sin x \sim x, \quad \tan x \sim x, \quad \arcsin x \sim x, \quad \arctan x \sim x, \quad (1 - \cos x) \sim \dfrac{x^2}{2}, \quad \ln(1 + x) \sim x, \quad (e^x - 1) \sim x, \quad (\sqrt[n]{1 + x} - 1) \sim \dfrac{1}{n}x.$$

关于等价的无穷小有下面重要的定理.

定理 1（等价无穷小的代换定理） 若 $\alpha \sim \alpha'$，$\beta \sim \beta'$，且 $\lim \dfrac{\beta'}{\alpha'}$ 存在，则有 $\lim \dfrac{\beta}{\alpha} = \lim \dfrac{\beta'}{\alpha'}$.

笔 记

【例1】 求 $\lim\limits_{x\to 0}\dfrac{\sin 4x}{\tan 2x}$.

解 当 $x\to 0$ 时，$\sin 4x\sim 4x$，$\tan 2x\sim 2x$，所以

$$\lim\limits_{x\to 0}\frac{\sin 4x}{\tan 2x}=\lim\limits_{x\to 0}\frac{4x}{2x}=2$$

【例2】 求 $\lim\limits_{x\to 0}\dfrac{x^2+5x}{\tan x}$.

解 当 $x\to 0$ 时，(x^2+5x) 与它本身等价，而 $\tan x\sim x$，所以

$$\lim\limits_{x\to 0}\frac{x^2+5x}{\tan x}=\lim\limits_{x\to 0}\frac{x^2+5x}{x}=5$$

【例3】 求 $\lim\limits_{x\to 0}\dfrac{x\tan x}{1-\cos x}$.

解 当 $x\to 0$ 时，$1-\cos x\sim\dfrac{x^2}{2}$，$\tan x\sim x$，所以

$$\lim\limits_{x\to 0}\frac{x\tan x}{1-\cos x}=\lim\limits_{x\to 0}\frac{x^2}{\dfrac{x^2}{2}}=2$$

【例4】 求 $\lim\limits_{x\to 0}\dfrac{\sin 4x}{\sqrt{x+1}-1}$.

解 当 $x\to 0$ 时，$\sin 4x\sim 4x$，$(\sqrt{1+x}-1)\sim\dfrac{1}{2}x$，所以

$$\lim\limits_{x\to 0}\frac{\sin 4x}{\sqrt{x+1}-1}=\lim\limits_{x\to 0}\frac{4x}{\dfrac{1}{2}x}=8$$

【例5】 求 $\lim\limits_{x\to 0}\dfrac{\tan x-\sin x}{x^3}$.

解 因为 $\tan x-\sin x=\tan x(1-\cos x)$，当 $x\to 0$ 时，$\tan x\sim x$，$1-\cos x\sim\dfrac{x^2}{2}$，所以

$$\lim\limits_{x\to 0}\frac{\tan x-\sin x}{x^3}=\lim\limits_{x\to 0}\frac{\tan x(1-\cos x)}{x^3}=\lim\limits_{x\to 0}\frac{x\cdot\dfrac{x^2}{2}}{x^3}=\frac{1}{2}$$

应用等价的无穷小求极限时，要注意以下两点：

（1）分子分母都是无穷小；

（2）用等价的无穷小代替时，只能替换整个分子或者分母中的因子，而不能替换分子或分母中的项，分子或分母中若有"＋""－"号连接的各部分不能分别作替换.

习题 2-5

1. 求下列极限.

(1) $\lim\limits_{x\to 0}\dfrac{x^3}{3\sin^3 2x}$ (2) $\lim\limits_{x\to 0}\dfrac{\sin 2x\tan 3x}{1-\cos 2x}$ (3) $\lim\limits_{x\to 0}\dfrac{\ln(1+3x)}{e^x-1}$

(4) $\lim\limits_{x\to 0}\dfrac{2(1-\cos x)}{x\sin x}$　　(5) $\lim\limits_{x\to 0}\dfrac{1-\cos 4x}{2x^2}$

2. 试比较下列各对无穷小的阶.

(1) 当 $x\to 0$ 时，x^3+30x^2 与 x^2　　(2) 当 $x\to 1$ 时，$1-\sqrt{x}$ 与 $1-x$

(3) 当 $x\to\infty$ 时，$\dfrac{1}{x}$ 与 $\dfrac{1}{x^2}$　　　(4) 当 $x\to 0$ 时，x 与 $x\cos x$

2.6　函数的连续性与间断点

自然界中的许多现象，如空气的流动、气温的变化、动植物的生长等，都是随时间连续不断地变化着的，这些现象反映在数学上就是函数的连续性.

2.6.1　函数连续性的概念

2.6.1.1　变量的增量

设变量 u 从初值 u_1 变化到终值 u_2，则称 $\Delta u=u_2-u_1$ 为变量 u 的增量（或改变量）. Δu 可正、可负，也可以是零.

设函数 $y=f(x)$ 在点 x_0 及附近有定义，当自变量 x 在点 x_0 的附近从 x_0 变到 $x_0+\Delta x$ 时，函数 y 相应地从 $f(x_0)$ 变到 $f(x_0+\Delta x)$，因此函数 y 对应的增量为

$$\Delta y=f(x_0+\Delta x)-f(x_0)$$

如图 2-17 所示.

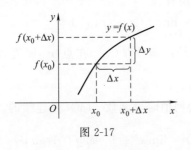

图 2-17

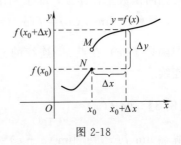

图 2-18

函数 $f(x)$ 在 x_0 点连续，表现在图形上是曲线 $y=f(x)$ 在点 $x=x_0$ 附近不间断，如图 2-17. 而图 2-18 所示的曲线则明显不同，容易看到曲线在点 x_0 处是断开的. 那么，如何用数学语言来描述这种差异呢？比较两个图形，不难发现：在图 2-17 中，当自变量 x 的改变量 $\Delta x\to 0$ 时，函数的相应改变量的绝对值 Δy 可以无限变小；在图 2-18 中，我们观察到，当 $\Delta x\to 0$（即 x 在点 x_0 右侧）时，函数值有一个突然改变，显然当 $\Delta x\to 0$ 的绝对值 Δy 不能够无限变小. 于是可以用增量来定义函数的连续性.

2.6.1.2　函数 $f(x)$ 在点 x_0 处的连续性

定义 1　设函数 $y=f(x)$ 在点 x_0 及其左右近旁有定义，如果 $\lim\limits_{\Delta x\to 0}\Delta y=\lim\limits_{\Delta x\to 0}[f(x_0+\Delta x)-f(x_0)]=0$，那么称函数 $f(x)$ 在点 x_0 处连续.

令 $x=x_0+\Delta x$，则当 $\Delta x\to 0$ 时，$x\to x_0$，同时 $\Delta y=f(x)-f(x_0)\to 0$ 时，

笔记

$f(x) \to f(x_0)$. 于是有：

定义 2 设函数 $y = f(x)$ 在点 x_0 及其左右近旁有定义，且有 $\lim\limits_{x \to x_0} f(x) = f(x_0)$，则称函数 $y = f(x)$ 在点 x_0 处连续.

【例 1】 证明函数 $f(x) = x^3 - 1$ 在点 $x = 1$ 处连续.

证明 $\lim\limits_{x \to 1} f(x) = \lim\limits_{x \to 1}(x^3 - 1) = 0$，又 $f(1) = 1^3 - 1 = 0$，即 $\lim\limits_{x \to 1} f(x) = f(1)$.

由定义知，函数 $f(x) = x^3 - 1$ 在点 $x = 1$ 处连续.

由定义可知，$f(x)$ 在点 x_0 连续必须同时满足三个条件：

(1) 函数 $f(x)$ 在点 x_0 有定义；(2) $\lim\limits_{x \to x_0} f(x)$ 存在；(3) $\lim\limits_{x \to x_0} f(x) = f(x_0)$.

【例 2】 考察函数 $f(x) = \begin{cases} \dfrac{\sin x}{x} & (x \neq 0) \\ 1 & (x = 0) \end{cases}$，在点 $x = 0$ 处的连续性.

解 因为 $\lim\limits_{x \to 0} f(x) = \lim\limits_{x \to 0} \dfrac{\sin x}{x} = 1$，又 $f(0) = 1$，即 $\lim\limits_{x \to 0} f(x) = f(0)$，所以函数在点 $x = 0$ 连续.

由函数 $f(x)$ 在点 x_0 左极限与右极限的定义，可得函数 $f(x)$ 在点 x_0 左连续与右连续的定义.

若 $\lim\limits_{x \to x_0^-} f(x) = f(x_0)$，则称函数 $f(x)$ 在点 x_0 左连续；

若 $\lim\limits_{x \to x_0^+} f(x) = f(x_0)$，则称函数 $f(x)$ 在点 x_0 右连续.

 笔 记

要判断函数是否连续，除了利用定义之外，还有

$$\lim\limits_{x \to x_0} f(x) = f(x_0) \Leftrightarrow \lim\limits_{x \to x_0^+} f(x) = \lim\limits_{x \to x_0^-} f(x) = f(x_0)$$

即函数 $f(x)$ 在点 x_0 连续的充分必要条件是：函数 $f(x)$ 在点 x_0 既左连续，又右连续.

【例 3】 设 $f(x) = \begin{cases} \mathrm{e}^x & (x < 0) \\ a + x & (x \geqslant 0) \end{cases}$，当 a 为何值时，函数 $f(x)$ 是连续的.

解 $\lim\limits_{x \to 0^+} f(x) = \lim\limits_{x \to 0^+}(a + x) = a$，$\lim\limits_{x \to 0^-} f(x) = \lim\limits_{x \to 0^-} \mathrm{e}^x = 1$，而 $f(0) = a$，

故当 $a = 1$ 时，$\lim\limits_{x \to 0} f(x) = f(0)$.

即说明函数 $f(x)$ 在 $x = 0$ 处连续，而在 $x \neq 0$ 时，$f(x)$ 显然连续，于是可判断当 $a = 1$ 时，$f(x)$ 在 $(-\infty, +\infty)$ 内是连续的.

点评 分段函数讨论连续性，一定要讨论在"分界点"的左、右极限，进而断定连续性.

2.6.1.3 函数 $f(x)$ 在区间 (a, b) 内（或 $[a, b]$ 上）的连续性

定义 3 如果函数 $y = f(x)$ 在区间 (a, b) 内每一点连续，则称函数在区间 (a, b) 内连续，区间 (a, b) 称为函数 $y = f(x)$ 的连续区间；如果函数 $f(x)$ 在区间 (a, b) 内连续，并且 $\lim\limits_{x \to a^+} f(x) = f(a)$，$\lim\limits_{x \to b^-} f(x) = f(b)$，则称函数 $f(x)$ 在闭区间 $[a, b]$ 上连续，区间 $[a, b]$ 称为函数 $y = f(x)$ 的连续区间.

在连续区间上，连续函数的图像是一条连绵不断的曲线.

2.6.2 初等函数的连续性

2.6.2.1 基本初等函数的连续性
基本初等函数在其定义域内都是连续的.

2.6.2.2 连续函数的和、差、积、商的连续性

如果 $f(x)$，$g(x)$ 都在点 x_0 处连续，则 $f(x) \pm g(x)$，$f(x)\, g(x)$，$\dfrac{f(x)}{g(x)}$

$(g(x) \neq 0)$ 都在点 x_0 处连续（证略）.

2.6.2.3 复合函数的连续性

设函数 $y = f(u)$ 在点 u_0 处连续，又函数 $u = \varphi(x)$ 在点 x_0 处连续，且 $u_0 = \varphi(x_0)$，则复合函数 $y = f[\varphi(x)]$ 在点 x_0 处连续.

这个法则说明了连续函数的复合函数仍为连续函数，并可得到如下结论：

$$\lim_{x \to x_0} f[\varphi(x)] = f[\varphi(x_0)] = f\left[\lim_{x \to x_0} \varphi(x)\right]$$

特别地当 $\varphi(x) = x$ 时，$\lim\limits_{x \to x_0} f(x) = f(x_0) = f(\lim\limits_{x \to x_0} x)$，这表示对连续函数极限符号与函数符号可以交换次序.

根据上述法则可以证明以下重要定理：

2.6.2.4 初等函数的连续性

一切初等函数在其定义域内都是连续的.

因此，在求初等函数在其定义域内某点处的极限时，只需求函数在该点的函数值即可.

【例4】 求下列极限.

(1) $\lim\limits_{x \to \frac{\pi}{2}} \ln \sin x$ (2) $\lim\limits_{x \to 0} \dfrac{\ln(1+x)}{x}$ (3) $\lim\limits_{x \to 0} \dfrac{e^x - 1}{x}$

解 (1) 因为 $x = \dfrac{\pi}{2}$ 是函数 $y = \ln \sin x$ 定义区间 $(0, \pi)$ 内的一个点，所以

$$\lim_{x \to \frac{\pi}{2}} \ln \sin x = \ln \sin\left(\frac{\pi}{2}\right) = 0.$$

(2) 因为 $\lim\limits_{x \to 0} \dfrac{\ln(1+x)}{x} = \lim\limits_{x \to 0} \ln(1+x)^{\frac{1}{x}}$，复合函数 $\ln(1+x)^{\frac{1}{x}}$ 是由 $y = \ln u$ 和 $u = (1+x)^{\frac{1}{x}}$ 组成，又 $\lim\limits_{x \to 0}(1+x)^{\frac{1}{x}} = e$，在点 $u = e$ 时 $y = \ln u$ 连续. 所以 $\lim\limits_{x \to 0} \ln(1+x)^{\frac{1}{x}} = \ln[\lim\limits_{x \to 0}(1+x)^{\frac{1}{x}}] = \ln e = 1.$

(3) 令 $e^x - 1 = t$，则 $x = \ln(1+t)$，且当 $x \to 0$ 时，$t \to 0$. 由上题得

$$\lim_{x \to 0} \frac{e^x - 1}{x} = \lim_{t \to 0} \frac{t}{\ln(1+t)} = \lim_{t \to 0} \frac{1}{\dfrac{\ln(1+t)}{t}} = \frac{1}{\ln e} = 1$$

📝 笔记

2.6.3 函数的间断点

2.6.3.1 间断点的意义

定义 4 如果函数 $f(x)$ 在点 x_0 处不满足连续的条件，则称函数 $f(x)$ 在点 x_0 处不连续或间断. 点 x_0 叫做函数 $f(x)$ 的不连续点或间断点.

显然，如果函数 $f(x)$ 在点 x_0 处有下列三种情形之一，则点 x_0 为 $f(x)$ 的间断点.

① $y = x+1$

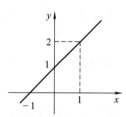

在 $x=1$ 连续.

② $y = \dfrac{x^2-1}{x-1}$

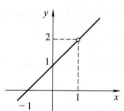

在 $x=1$ 间断，$x \to 1$ 极限为 2.

③ $y = \begin{cases} x+1, & x \neq 1 \\ 1, & x = 1 \end{cases}$

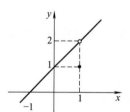

在 $x=1$ 间断，$x \to 1$ 极限为 2.

④ $y = \begin{cases} x+1, & x < 1 \\ x, & x \geqslant 1 \end{cases}$

在 $x=1$ 间断，$x \to 1$ 左极限为 2，右极限为 1.

⑤ $y = \dfrac{1}{x-1}$

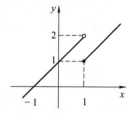

在 $x=1$ 间断，$\lim\limits_{x \to 1} \dfrac{1}{x-1} = \infty$.

⑥ $y = \sin\dfrac{1}{x}$

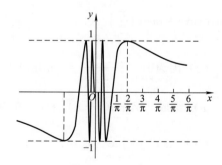

在 $x=0$ 间断，$x \to 0$ 极限不存在.

图 2-19

笔 记

(1) 在点 x_0 处 $f(x)$ 没有定义；(2) $\lim\limits_{x \to x_0} f(x)$ 不存在；(3) 虽然 $f(x_0)$ 有定义，且 $\lim\limits_{x \to x_0} f(x)$ 存在，但 $\lim\limits_{x \to x_0} f(x) \neq f(x_0)$.

下面来观察下述几个函数的曲线在 $x=1$ 点的情况，给出间断点的分类.

2.6.3.2 间断点的分类

像图 2-19 中②③④这样在 x_0 点左右极限都存在的间断，称为第一类间断，其中极限存在的②③称作第一类间断的可去间断，此时只要令 $y(1)=2$，则在 $x=1$ 函数就变成连续的了；④被称作第一类间断中的跳跃间断.⑤⑥被称作第二类间断，其中⑤也称作无穷间断，而⑥称作震荡间断.

就一般情况而言，通常把间断点分成两类：如果 x_0 是函数 $f(x)$ 的间断点，但左极限 $f(x_0-0)$ 及右极限 $f(x_0+0)$ 都存在，那么 x_0 称为函数 $f(x)$ 的第一类间断点.不是第一类间断点的任何间断点，称为第二类间断点.在第一类间断点中，左、右极限相等者称为可去间断点，不相等者称为跳跃间断点.无穷间断点和振荡间断点显然是第二类间断点.

【例5】 讨论函数 $f(x) = \begin{cases} \dfrac{\sin 3x}{x}, & x \neq 0 \\ 2, & x = 0 \end{cases}$，在 $x=0$ 处的连续性.

解 函数 $f(x)$ 在 $x=0$ 处有定义，且 $f(0)=2$，而

$$\lim_{x \to 0} f(x) = \lim_{x \to 0} \frac{\sin 3x}{x} = 3 \lim_{x \to 0} \frac{\sin 3x}{3x} = 3$$

则 $\lim\limits_{x \to 0} f(x) \neq f(0)$，所以 $x=0$ 是函数 $f(x)$ 的第一类间断点中的可去间断点.

【例6】 已知函数 $f(x) = \begin{cases} \sqrt{x^2+4}, & x < 0 \\ a, & x = 0 \\ 2x+b, & x > 0 \end{cases}$，在点 $x=0$ 处连续，求 a 与 b 的值.

解 因为 $\lim\limits_{x \to 0^-} f(x) = \lim\limits_{x \to 0^-} \sqrt{x^2+4} = 2$，$\lim\limits_{x \to 0^+} f(x) = \lim\limits_{x \to 0^+} (2x+b) = b$，又 $f(0)=a$.

因为 $f(x)$ 在 $x=0$ 处连续，则 $\lim\limits_{x \to 0^-} f(x) = \lim\limits_{x \to 0^+} f(x) = f(0)$，所以 $a=b=2$.

2.6.4 闭区间上连续函数的性质

闭区间上的连续函数有一些重要性质，这些性质在直观上比较明显，因此在此只做介绍，不予证明.

定理1 （最大值、最小值性质） 设函数 $f(x)$ 在闭区间 $[a,b]$ 上连续，则函数 $f(x)$ 在 $[a,b]$ 上一定能取得最大值和最小值.

如图 2-20 所示，函数 $y=f(x)$ 在区间 $[a,b]$ 上连续，在 ξ_1 处取得最小值 $f(\xi_1)=m$，在 ξ_2 处取得最大值 $f(\xi_2)=M$.

推论1 闭区间上的连续函数是有界的.

定理2 （介值性质） 如果 $f(x)$ 在 $[a,b]$ 上连续，μ 是介于 $f(x)$ 的最小值和最大值之间的任一实数，则在点 a 和 b 之间至少可找到一点 ξ，使得 $f(\xi)=\mu$（图

笔记

2-21).

可以看出水平直线 $y=\mu$（$m\leqslant u\leqslant M$），与 $[a，b]$ 上的连续曲线 $y=f(x)$ 至少相交一次，如果交点的横坐标为 $x=\xi$，则有 $f(\xi)=\mu$.

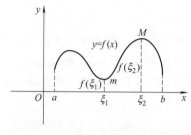

图 2-20

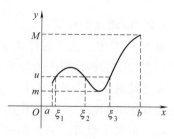

图 2-21

推论 2（**方程根的存在定理**） 如果函数 $f(x)$ 在闭区间 $[a，b]$ 上连续，且 $f(a)$ 与 $f(b)$ 异号，则至少存在一点 $\xi\in(a，b)$ 使得 $f(\xi)=0$.

如图 2-22 所示 $f(a)<0$，$f(b)>0$，连续曲线上的点由 a 到 b，至少要与 x 轴相交一次．设交点为 ξ，则 $f(\xi)=0$.

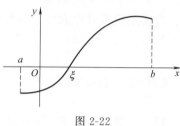

图 2-22

【**例 7**】 证明方程 $x^4+x=1$ 至少有一个根介于 0 和 1 之间.

证明 设 $f(x)=x^4+x-1$，则 $f(x)$ 在 $[0，1]$ 上连续，且 $f(0)=-1<0$，$f(1)=1>0$.

根据推论 2，至少存在一点 $\xi\in(0，1)$，使 $f(\xi)=0$，此即说明了方程 $x^4+x=1$ 至少有一个根介于 0 和 1 之间.

笔记

习题 2-6

1. 讨论下列函数在给定点处的连续性.

(1) $f(x)=\dfrac{x^2-4}{x-2}$，点 $x=2$ 　　(2) $f(x)=\begin{cases}x-1，0<x\leqslant1\\2-x，1<x\leqslant3\end{cases}$，点 $x=1$

(3) $f(x)=\begin{cases}\dfrac{x^2-1}{x+1}，x\neq-1\\-2，x=-1\end{cases}$，点 $x=-1$

(4) $f(x)=\begin{cases}x & \text{当 }0<x<1\text{ 时}\\2 & \text{当 }x=1\text{ 时}\\2-x & \text{当 }1<x<2\text{ 时}\end{cases}$，点 $x=1$

2. 求下列函数的间断点，并判断其类型.

(1) $f(x)=x\cos\dfrac{1}{x}$ 　　　　　(2) $f(x)=\dfrac{x^2-1}{x^2-3x+2}$

(3) $f(x)=2^{-\frac{1}{x}}+1$ 　　　　　(4) $f(x)=\begin{cases}5x-1，x\geqslant1\\\dfrac{\sin(x-1)}{x-1}，x<1\end{cases}$

3. 在下列函数中，当 k 取何值时，函数 $f(x)$ 在其定义域内连续？

(1) $f(x) = \begin{cases} k\,\mathrm{e}^x, & x<0 \\ k^2+x, & x\geqslant 0 \end{cases}$ (2) $f(x) = \begin{cases} \dfrac{\sin 2x}{x}, & x<0 \\ 3x^2-2x+k, & x\geqslant 0 \end{cases}$

4. 求下列极限.

(1) $\lim\limits_{x\to \frac{\pi}{4}} \lg(\tan x)$ (2) $\lim\limits_{x\to 1} \sqrt{4x^2-2x+7}$

复习题 2

一、判断题（正确打"√"，错误打"×"）

(1) $\lim\limits_{x\to 2} \sqrt{x-2}=0$. （   ）

(2) 当 $x\to 0$ 时，$\sin 5x \sim 5x$. （   ）

(3) $\lim\limits_{n\to\infty}\left(\dfrac{1}{n^2}+\dfrac{2}{n^2}+\cdots+\dfrac{n}{n^2}\right)=\lim\limits_{n\to\infty}\dfrac{1}{n^2}+\lim\limits_{n\to\infty}\dfrac{2}{n^2}+\cdots+\lim\limits_{n\to\infty}\dfrac{n}{n^2}=0$. （   ）

(4) 已知 $f(x_0)$ 不存在，但 $\lim\limits_{x\to x_0}f(x)$ 有可能存在. （   ）

(5) 如果函数 $f(x)$ 在点 x_0 处连续，则 $\lim\limits_{x\to x_0}f(x)=f(x_0)$. （   ）

二、选择题

(1) 下列极限值为 1 的是（   ）.

A. $\lim\limits_{x\to\infty}\dfrac{\sin x}{x}$ B. $\lim\limits_{x\to 0}\dfrac{\sin x}{x}$ C. $\lim\limits_{x\to 1}\dfrac{\sin x}{x}$ D. $\lim\limits_{x\to 0}\dfrac{\sin 2x}{x}$

(2) $f(x)=\begin{cases} 2x & x\geqslant 1 \\ 0 & x<1 \end{cases}$，下列结论正确的是（   ）.

A. $\lim\limits_{x\to 1^+}f(x)=\lim\limits_{x\to 1^-}f(x)$ B. $\lim\limits_{x\to 1^+}f(x)=2$，$\lim\limits_{x\to 1^-}f(x)$ 不存在
C. $\lim\limits_{x\to 1^+}f(x)\neq\lim\limits_{x\to 1^-}f(x)$ D. $\lim\limits_{x\to 1^+}f(x)=0$，$\lim\limits_{x\to 1^-}f(x)$ 不存在

(3) 由 $\lim\limits_{x\to x_0}f(x)=1$ 不能推出（   ）.

A. $\lim\limits_{x\to x_0^-}f(x)=1$ B. $f(x_0)=1$
C. $\lim\limits_{x\to x_0^+}f(x)=1$ D. $\lim\limits_{x\to x_0}[f(x)-1]=0$

(4) 下列函数极限存在的是（   ）.

A. $\lim\limits_{x\to\infty}\cos x$ B. $\lim\limits_{x\to 0}\dfrac{x^2-1}{x}$

C. $\lim\limits_{x\to\infty}\dfrac{x^2+1}{x^3}$ D. $\lim\limits_{x\to 0}\dfrac{1}{2^x-1}$

(5) 函数 $f(x)=\begin{cases} x^2, & 0\leqslant x\leqslant 1 \\ 2x, & 1<x\leqslant 2 \end{cases}$ 的连续区间是（   ）.

A. $[0,1]$ B. $[1,2]$ C. $[0,2]$ D. $[0,1)\bigcup(1,2]$

(6) $\lim\limits_{x\to 1}\dfrac{\sin(x^2-1)}{x-1}=$（   ）.

A. -1 B. 0 C. 2 D. 1

(7) 当 $x\to 0$ 时，$\dfrac{1}{2}\sin x\cos x$ 是 x 的（   ）.

A. 低阶无穷小量　　　　　　　　B. 高阶无穷小量

C. 同阶无穷小量　　　　　　　　D. 较低阶的无穷小量

(8) 当 $x \to 0$ 时，与 x 为等价无穷小量的是（　　）.

A. $\sin 2x$ 　　　　　　　　　　B. $1 - \cos x$

C. $\sqrt{1+x} - \sqrt{1-x}$ 　　　　　D. $x \sin x$

(9) 当 $x \to 1$ 时，下列变量中是无穷小的是（　　）.

A. $\sin x$ 　　　　B. $x^3 - 1$ 　　　　C. e^x 　　　　D. $\ln(x+1)$

(10) 当 $x \to 0$ 时，$\sin \dfrac{1}{x}$（　　）.

A. 极限为 0 　　　B. 极限为 ∞ 　　　C. 有界变量 　　　D. 无界变量

三、填空题

(1) $\lim\limits_{x \to 1} \dfrac{x^2 + x - 2}{x^2 - x} = $ _____.

(2) 如果 $\lim\limits_{x \to 0} \dfrac{3 \sin mx}{2x} = \dfrac{2}{3}$，则 $m = $ _____.

(3) $\lim\limits_{x \to \infty} \dfrac{ax^2 + 2x + 1}{3x^2 + 2} = 2$，则 $a = $ _____.

(4) 当 $x \to 0$ 时，$x^3 + 1000x^2$ 与 x^2 是 _____ 无穷小.

(5) 若 a_0，$b_0 \neq 0$，则当 _____ 时，有 $\lim\limits_{x \to \infty} \dfrac{a_0 x^m + a_1 x^{m-1} + \cdots + a_m}{b_0 x^n + b_1 x^{n-1} + \cdots + b_n} = \dfrac{a_0}{b_0}$.

四、解答题

1. 求下列极限.

(1) $\lim\limits_{x \to \infty} \dfrac{1 - 3x^2}{x^2 + 1}$ 　　(2) $\lim\limits_{x \to 0} \dfrac{\sqrt{1+x} - \sqrt{1-x}}{x}$ 　　(3) $\lim\limits_{x \to 0} \dfrac{\sqrt{x+9} - 3}{x}$

(4) $\lim\limits_{x \to 3} \dfrac{x^2 - 5x + 6}{x^2 - 8x + 15}$ 　　(5) $\lim\limits_{x \to 0} \dfrac{x^2}{1 - \sqrt{1+x^2}}$ 　　(6) $\lim\limits_{x \to 0} \left(\dfrac{3-x}{3} \right)^{\frac{2}{x}}$

(7) $\lim\limits_{x \to 0} \dfrac{\sin x}{x^3 + x}$ 　　(8) $\lim\limits_{x \to 4} \dfrac{\sqrt{2x+1} - 3}{\sqrt{x-2} - \sqrt{2}}$

2. 求下列函数的间断点.

(1) $y = \dfrac{x+2}{x^2 + 6x + 8}$ 　　　　　　(2) $y = \dfrac{\tan x}{x}$

(3) $f(x) = \begin{cases} \dfrac{x^2 - 16}{x - 4} & x \neq 4 \\ 0 & x = 4 \end{cases}$ 　　(4) $f(x) = \begin{cases} x - 1 & x < 0 \\ 0 & x = 0 \\ x + 1 & x > 0 \end{cases}$

3. 求值.

(1) 已知函数 $f(x) = \begin{cases} \sqrt{x^2 + 4} & x < 0 \\ a & x = 0 \\ 2x + b & x > 0 \end{cases}$，在点 $x = 0$ 处连续，求 a 与 b 的值.

(2) 设 $f(x) = \begin{cases} \dfrac{2}{x} \sin x & x < 0 \\ k & x = 0 \\ x \sin \dfrac{1}{x} + 2 & x > 0 \end{cases}$，试确定 k 的值，使 $f(x)$ 在定义域内连续.

第3章

一元函数微分学

微分学是微积分的重要组成部分，它的基本概念是导数与微分. 这两个概念在科学和工程技术等各领域有着极其广泛的应用. 导数反映了函数相对于自变量变化的快慢程度，即函数的变化率，而微分则指明了在自变量变化很小时函数大体的变化. 本章主要讨论导数和微分的概念以及它们的计算方法.

习题与复习题参考答案

3.1 导数的概念

3.1.1 引例

【例1】 变速直线运动的速度问题.

设一质点在坐标轴上作非匀速直线运动，时刻 t 质点的坐标为 s，s 是 t 的函数：$s=s(t)$，求动点在时刻 t_0 的瞬时速度.

如果质点作匀速运动，则其速度 v 就是质点所经过的路程除以所经历的时间.

设 Δs 是质点在时间 t_0 与 $t_0+\Delta t$ 之间所经过的路程，即

$$\Delta s=v(t_0+\Delta t)-v(t_0)$$

那么

$$v=\frac{\Delta s}{\Delta t}$$

现在的问题是质点作非匀速直线运动，就是说质点在不同时刻速度不同，$v=\dfrac{\Delta s}{\Delta t}$ 只表示质点在时间段 $[t_0, t_0+\Delta t]$ 内的平均速度. 那么怎样描述时刻 t_0 的瞬时速度呢？

显然 $\dfrac{\Delta s}{\Delta t}$ 与 t_0、Δt 有关，但当 t_0 确定后，$|\Delta t|$ 越小，$\dfrac{\Delta s}{\Delta t}$ 越接近时刻 t_0 的瞬时速度. 由此想到用极限 $\lim\limits_{\Delta t \to 0}\dfrac{\Delta s}{\Delta t}$ 表示 t_0 时的瞬时速度，即

$$v(t_0)=\lim_{\Delta t \to 0}\frac{\Delta s}{\Delta t}=\lim_{\Delta t \to 0}\frac{s(t_0+\Delta t)-s(t_0)}{\Delta t}$$

这时就把这个极限值称为动点在时刻 t_0 的速度.

【例2】 产品总成本的变化率.

设产品的总成本 C 是产量 q 的函数，即 $C=f(q)$，当产量由 q_0 变到 $q_0+\Delta q$ 时，总成本相应的改变量为

$$\Delta C=f(q_0+\Delta q)-f(q_0)$$

则产量由 q_0 变到 $q_0+\Delta q$ 时，总成本的平均变化率为 $\dfrac{\Delta C}{\Delta q}=\dfrac{f(q_0+\Delta q)-f(q_0)}{\Delta q}$，当 $\Delta q \to 0$ 时，如果极限

$$\lim_{\Delta q \to 0}\frac{\Delta C}{\Delta q}=\lim_{\Delta q \to 0}\frac{f(q_0+\Delta q)-f(q_0)}{\Delta q}$$

存在，则称此极限值是产量为 q_0 时的总成本的变化率，又称边际成本.

产量为 q_0 时的总成本的变化率表示：当产量达到 $q=q_0$ 时，若产量的微小变化会引起成本的很大变化，则说明成本变化得较快，反之则说明成本变化得较慢，从而可知成本的增减情况，在经济活动中，了解这些情况，对企业决策者来说是十分重要的.

3.1.2　导数的定义

3.1.2.1　函数在一点处的导数与导函数

以上两例一个是速度问题，一个是经济学问题，所描述的量虽然不同，但数量形式上完全一致，都是研究函数 $y=f(x)$ 的增量与自变量增量之比的极限问题，把这种数量关系加以抽象就是导数的定义.

笔记

定义1　设函数 $y=f(x)$ 在点 x_0 的某个邻域内有定义，当自变量 x 在 x_0 处取得增量 Δx（点 $x_0+\Delta x$ 仍在该邻域内）时，相应地函数 y 取得增量 $\Delta y=f(x_0+x)-f(x_0)$；如果 Δy 与 Δx 之比当 $\Delta x \to 0$ 时的极限存在，则称函数 $y=f(x)$ 在点 x_0 处可导，并称这个极限为函数 $y=f(x)$ 在点 x_0 处的**导数**，记为 $f'(x_0)$，即

$$f'(x_0)=\lim_{\Delta x \to 0}\frac{\Delta y}{\Delta x}=\lim_{\Delta x \to 0}\frac{f(x_0+\Delta x)-f(x_0)}{\Delta x}$$

也可记为 $y'\big|_{x=x_0}$，$\dfrac{\mathrm{d}y}{\mathrm{d}x}\Big|_{x=x_0}$ 或 $\dfrac{\mathrm{d}f(x)}{\mathrm{d}x}\Big|_{x=x_0}$.

函数 $f(x)$ 在点 x_0 处可导有时也说成函数 $f(x)$ 在点 x_0 具有导数或导数存在. 如果极限 $\lim\limits_{\Delta x \to 0}\dfrac{f(x_0+\Delta x)-f(x_0)}{\Delta x}$ 不存在，就说函数 $y=f(x)$ 在点 x_0 处不可导.

导数的定义式也可取不同的形式，常见的有

$$f'(x_0)=\lim_{h \to 0}\frac{f(x_0+h)-f(x_0)}{h}$$

$$f'(x_0)=\lim_{x \to x_0}\frac{f(x)-f(x_0)}{x-x_0}$$

在实际中，需要讨论各种具有不同意义的变量的变化"快慢"问题，在数学上就是所谓函数的变化率. 导数概念就是函数变化率这一概念的精确描述.

如果函数 $y=f(x)$ 在开区间 (a,b) 内的每点处都可导，就称函数 $f(x)$ 在开区间 (a,b) 内可导，这时，对于任一 $x\in(a,b)$，都有导数 $f'(x)$ 对应，故

$f'(x)$ 是 x 的函数，这个函数称为函数 $f(x)$ 的**导函数**. 记作 y'，$f'(x)$，$\dfrac{\mathrm{d}y}{\mathrm{d}x}$，或 $\dfrac{\mathrm{d}f(x)}{\mathrm{d}x}$.

显然，$f'(x_0)$ 就是导函数 $f'(x)$ 在点 x_0 处的函数值，即 $f'(x_0)=f'(x)\big|_{x=x_0}$.

今后在不会发生混淆的情况下，**导函数也简称为导数**.

3.1.2.2 求导数举例

由导数的定义可知，求导数一般有如下三个步骤：

(1) 写出函数的改变量 $\Delta y=f(x+\Delta x)-f(x)$；

(2) 计算比值 $\dfrac{\Delta y}{\Delta x}=\dfrac{f(x+\Delta x)-f(x)}{\Delta x}$；

(3) 求极限 $y'=f'(x)=\lim\limits_{\Delta x\to 0}\dfrac{f(x+\Delta x)-f(x)}{\Delta x}$.

【例3】 求函数 $y=x^2$ 在 $x_0=1$ 和任意点处的导数.

解 (1) 求 $x_0=1$ 处的导数.

① 计算 Δy，即

$$
\begin{aligned}
\Delta y &= f(x_0+\Delta x)-f(x_0)=f(1+\Delta x)-f(1)\\
&=(1+\Delta x)^2-1^2=2\Delta x+(\Delta x)^2
\end{aligned}
$$

② 计算 $\dfrac{\Delta y}{\Delta x}$，即

$$
\frac{\Delta y}{\Delta x}=\frac{f(x_0+\Delta x)-f(x_0)}{\Delta x}=\frac{2\Delta x+(\Delta x)^2}{\Delta x}=2+\Delta x
$$

③ 取极限，即

$$
y'(1)=f'(1)=\lim_{\Delta x\to 0}\frac{\Delta y}{\Delta x}=\lim_{\Delta x\to 0}(2+\Delta x)=2
$$

(2) 求任意点处的导数

① $\Delta y=f(x+\Delta x)-f(x)=(x+\Delta x)^2-x^2=2x\Delta x+(\Delta x)^2$

② $\dfrac{\Delta y}{\Delta x}=\dfrac{2x\Delta x+(\Delta x)^2}{\Delta x}=2x+\Delta x$

③ $y'=f'(x)=\lim\limits_{\Delta x\to 0}\dfrac{\Delta y}{\Delta x}=\lim\limits_{\Delta x\to 0}(2x+\Delta x)=2x$

即 $y'=(x^2)'=2x$

【例4】 求函数 $f(x)=\sin x$ 的导数.

解 ① $\Delta y=f(x+\Delta x)-f(x)=\sin(x+\Delta x)-\sin x=2\cos\left(x+\dfrac{\Delta x}{2}\right)\sin\dfrac{\Delta x}{2}$

② $\dfrac{\Delta y}{\Delta x}=\dfrac{2\cos\left(x+\dfrac{\Delta x}{2}\right)\sin\left(\dfrac{\Delta x}{2}\right)}{\Delta x}$

③ $y'=f'(x)=\lim\limits_{\Delta x\to 0}\dfrac{\Delta y}{\Delta x}=\lim\limits_{\Delta x\to 0}\dfrac{2\cos\left(x+\dfrac{\Delta x}{2}\right)\sin\left(\dfrac{\Delta x}{2}\right)}{\Delta x}$

 笔 记

$$= \lim_{\Delta x \to 0} \frac{\sin \dfrac{\Delta x}{2}}{\dfrac{\Delta x}{2}} \cos\left(x + \frac{\Delta x}{2}\right) = \cos x$$

即 $(\sin x)' = \cos x$

用类似的方法，可求得 $(\cos x)' = -\sin x$

3.1.3 导数的实际意义

函数相对于自变量的变化率在数学中叫做导数，在不同的学科中均有其实际意义.

3.1.3.1 经济意义

在经济学中，总成本 $C = C(x)$、总收益 $R = R(x)$、总利润 $L = L(x)$ 在 x_0 处的导数 $C'(x_0)$、$R'(x_0)$、$L'(x_0)$ 分别称为边际成本、边际收益、边际利润.

3.1.3.2 物理意义

在物理学中，路程函数 $s = s(t)$ 在 t_0 点的导数，就是物体在 t_0 时刻的瞬时速度，即 $s'(t_0) = \dfrac{\mathrm{d}s}{\mathrm{d}t}\bigg|_{t=t_0}$.

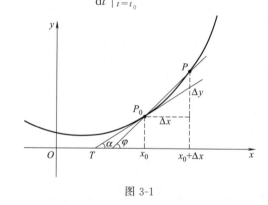

图 3-1

3.1.3.3 几何意义

设函数 $y = f(x)$ 的图像如图 3-1 所示，在其曲线上任取一点 P_0，在点 P_0 外另取曲线上一点 P，作割线 P_0P。当点 P 沿曲线 $y = f(x)$ 趋于点 P_0 时，如果割线 P_0P 绕点 P_0 旋转而趋于极限位置 P_0T，直线 P_0T 就称为曲线 $y = f(x)$ 有点 P_0 处的切线.

现在要确定曲线在点 $P_0(x_0, y_0)$ 处的切线，只要定出切线的斜率就行了. 为此，在点 P_0 外另取曲线上一点 $P(x, y)$，于是割线 P_0P 的斜率为

$$\tan \varphi = \frac{\Delta y}{\Delta x} = \frac{f(x_0 + \Delta x) - f(x_0)}{\Delta x}$$

其中 φ 为割线 P_0P 的倾角. 当点 P 沿曲线 $y = f(x)$ 趋于点 P_0 时，$x \to x_0$. 如果当 $x \to x_0$ 时，上式的极限存在，设为 k，即

$$k = \lim_{x \to x_0} \frac{f(x_0 + \Delta x) - f(x_0)}{\Delta x}$$

存在，则此极限 k 是割线斜率的极限，也就是切线的斜率. 这里 $k = \tan \alpha$，其中 α 是切线 P_0T 的倾角. 于是，通过点 $P_0(x_0, f(x_0))$ 且以 k 为斜率的直线 P_0T 便是曲线在点 P_0 处的切线.

由此表明：函数 $y = f(x)$ 在点 x_0 处的导数 $f'(x_0)$ 就等于曲线 $y = f(x)$ 在点 $P_0(x_0, f(x_0))$ 处的切线的斜率，这就是导数的几何意义，即

$$k = f'(x_0) = \tan\alpha$$

其中 α 是切线的倾角.

由直线的点斜式方程，可知曲线 $y = f(x)$ 在点 $P_0(x_0, f(x_0))$ 处的切线方程为

$$y - y_0 = f'(x_0)(x - x_0)$$

特别地，若 $f'(x_0) = 0$，则切线平行于 x 轴，切线方程为 $y = y_0$.

若 $f'(x_0)$ 不存在，且 $f'(x_0) = \infty$，则切线垂直于 x 轴，切线方程为 $x = x_0$.

过切点 $P_0(x_0, f(x_0))$ 且与切线垂直的直线叫做曲线 $y = f(x)$ 在点 P_0 处的法线，如果 $f'(x_0) \neq 0$，法线的斜率为 $-\dfrac{1}{f'(x_0)}$，从而法线方程为

$$y - y_0 = -\frac{1}{f'(x_0)}(x - x_0)$$

【例5】 求等边双曲线 $y = \dfrac{1}{x}$ 在点 $\left(\dfrac{1}{2}, 2\right)$ 处的切线的斜率，并写出在该点处的切线方程和法线方程.

解 $y' = -\dfrac{1}{x^2}$，所求切线及法线的斜率分别为

$$k_1 = \left(-\frac{1}{x^2}\right)\bigg|_{x=\frac{1}{2}} = -4, \quad k_2 = -\frac{1}{k_1} = \frac{1}{4}$$

所求切线方程为 $y - 2 = -4\left(x - \dfrac{1}{2}\right)$，即 $4x + y - 4 = 0$.

所求法线方程为 $y - 2 = \dfrac{1}{4}\left(x - \dfrac{1}{2}\right)$，即 $2x - 8y + 15 = 0$.

📝 笔记

3.1.4　可导与连续关系

如果函数 $y = f(x)$ 在点 x_0 处可导，则函数在该点必连续；反之，则未必成立.

【例6】 函数 $f(x) = \sqrt[3]{x}$ 在区间 $(-\infty, +\infty)$ 内连续，但在点 $x = 0$ 处不可导. 这是因为函数在点 $x = 0$ 处导数为无穷大.

解 $$\lim_{\Delta x \to 0} \frac{f(0+\Delta x) - f(0)}{\Delta x} = \lim_{\Delta x \to 0} \frac{\sqrt[3]{\Delta x} - 0}{\Delta x} = +\infty$$

习题 3-1

1. 用导数的定义求下列函数的导数.

(1) $f(x) = ax + b$（a、b 均为常数）　　(2) $f(x) = \cos x$

(3) $y = x^3$

2. 设 $f'(x_0)$ 存在，求下列极限.

(1) $\lim\limits_{x \to x_0} \dfrac{f(x) - f(x_0)}{x - x_0}$　　(2) $\lim\limits_{\Delta x \to 0} \dfrac{f(x_0 + 2\Delta x) - f(x_0)}{\Delta x}$

(3) $\lim\limits_{h \to 0} \dfrac{f(x_0 - h) - f(x_0)}{h}$　　(4) $\lim\limits_{h \to 0} \dfrac{f(x_0 + h) - f(x_0 - h)}{h}$

3. 设 $f(x) = 3x^2$，用导数的定义计算 $f'(2)$.

4. 求曲线 $y=\ln x$ 在点 (e,1) 处的切线方程.

3.2 函数的求导法则

3.2.1 导数的四则运算法则

定理 1   如果函数 $u=u(x)$ 及 $v=v(x)$ 在点 x 具有导数，那么它们的和、差、积、商（除分母为零的点外）都在点 x 具有导数，并且

(1) $[u(x)\pm v(x)]'=u'(x)\pm v'(x)$;

(2) $[u(x)\cdot v(x)]'=u'(x)v(x)+u(x)v'(x)$;

(3) $\left[\dfrac{u(x)}{v(x)}\right]'=\dfrac{u'(x)v(x)-u(x)v'(x)}{v^2(x)}$ $(v(x)\neq 0)$.

定理 1 中的法则 (1)、(2) 可推广到任意有限个可导函数的情形. 例如，设 $u=u(x)$、$v=v(x)$、$w=w(x)$ 均可导，则有

$$(u+v-w)'=u'+v'-w'$$
$$(uvw)'=[(uv)w]'=(uv)'w+(uv)w'$$
$$=(u'v+uv')w+uvw'=u'vw+uv'w+uvw'$$

即 $(uvw)'=u'vw+uv'w+uvw'$

在法则 (2) 中，如果 $v=C$ （C 为常数），则有

推论 1 $(Cu)'=Cu'$.

在法则 (3) 中，如果 $u=C$ （C 为常数），则有

推论 2 $\left(\dfrac{1}{v}\right)'=-\dfrac{v'}{v^2}$.

3.2.2 基本初等函数的求导公式

运用导数的定义及运算法则可以得到基本初等函数的导数公式如下：

导数的基本公式	
(1) $(C)'=0$	(11) $(\log_a x)'=\dfrac{1}{x\ln a}$
(2) $(x^a)'=ax^{a-1}$	(12) $(\ln x)'=\dfrac{1}{x}$
(3) $(\sin x)'=\cos x$	(13) $(\arcsin x)'=\dfrac{1}{\sqrt{1-x^2}}$
(4) $(\cos x)'=-\sin x$	(14) $(\arccos x)'=-\dfrac{1}{\sqrt{1-x^2}}$
(5) $(\tan x)'=\sec^2 x$	
(6) $(\cot x)'=-\csc^2 x$	(15) $(\arctan x)'=\dfrac{1}{1+x^2}$
(7) $(\sec x)'=\sec x\tan x$	
(8) $(\csc x)'=-\csc x\cot x$	(16) $(\text{arccot} x)'=-\dfrac{1}{1+x^2}$
(9) $(a^x)'=a^x\ln a$	
(10) $(e^x)'=e^x$	

笔 记

【例1】　设 $y=x+3$，求 y'.

解　$y'=(x+3)'=x'+3'=1$

【例2】　设 $y=\dfrac{1}{x}$，求 y'.

解　$y'=\left(\dfrac{1}{x}\right)'=(x^{-1})'=-x^{-2}$

【例3】　设 $y=\sqrt{x}$，求 y'.

解　$y'=(\sqrt{x})'=(x^{\frac{1}{2}})'=\dfrac{1}{2}x^{-\frac{1}{2}}=\dfrac{1}{2\sqrt{x}}$

【例4】　设 $y=\dfrac{1}{\sqrt{x}}$，求 y'.

解　$y'=\left(\dfrac{1}{\sqrt{x}}\right)'=(x^{-\frac{1}{2}})'=-\dfrac{1}{2}x^{-\frac{3}{2}}=-\dfrac{1}{2\sqrt{x^3}}$

【例5】　设 $y=x+\ln x$.

解　$y'=(x+\ln x)'=x'+(\ln x)'=1+\dfrac{1}{x}$

【例6】　设 $y=x^2+\log_2 x$，求 y'.

解　$y'=(x^2)'+(\log_2 x)'=2x+\dfrac{1}{x\ln 2}$

【例7】　设 $y=3x+2^x$，求 y'.

解　$y'=(3x)'+(2^x)'=3+2^x\ln 2$

【例8】　设 $y=2x^3-5x^2+3x-7$，求 y'.

解　$y'=(2x^3-5x^2+3x-7)'$

$=(2x^3)'-(5x^2)'+(3x)'-(7)'$

$=2(x^3)'-5(x^2)'+3(x)'$

$=2\cdot 3x^2-5\cdot 2x+3$

$=6x^2-10x+3$

【例9】　设 $f(x)=x^3+4\cos x-\sin\dfrac{\pi}{2}$，求 $f'(x)$ 及 $f'\left(\dfrac{\pi}{2}\right)$.

解　$f'(x)=(x^3)'+(4\cos x)'-\left(\sin\dfrac{\pi}{2}\right)'$

$=3x^2-4\sin x$

$f'\left(\dfrac{\pi}{2}\right)=\dfrac{3}{4}\pi^2-4$

【例10】　设 $y=x\mathrm{e}^x$，求 y'.

解　$y'=x'\mathrm{e}^x+x(\mathrm{e}^x)'$

$=\mathrm{e}^x+x\mathrm{e}^x$

$=\mathrm{e}^x(1+x)$

【例11】　设 $y=x\sin x+\mathrm{e}^x$，求 y'.

笔记

解　$y' = (x\sin x)' + (e^x)'$

$\qquad = x'\sin x + x(\sin x)' + (e^x)'$

$\qquad = \sin x + x\cos x + e^x$

【例 12】　设 $y = e^x(\sin x + \cos x)$，求 y'.

解　$y' = (e^x)'(\sin x + \cos x) + e^x(\sin x + \cos x)'$

$\qquad = e^x(\sin x + \cos x) + e^x(\cos x - \sin x)$

$\qquad = 2e^x\cos x$

【例 13】　设 $y = \dfrac{x-1}{x+1}$，求 y'.

解　$y' = \dfrac{(x-1)'(x+1) - (x-1)(x+1)'}{(x+1)^2}$

$\qquad = \dfrac{(x+1) - (x-1)}{(x+1)^2}$

$\qquad = \dfrac{2}{(x+1)^2}$

【例 14】　设 $y = \dfrac{\ln x}{x}$，求 y'.

解　$y' = \dfrac{(\ln x)'x - (\ln x)x'}{x^2}$

$\qquad = \dfrac{1 - \ln x}{x^2}$

📝 笔记

【例 15】　设 $y = \dfrac{3}{\tan x}$，求 y'.

解　$y' = -\dfrac{3(\tan x)'}{(\tan x)^2} = -\dfrac{3\sec^2 x}{(\tan x)^2}$

$\qquad = -3\csc^2 x$

【例 16】　设 $y = \tan x$，求 y'.

解　$y' = (\tan x)' = \left(\dfrac{\sin x}{\cos x}\right)' = \dfrac{(\sin x)'\cos x - \sin x(\cos x)'}{\cos^2 x}$

$\qquad = \dfrac{\cos^2 x + \sin^2 x}{\cos^2 x} = \dfrac{1}{\cos^2 x} = \sec^2 x$

即　$\qquad\qquad\qquad\qquad (\tan x)' = \sec^2 x$

【例 17】　设 $y = \sec x$，求 y'.

解　$y' = (\sec x)' = \left(\dfrac{1}{\cos x}\right)' = \dfrac{(1)'\cos x - 1\cdot(\cos x)'}{\cos^2 x}$

$\qquad = \dfrac{\sin x}{\cos^2 x} = \sec x\tan x$

即　$\qquad\qquad\qquad\qquad (\sec x)' = \sec x\tan x$

用类似方法，还可求得余切函数及余割函数的导数公式：

$(\cot x)' = -\csc^2 x$,

$(\csc x)' = -\csc x\cot x$.

习题 3-2

1. 求下列函数的导数.

(1) $y = \dfrac{1}{x^3}$

(2) $y = 2x^2 - x + 7$

(3) $y = 2\sqrt{x} - \dfrac{1}{x}$

(4) $y = x \ln x$

(5) $y = \theta \sin\theta + \cos\theta$

(6) $y = e^x \sin x$

(7) $f(x) = 3x - 2\sqrt{x}$，求 $f'(1)$，$f'(4)$，$f'(a)$

(8) $y = (x + 2)e^x$

(9) $y = x^3 \cdot e^x$

(10) $y = \dfrac{3}{\tan x} + \dfrac{\cot x}{3}$

(11) $y = \dfrac{1 - \ln x}{1 + \ln x}$

(12) $y = \dfrac{1 - e^x}{1 + e^x}$

2. 求下列函数在指定点处的导数.

(1) $y = \dfrac{x^2}{2} + 3\cos x$，求 $\dfrac{\mathrm{d}y}{\mathrm{d}x}\bigg|_{x=0}$

(2) $y = 2x\tan x + 3\ln x$，求 $f'(\pi)$

3.3 复合函数的导数

定理 1 如果函数 $u = \varphi(x)$ 在点 x 处可导，函数 $y = f(u)$ 在对应点 u 处可导，则复合函数 $y = f[\varphi(x)]$ 在点 x 可导，且其导数为

$$[f(\varphi(x))]' = f'(u) \cdot \varphi'(x)$$

或

$$\frac{\mathrm{d}y}{\mathrm{d}x} = \frac{\mathrm{d}y}{\mathrm{d}u} \cdot \frac{\mathrm{d}u}{\mathrm{d}x}$$

或

$$y'_x = y'_u \cdot u'_x$$

这个定理说明，复合函数的导数等于复合函数对中间变量的导数乘以中间变量对自变量的导数.

【例 1】 设 $y = \sin 2x$，求 $\dfrac{\mathrm{d}y}{\mathrm{d}x}$.

解 函数 $y = \sin 2x$ 是由 $y = \sin u$，$u = 2x$ 复合而成.

因此 $\dfrac{\mathrm{d}y}{\mathrm{d}x} = \dfrac{\mathrm{d}y}{\mathrm{d}u} \cdot \dfrac{\mathrm{d}u}{\mathrm{d}x} = (\sin u)'_u \cdot (2x)'_x = \cos u \cdot 2 = 2\cos 2x$

【例 2】 设 $y = \sin x^2$，求 y'_x.

解 函数 $y = \sin x^2$ 是由 $y = \sin u$，$u = x^2$ 复合而成的.

因此 $y'_x = y'_u \cdot u'_x = (\sin u)'_u \cdot (x^2)'_x$

$\qquad\qquad = \cos u \cdot 2x = 2x\cos x^2$

【例 3】 设 $y = \sin^2 x$，求 y'_x.

解 函数 $y = \sin^2 x$，是由 $y = u^2$，$u = \sin x$ 复合而成的.

因此 $y'_x = y'_u \cdot u'_x = (u^2)'_u \cdot (\sin x)'_x$

$\qquad\qquad = 2u \cdot \cos x = 2\sin x\cos x = \sin 2x$

笔 记

【例 4】 设 $y=(1+x)^2$，求 y'_x.

解 函数 $y=(1+x)^2$ 是由 $y=u^2$，$u=1+x$ 复合而成的.

因此 $y'_x=y'_u \cdot u'_x=(u^2)'_u \cdot (x+1)'_x$

$\qquad\qquad =2u=2(x+1)$

【例 5】 设 $y=\dfrac{1}{\sqrt{2x+1}}$，求 y'_x.

解 函数 $y=\dfrac{1}{\sqrt{2x+1}}$ 是由 $y=u^{-\frac{1}{2}}$，$u=2x+1$ 复合而成的.

$y'_x=y'_u \cdot u'_x=(u^{-\frac{1}{2}})'_u \cdot (2x+1)'_x$

$\qquad =-\dfrac{1}{2}u^{-\frac{3}{2}} \cdot 2=-u^{-\frac{3}{2}}=-\dfrac{1}{\sqrt{(2x+1)^3}}$

【例 6】 设 $y=e^{x^2+x}$，求 $\dfrac{dy}{dx}$.

解 函数 $y=e^{x^2+x}$ 是由 $y=e^u$，$u=x^2+x$ 复合而成的.

$\dfrac{dy}{dx}=\dfrac{dy}{du} \cdot \dfrac{du}{dx}=(e^u)'_u \cdot (x^2+x)'_x=e^u \cdot (2x+1)=(2x+1)e^{x^2+x}$

复合函数求导法则熟练后可不必设中间变量，按照运算，从外向里逐层求导即可. 注意每一层运算代表着一种函数，要用相应的求导公式.

【例 7】 设 $y=\ln\sin x$，求 y'_x.

 笔记

解 $y'_x=(\ln\sin x)'=\dfrac{1}{\sin x} \cdot (\sin x)'=\dfrac{1}{\sin x} \cdot \cos x=\cot x$

【例 8】 设 $y=\sqrt[3]{1-2x^2}$，求 $\dfrac{dy}{dx}$.

解 $\dfrac{dy}{dx}=[(1-2x^2)^{\frac{1}{3}}]'=\dfrac{1}{3}(1-2x^2)^{-\frac{2}{3}}(1-2x^2)'$

$\qquad =\dfrac{-4x}{3\sqrt[3]{(1-2x^2)^2}}$

【例 9】 设 $y=x^2\cos 2x$，求 y'_x.

解 $y'_x=(x^2)'\cos 2x+x^2(\cos 2x)'$

$\qquad =2x\cos 2x-2x^2 \cdot \sin 2x$

$\qquad =2x(\cos 2x-x\sin 2x)$

【例 10】 设 $y=(x+1)e^{2x}$，求 y'_x.

解 $y'_x=(x+1)'e^{2x}+(x+1) \cdot (e^{2x})'$

$\qquad =e^{2x}+(x+1)2e^{2x}$

$\qquad =e^{2x}(2x+3)$

【例 11】 设 $y=\ln x^2+e^{x^2}$，求 y'_x.

解 $y'_x=(\ln x^2)'+(e^{x^2})'$

$\qquad =\dfrac{1}{x^2} \cdot 2x+e^{x^2} \cdot 2x$

$$= \frac{2}{x} + e^{x^2} \cdot 2x$$

【例 12】 设 $y = x \cdot e^{\sin x} + \cos x$，求 y'_x.

解 $y'_x = x' \cdot e^{\sin x} + x \cdot (e^{\sin x})' + (\cos x)'$

$$= e^{\sin x} + x \cdot e^{\sin x} \cdot \cos x - \sin x$$

$$= e^{\sin x} (1 + x \cdot \cos x) - \sin x$$

习题 3-3

1. 求下列函数的导数.

(1) $y = (1 - x^2)^{100}$

(2) $y = \dfrac{1}{\sqrt{1-x^2}}$

(3) $y = (x-1)\sqrt{x^2+1}$

(4) $y = 3e^{2x} + 2\cos 3x$

(5) $y = \tan \dfrac{1}{x}$

(6) $y = \ln\ln x$

(7) $y = e^{\sin x}$

(8) $y = \ln\cos 2x$

2. 求下列函数在指定点处的导数.

(1) $y = \sqrt{1 + \ln^2 x}$，求 $y'|_{x=e}$

(2) $y = x^2 \sin 2x$，$y'|_{x=\frac{\pi}{2}}$

3. 设 $f(x)$ 可导，求下列函数的导数.

(1) $y = f(x^3)$

(2) $y = f(\sin x) + f(\cos x)$

3.4 隐函数的导数

3.4.1 隐函数求导法

显函数：形如 $y = f(x)$ 的函数称为显函数. 例如 $y = \sin x$，$y = \ln x + e$.

隐函数：由方程 $F(x,y) = 0$ 所确定的函数称为隐函数.

例如，方程 $x + y^3 - 1 = 0$，$e^x + e^y - xy = 0$.

把一个隐函数化成显函数，叫做隐函数的显化. 隐函数的显化有时是有困难的，甚至是不可能的. 但在实际问题中，有时需要计算隐函数的导数，因此，希望有一种方法，不管隐函数能否显化，都能直接由方程算出它所确定的隐函数的导数来. 隐函数求导数的方法很简单，就是方程两边同时对 x 求导，但是注意把 y 看成是 x 的函数，然后从所得出的方程中解出 y' 即可.

【例 1】 求由方程 $x^2 + y^2 = 1$ 所确定的隐函数 y 的导数.

解 方程两边分别对 x 求导数（注意：y 是 x 的函数，所以 y^2 是 x 的复合函数），得

$$(x^2)' + (y^2)' = 1'$$

即

$$2x + 2y \cdot y' = 0$$

笔 记

解出 y'，得
$$y' = -\frac{x}{y}$$

【例 2】 求由方程 $e^y + xy - e = 0$ 所确定的隐函数 y 的导数.

解 把方程两边的每一项对 x 求导数得
$$(e^y)' + (xy)' - (e)' = (0)'$$

即
$$e^y \cdot y' + y + xy' = 0$$

从而
$$y' = -\frac{y}{x + e^y} \quad (x + e^y \neq 0)$$

【例 3】 求椭圆 $\frac{x^2}{16} + \frac{y^2}{9} = 1$ 在 $\left(2, \frac{3}{2}\sqrt{3}\right)$ 处的切线方程.

解 把椭圆方程的两边分别对 x 求导，得
$$\frac{x}{8} + \frac{2}{9}y \cdot y' = 0$$

从而
$$y' = -\frac{9x}{16y}$$

当 $x = 2$ 时，$y = \frac{3}{2}\sqrt{3}$，代入上式得所求切线的斜率
$$k = y' \Big|_{x=2} = -\frac{\sqrt{3}}{4}$$

所求的切线方程为

✎ 笔记

$$y - \frac{3}{2}\sqrt{3} = -\frac{\sqrt{3}}{4}(x - 2)，即 \sqrt{3}x + 4y - 8\sqrt{3} = 0$$

3.4.2 对数求导法

某些显函数直接求导比较复杂，可对函数 $y = f(x)$ 的两边取对数，变成隐函数的形式，然后利用隐函数求导的方法来计算，这种求导的方法称为对数求导法.

设 $y = f(x)$，两边取对数，得
$$\ln y = \ln f(x)$$

两边对 x 求导，得
$$\frac{1}{y}y' = [\ln f(x)]'$$
$$y' = [\ln f(x)]'y$$

对数求导法适用于求幂指函数 $y = [u(x)]^{v(x)}$ 的导数及多因子之积和商的导数.

【例 4】 求 $y = x^{\sin x} \ (x > 0)$ 的导数.

解法一 两边取对数，得
$$\ln y = \sin x \ln x$$

上式两边对 x 求导，得
$$\frac{1}{y}y' = \cos x \ln x + \sin x \frac{1}{x}$$

于是
$$y' = y\left(\cos x \ln x + \sin x \frac{1}{x}\right)$$

$$= x^{\sin x}\left(\cos x \ln x + \frac{\sin x}{x}\right)$$

解法二 这种幂指函数的导数也可按下面的方法求：

$$y = x^{\sin x} = e^{\sin x \ln x}$$

$$y' = e^{\sin x \ln x}(\sin x \ln x)' = x^{\sin x}\left(\cos x \ln x + \frac{\sin x}{x}\right)$$

【例 5】 求函数 $y = \sqrt{\dfrac{(x-1)(x-2)}{(x-3)(x-4)}}$ 的导数.

解 先在两边取对数（假定 $x > 4$），得

$$\ln y = \frac{1}{2}[\ln(x-1) + \ln(x-2) - \ln(x-3) - \ln(x-4)]$$

上式两边对 x 求导，得

$$\frac{1}{y}y' = \frac{1}{2}\left(\frac{1}{x-1} + \frac{1}{x-2} - \frac{1}{x-3} - \frac{1}{x-4}\right)$$

于是

$$y' = \frac{y}{2}\left(\frac{1}{x-1} + \frac{1}{x-2} - \frac{1}{x-3} - \frac{1}{x-4}\right)$$

习题 3-4

1. 求由下列方程所确定的隐函数的导数.

(1) $x^2 - y^2 + 2xy = 2x$ 　　　　　　(2) $y = \cos(x+y)$

(3) $e^{xy} + y\ln x = \cos(2x)$ 　　　　(4) $xy = e^{x+y}$

(5) $x = y + \sin y$

2. 求下列函数的导数.

(1) $y = (\cos x)^{\sin x}$ 　　　　　　　(2) $y = e^{\sqrt{x}}$

(3) $y = (1+x)(2+x^2)^{\frac{1}{2}}(3+x^3)^{\frac{1}{3}}$ 　　(4) $y = x^x + \ln\cos x$

3. 求曲线 $x^2 y^2 + x^2 - y = 1$ 在点 $(1,1)$ 处切线的方程.

3.5 高阶导数

如果函数 $y = f(x)$ 的导数 $f'(x)$ 仍然是 x 的可导函数，则称 $f'(x)$ 的导数叫做函数 $f(x)$ 的二阶导数，记作 y''、$f''(x)$ 或 $\dfrac{d^2 y}{dx^2}$.

即　　$y'' = (y')',\ f''(x) = [f'(x)]',\ \dfrac{d^2 y}{dx^2} = \dfrac{d}{dx}\left(\dfrac{dy}{dx}\right).$

类似地，$f''(x)$ 的导数称为 $f(x)$ 的三阶导数，记作 y'''、$f'''(x)$ 或 $\dfrac{d^3 y}{dx^3}$.

以此类推，函数 $y = f(x)$ 的 $n-1$ 阶导数的导数，称为函数 $f(x)$ 的 n 阶导数，记作

$$y^{(n)}\ 或\ f^{(n)}(x),\ \frac{d^n y}{dx^n}.$$

📝 **笔记**

二阶及二阶以上的各阶导数统称高阶导数. 求高阶导数时, 只要利用导数的基本公式及运算法则对函数一次次求导即可, 计算中注意归纳整理.

【例 1】 设 $y=2x^3+1$, 求 y''.

解 $y'=6x^2$

$\qquad y''=12x$

【例 2】 设 $y=xe^x$, 求 y''.

解 $y'=x'\cdot e^x+x\cdot(e^x)'$

$\qquad =e^x(1+x)$

$\qquad y''=(e^x)'\cdot(1+x)+e^x\cdot(1+x)'$

$\qquad =e^x(x+2)$

【例 3】 设 $y=x\sin x$, 求 y''.

解 $y'=x'\cdot\sin x+x\cdot(\sin x)'$

$\qquad =\sin x+x\cos x$

$\qquad y''=(\sin x)'+x'\cdot\cos x+x(\cos x)'$

$\qquad =2\cos x-x\sin x$

【例 4】 设 $y=\ln 2x$, 求 y''.

解 $y'=(\ln 2x)'$

$\qquad =\dfrac{1}{2x}\cdot 2=\dfrac{1}{x}$

$\qquad y''=\left(\dfrac{1}{x}\right)'=-\dfrac{1}{x^2}$

【例 5】 设 $y=e^x\cos 2x$, 求 y''.

解 $y'=(e^x)'\cdot\cos 2x+e^x(\cos 2x)'$

$\qquad =e^x\cos 2x-2e^x\sin 2x$

$\qquad =e^x(\cos 2x-2\sin 2x)$

$\qquad y''=(e^x)'(\cos 2x-2\sin 2x)+e^x[(\cos 2x)'-2(\sin 2x)']$

$\qquad =e^x(\cos 2x-2\sin 2x)+e^x(-2\sin 2x-4\cos 2x)$

$\qquad =-e^x(3\cos 2x+4\sin 2x)$

【例 6】 设 $f(x)=(1+2x)^3$, 求 $f''(1)$.

解 $f'(x)=6(1+2x)^2$

$\qquad f''(x)=24(1+2x)$

$\qquad$ 所以 $f''(1)=72$

【例 7】 设 $y=\ln x$, 求 $y^{(n)}$.

解 $y'=\dfrac{1}{x}=x^{-1}$

$\qquad y''=(-1)x^{-2}$

$\qquad y'''=(-1)(-2)x^{-3}$

$\qquad \cdots$

$\qquad y^{(n)}=(-1)(-2)\cdots(-(n-1))x^{-n}$

$\qquad =\dfrac{(-1)^{n-1}(n-1)!}{x^n}$

笔 记

【例 8】 求函数 $y = e^x$ 的 n 阶导数.

解 $y' = e^x$，$y'' = e^x$，$y''' = e^x$，$y^{(4)} = e^x$

一般地，可得

$$y^{(n)} = e^x$$

即 $(e^x)^{(n)} = e^x$

【例 9】 求正弦函数与余弦函数的 n 阶导数.

解 $y = \sin x$

$$y' = \cos x = \sin\left(x + \frac{\pi}{2}\right)$$

$$y'' = \cos\left(x + \frac{\pi}{2}\right) = \sin\left(x + \frac{\pi}{2} + \frac{\pi}{2}\right) = \sin\left(x + 2\,\frac{\pi}{2}\right)$$

$$y''' = \cos\left(x + 2\,\frac{\pi}{2}\right) = \sin\left(x + 2\,\frac{\pi}{2} + \frac{\pi}{2}\right) = \sin\left(x + 3\,\frac{\pi}{2}\right)$$

一般地，可得

$$y^{(n)} = \sin\left(x + n\,\frac{\pi}{2}\right)$$

即 $(\sin x)^{(n)} = \sin\left(x + n\,\frac{\pi}{2}\right)$

用类似方法，可得 $(\cos x)^{(n)} = \cos\left(x + n\,\frac{\pi}{2}\right)$.

📝 笔 记

习题 3-5

1. 求下列函数的二阶导数.

(1) $y = 4x^2 + \ln x$

(2) $y = \cos x + \sin x$

(3) $y = e^{-x}\cos x$

(4) $y = e^{2x-1}$

(5) $y = e^{2x}\sin(2x+1)$

(6) $y = x\ln x$

2. 求下列函数的 n 阶导数.

(1) $y = \cos x$

(2) $y = \dfrac{1}{x+1}$

(3) $y = e^{ax}$

(4) $y = xe^x$

3. 验证函数 $y = e^x\sin x$ 满足关系式：$y'' - 2y' + 2y = 0$.

3.6 函数的微分

3.6.1 微分的定义

引例 一块正方形金属薄片（图 3-2）受温度变化的影响，其边长由 x_0 变到 $x_0 + \Delta x$，问此薄片的面积改变了多少？

变量为

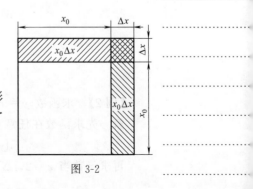

图 3-2

$$\Delta S = (x_0 + \Delta x)^2 - (x_0)^2$$
$$= 2x_0 \Delta x + (\Delta x)^2$$

上式是由两部分组成

第一部分 $2x_0 \Delta x$ 是 Δx 的线性函数，又是 ΔS 的主要部分，称为 ΔS 的线性主部.

而第二部分 $(\Delta x)^2$ 则是 Δx 的高阶无穷小，当 $|\Delta x|$ 很小时可以忽略不计.

所以 $\qquad\qquad\qquad\qquad\qquad \Delta S \approx 2x_0 \Delta x$

又因为 $\qquad\qquad\qquad\qquad\qquad S'|_{x=x_0} = 2x|_{x=x_0} = 2x_0$

从而 ΔS 可以表示为 $S = x^2$ 在点 x_0 的导数与 Δx 的乘积的近似值.

所以 $\Delta S \approx S'|_{x=x_0} \cdot \Delta x$

这个事实对一般的函数也成立.

即当 $|\Delta x|$ 很小时 $\qquad\qquad \Delta y \approx f'(x_0) \cdot \Delta x$

我们把它叫做函数 $f(x)$ 在 x_0 点处的微分.

定义 1 若函数 $y = f(x)$ 在点 x_0 处有导数 $f(x_0)'$，则称 $f(x_0)' \Delta x$ 为函数 $f(x)$ 在点 x_0 处的微分，记作 $\mathrm{d}y$，即

$$\mathrm{d}y = f'(x_0)\Delta x$$

此时，称 $f(x)$ 在点 x_0 处是可微的.

因为自变量的增量就是自变量的微分，即 $\mathrm{d}x = x' \Delta x = \Delta x$. 这样

$$\mathrm{d}y = f'(x_0)\mathrm{d}x$$

 笔记

上式也可写为 $\qquad\qquad\qquad\qquad \dfrac{\mathrm{d}y}{\mathrm{d}x} = f'(x_0)$

上式指出，函数 $f(x)$ 的导数就是函数的微分与自变量的微分之商，因而导数也称微商，而且常用 $\dfrac{\mathrm{d}y}{\mathrm{d}x}$ 表示导数.

函数可微的条件：函数 $f(x)$ 在点 x_0 可微的充分必要条件是函数 $f(x)$ 在点 x_0 可导，且当函数 $f(x)$ 在点 x_0 可微时，其微分一定是

$$\mathrm{d}y = f'(x_0)\Delta x$$

函数 $y = f(x)$ 在任意点 x 的微分，称为函数的微分，记作 $\mathrm{d}y$ 或 $\mathrm{d}f(x)$，即

$$\mathrm{d}y = f'(x)\Delta x$$

例如，$\mathrm{d}\cos x = (\cos x)' \Delta x = -\sin x \Delta x$；$\mathrm{d}\mathrm{e}^x = (\mathrm{e}^x)' \Delta x = \mathrm{e}^x \Delta x$.

【例 1】 求函数 $y = x^2$ 在 $x = 1$ 和 $x = 3$ 处的微分.

解 函数 $y = x^2$ 在 $x = 1$ 处的微分为

$$\mathrm{d}y = (x^2)'\Big|_{x=1} \Delta x = 2\Delta x$$

函数 $y = x^2$ 在 $x = 3$ 处的微分为

$$\mathrm{d}y = (x^2)'\Big|_{x=3} \Delta x = 6\Delta x$$

【例 2】 求函数 $y = x^3$ 当 $x = 2$，$\Delta x = 0.02$ 时的微分.

解 先求函数在任意点 x 的微分

$$\mathrm{d}y = (x^3)'\Delta x = 3x^2 \Delta x$$

再求函数当 $x = 2$，$\Delta x = 0.02$ 时的微分

$$\mathrm{d}y\Big|_{x=2,\Delta x=0.02}=3x^2\Big|_{x=2,\Delta x=0.02}=3\times2^2\times0.02=0.24$$

3.6.2　微分的基本公式和运算法则

从函数的微分的表达式

$$\mathrm{d}y=f'(x)\mathrm{d}x$$

可以看出，要计算函数的微分，只要计算函数的导数，再乘以自变量的微分. 因此，由前面学过的导数的基本公式与运算法则就可推得相应的微分基本公式与运算法则.

（1）微分的基本公式

① $\mathrm{d}(x^a)=ax^{a-1}\mathrm{d}x$	⑪ $\mathrm{d}(\ln x)=\dfrac{1}{x}\mathrm{d}x$
② $\mathrm{d}(\sin x)=\cos x\,\mathrm{d}x$	
③ $\mathrm{d}(\cos x)=-\sin x\,\mathrm{d}x$	⑫ $\mathrm{d}(\arcsin x)=\dfrac{1}{\sqrt{1-x^2}}\mathrm{d}x$
④ $\mathrm{d}(\tan x)=\sec^2 x\,\mathrm{d}x$	
⑤ $\mathrm{d}(\cot x)=-\csc^2 x\,\mathrm{d}x$	⑬ $\mathrm{d}(\arccos x)=-\dfrac{1}{\sqrt{1-x^2}}\mathrm{d}x$
⑥ $\mathrm{d}(\sec x)=\sec x\tan x\,\mathrm{d}x$	
⑦ $\mathrm{d}(\csc x)=-\csc x\cot x\,\mathrm{d}x$	⑭ $\mathrm{d}(\arctan x)=\dfrac{1}{1+x^2}\mathrm{d}x$
⑧ $\mathrm{d}(a^x)=a^x\ln a\,\mathrm{d}x$	
⑨ $\mathrm{d}(\mathrm{e}^x)=\mathrm{e}^x\mathrm{d}x$	
⑩ $\mathrm{d}(\log_a x)=\dfrac{1}{x\ln a}\mathrm{d}x$	⑮ $\mathrm{d}(\operatorname{arccot} x)=\dfrac{1}{1+x^2}\mathrm{d}x$

（2）微分的四则运算法则

① $\mathrm{d}(u\pm v)=\mathrm{d}u\pm\mathrm{d}v$	③ $\mathrm{d}(u\cdot v)=v\mathrm{d}u+u\mathrm{d}v$
② $\mathrm{d}(Cu)=C\mathrm{d}u$	④ $\mathrm{d}\left(\dfrac{u}{v}\right)=\dfrac{v\mathrm{d}u-u\mathrm{d}v}{v^2}(v\neq0)$

 笔 记

3.6.3　微分形式的不变性

设函数 $y=f(u)$ 在点 u 处可微，那么

（1）若 u 是自变量，即 $u=x$ 时，函数的微分为 $\mathrm{d}y=f'(u)\mathrm{d}u$.

（2）若 u 不是自变量，而是 x 的可导函数，即 $u=\varphi(x)$ 时，以 u 为中间变量的复合函数 $f[\varphi(x)]$ 的微分是 $\mathrm{d}y=f'(u)\varphi'(x)\mathrm{d}x$，而 $\mathrm{d}u=\varphi'(x)\mathrm{d}x$，所以 $\mathrm{d}y=f'(u)\mathrm{d}u$.

由此可见，对于函数 $y=f(u)$，无论 u 是自变量还是另一个变量的可微函数，函数微分形式 $\mathrm{d}y=f'(u)\mathrm{d}u$ 保持不变，这一性质称为微分形式不变性.

【例3】　$y=\sin(2x+1)$，求 $\mathrm{d}y$.

解　把 $2x+1$ 看成中间变量 u，则

$$\begin{aligned}\mathrm{d}y&=\mathrm{d}(\sin u)=\cos u\,\mathrm{d}u=\cos(2x+1)\mathrm{d}(2x+1)\\&=\cos(2x+1)\cdot2\mathrm{d}x=2\cos(2x+1)\mathrm{d}x\end{aligned}$$

在求复合函数的导数时，可以不写出中间变量.

【例4】　$y=\ln(1+\mathrm{e}^x)$，求 $\mathrm{d}y$.

解　$\mathrm{d}y=\mathrm{d}\ln(1+\mathrm{e}^x)=\dfrac{1}{1+\mathrm{e}^x}\mathrm{d}(1+\mathrm{e}^x)$

$$=\dfrac{1}{1+\mathrm{e}^x}\mathrm{e}^x\mathrm{d}x=\dfrac{\mathrm{e}^x}{1+\mathrm{e}^x}\mathrm{d}x$$

【例 5】 $y = e^{1-3x} \cos x$，求 dy.

解 应用积的微分法则，得

$$dy = d(e^{1-3x} \cos x) = \cos x \, d(e^{1-3x}) + e^{1-3x} d(\cos x)$$
$$= (\cos x) e^{1-3x} (-3dx) + e^{1-3x} (-\sin x \, dx)$$
$$= -e^{1-3x} (3\cos x + \sin x) dx$$

【例 6】 在括号中填入适当的函数，使等式成立.

（1）d（ ） $= x \, dx$；

（2）d（ ） $= \cos \omega t \, dt$.

解 （1）因为 $d(x^2) = 2x \, dx$，所以

$$x \, dx = \frac{1}{2} d(x^2) = d\left(\frac{1}{2} x^2\right)，即 \ d\left(\frac{1}{2} x^2\right) = x \, dx.$$

一般地，有 $d\left(\frac{1}{2} x^2 + C\right) = x \, dx$ （C 为任意常数）.

（2）因为 $d(\sin \omega t) = \omega \cos \omega t \, dt$，所以

$$\cos \omega t \, dt = \frac{1}{\omega} d(\sin \omega t) = d\left(\frac{1}{\omega} \sin \omega t\right)$$

因此 $d\left(\frac{1}{\omega} \sin \omega t + C\right) = \cos \omega t \, dt$ （C 为任意常数）.

3.6.4 微分在近似计算中的应用

在工程计算中，经常会遇到一些复杂的计算公式，如果直接用这些公式进行计算，那是很费力的，利用微分往往可以把一些复杂的计算公式改用简单的近似公式来代替.

如果函数 $y = f(x)$ 在 x_0 处的导数 $f'(x_0) \neq 0$，且 $|\Delta x|$ 很小时，有
$$\Delta y \approx dy = f'(x_0) \Delta x$$
$$\Delta y = f(x_0 + \Delta x) - f(x_0) \approx dy = f'(x_0) \Delta x$$
$$f(x_0 + \Delta x) \approx f(x_0) + f'(x_0) \Delta x$$

若令 $x = x_0 + \Delta x$，即 $\Delta x = x - x_0$，那么又有
$$f(x) \approx f(x_0) + f'(x_0)(x - x_0)$$

特别当 $x_0 = 0$ 时，有
$$f(x) \approx f(0) + f'(0) x$$

这些都是近似计算公式.

【例 7】 利用微分计算 $\sin 30°30'$ 的近似值.

解 已知 $30°30' = \frac{\pi}{6} + \frac{\pi}{360}$，$x_0 = \frac{\pi}{6}$，$\Delta x = \frac{\pi}{360}$

$$\sin 30°30' = \sin(x_0 + \Delta x) \approx \sin x_0 + \Delta x \cos x_0$$
$$= \sin \frac{\pi}{6} + \cos \frac{\pi}{6} \cdot \frac{\pi}{360}$$
$$= \frac{1}{2} + \frac{\sqrt{3}}{2} \cdot \frac{\pi}{360} = 0.5076$$

笔记

$$\sin 30°30' \approx 0.5076$$

【例8】 计算 $\sqrt{1.05}$ 的近似值.

解 已知 $\sqrt[n]{1+x} \approx 1 + \dfrac{1}{n}x$，故

$$\sqrt{1.05} = \sqrt{1+0.05} \approx 1 + \frac{1}{2} \times 0.05 = 1.025$$

直接开方的结果是 $\sqrt{1.05} = 1.025$

习题 3-6

1. 已知 $y = x^3 - x$，计算在 $x=2$ 处当 $\Delta x = 0.1$ 时的 Δy 和 $\mathrm{d}y$.

2. 求下列函数的微分.

(1) $y = \sqrt{1+x^2}$ (2) $y = \tan^2 t$

(3) $y = \dfrac{1}{2}\sin(2x)$ (4) $y = x\ln x$

3. 利用微分求由下列方程所确定的函数 $y = y(x)$ 的导数 $\dfrac{\mathrm{d}y}{\mathrm{d}x}$.

(1) $xy + \mathrm{e}^y = \mathrm{e}^x$ (2) $\cos(xy) = y$

(3) $y\sin x - \cos(x-y) = 0$ (4) $y = x + \ln y$

4. 计算下列各式的近似值.

(1) $\arctan 1.02$ (2) $\sqrt[3]{998}$

复习题 3

一、选择题

1. 已知函数 $f(x)$ 的导函数 $f'(x) = 3x^2 - x - 1$，则曲线 $y = f(x)$ 在 $x=2$ 处切线的斜率是 ( ).

A. 3 B. 5 C. 9 D. 11

2. 设函数 $y = \dfrac{1}{x^2}$，则 $y' = ($).

A. $-\dfrac{1}{x^3}$ B. $-\dfrac{2}{x^3}$ C. $\dfrac{1}{x^3}$ D. $\dfrac{1}{x}$

3. 设函数 $f(x) = \sqrt{x} + \mathrm{e}^x$，则 $f'(1) = ($).

A. $2 + \mathrm{e}$ B. $1 + \mathrm{e}$ C. $\dfrac{1}{2} + \mathrm{e}$ D. $-\dfrac{1}{2} + \mathrm{e}$

4. 设函数 $f(x) = \cos 2x$，则 $f'(x) = ($).

A. $2\sin 2x$ B. $-2\sin 2x$ C. $\sin 2x$ D. $-\sin 2x$

5. 设函数 $f(x) = \cos x$，则 $\mathrm{d}y = ($).

A. $(\sin x + 1)\,\mathrm{d}x$ B. $(\cos x + 1)\,\mathrm{d}x$ C. $-\sin x\,\mathrm{d}x$ D. $\sin x\,\mathrm{d}x$

二、填空题

1. 曲线 $y = 2x^2$ 在点 $(1,2)$ 处的切线方程为_____.

2. 设函数 $y = \ln(1+x)$，则 $y'' = $ _____.

3. 设函数 $y = f(x)$ 由方程 $x^2 + xy = 1$ 确定，则 $y' = $ _____.

📝 **笔记**

三、计算题

1. 设函数 $y = \sin x^2 + 2x$，求 y'.

2. 设函数 $y = e^x - \ln 3$，求 $\dfrac{d^2 y}{dx^2}$.

3. 设 $y = \dfrac{x^3}{\cos x}$，求 dy.

4. 设 $x \sin y + y \cos x = x$，求 y'.

5. 设 $y = f(x^2)$，求 $\dfrac{dy}{dx}$.

 笔 记

....

....

....

....

....

....

....

....

....

....

....

....

....

第4章

导数的应用

前面一章，研究了导数的概念以及导数的计算问题，本章将利用导数来研究函数在区间上的某些特性，并应用这些特性解决一些实际问题.

习题与复习题参考答案

4.1 微分中值定理与洛必达法则

4.1.1 微分中值定理

导数是刻画函数在某一点处变化率的数学模型，它反映了函数在这一点处的局部变化形态，而函数的变化趋势及图像特征是函数在某区间上的整体变化形态. 微分中值定理是在理论上给出函数在某区间的整体性质与该区间内部一点的导数之间的关系，由于这些性质都与区间内部的某个中间值有关，因此被称为中值定理.

 笔记

微分中值定理包括罗尔中值定理、拉格朗日中值定理和柯西中值定理，它们是导数应用的基础.

罗尔（Rolle）中值定理 若函数 $f(x)$ 满足条件：

（1）在闭区间 $[a,b]$ 上连续；

（2）在开区间 (a,b) 内可导；

（3）$f(a)=f(b)$；

则在 (a,b) 内至少存在一点 ξ，使得 $f'(\xi)=0$.

几何意义 如果连续曲线除端点外，处处都有不垂直于 x 轴的切线，且两端点处的纵坐标相等，那么其上至少有一条平行于 x 轴的水平切线（如图 4-1 所示）.

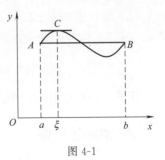

图 4-1

注意：罗尔中值定理的三个条件只是充分条件，不是必要条件，即若满足定理中三个条件，结论一定是成立的，反之，若不满足定理的条件，结论仍然有可能成立.

【例 1】 验证函数 $f(x)=\sin x$ 在区间 $[0,\pi]$ 上是否满足罗尔中值定理的条件，若满足，试求罗尔中值定理中 ξ 的值.

解 $f(x)=\sin x$ 在 $[0,\pi]$ 上连续，且在 $(0,\pi)$ 内可导，

又 $f(0)=f(\pi)=0$，所以在 $[0,\pi]$ 上满足罗尔中值定理条件.

由于 $f'(x)=\cos x$，令 $f'(x)=\cos x=0$，

解得 $x=\dfrac{\pi}{2}\in(0,\pi)$，即所求 $\xi=\dfrac{\pi}{2}$.

在罗尔中值定理中，条件 $f(a)=f(b)$ 比较特殊，若把这个条件去掉并相应地改变结论就得到微分学中十分重要的拉格朗日中值定理.

拉格朗日（Lagrange）中值定理 若函数 $f(x)$ 满足条件：

（1）在闭区间 $[a,b]$ 上连续；

（2）在开区间 (a,b) 内可导；

则在 (a,b) 内至少存在一点 ξ，使得 $f'(\xi)=\dfrac{f(b)-f(a)}{b-a}$.

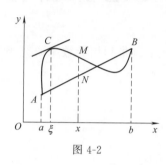

图 4-2

几何意义 如果连续曲线除端点外，处处都有不垂直于 x 轴的切线，那么其上至少有一条平行于连接两端点直线的切线（如图 4-2 所示）.

注意：拉格朗日中值定理是罗尔中值定理的推广，罗尔中值定理是拉格朗日中值定理的特例.

【例 2】 验证函数 $f(x)=\ln x$ 在区间 $[1,e]$ 上是否满足拉格朗日中值定理的条件，若满足，试求拉格朗日中值定理中 ξ 的值.

解 因为 $f(x)=\ln x$ 在 $[1,e]$ 上连续，在 $(1,e)$ 内可导，则 $f(x)=\ln x$ 满足拉格朗日中值定理的条件.

因为 $f'(x)=\dfrac{1}{x}$，且 $\dfrac{1}{x}=\dfrac{f(e)-f(1)}{e-1}=\dfrac{1-0}{e-1}=\dfrac{1}{e-1}$，

所以 $x=e-1\in(1,e)$，

即所求 $\xi=e-1$.

柯西（Cauchy）中值定理 如果函数 $f(x)$ 和 $F(x)$ 满足条件：

（1）在闭区间 $[a,b]$ 上连续；

（2）在开区间内 (a,b) 可导；

（3）对任意的 $x\in(a,b)$，$F'(x)\neq0$；

则在 (a,b) 内至少有一点 ξ，使得

$$\frac{f(b)-f(a)}{F(b)-F(a)}=\frac{f'(\zeta)}{F'(\zeta)}$$

注意：柯西中值定理是拉格朗日中值定理的推广.

4.1.2 洛必达法则

洛必达法则是以导数为工具求解一些未定式极限的法则.

4.1.2.1 "$\dfrac{0}{0}$" 型和 "$\dfrac{\infty}{\infty}$" 型未定式的极限

定义 1 若当 $x\to x_0$（或 $x\to\infty$）时，函数 $F(x)$ 和 $\Phi(x)$ 都趋向于零（或趋向于 ∞），则极限 $\lim\limits_{\substack{x\to x_0\\(x\to\infty)}}\dfrac{F(x)}{\Phi(x)}$ 可能存在、也可能不存在，通常称此类型极限为 "$\dfrac{0}{0}$" 型

（或 "$\dfrac{\infty}{\infty}$" 型）未定式.

例如：（1）$\lim\limits_{x \to 0} \dfrac{\tan x}{x}$ 是 "$\dfrac{0}{0}$" 型的未定式；

（2）$\lim\limits_{x \to +\infty} \dfrac{x^2}{e^x}$ 是 "$\dfrac{\infty}{\infty}$" 型的未定式.

下面给出一种求未定式极限的有效方法，它主要用于求 "$\dfrac{0}{0}$" 型和 "$\dfrac{\infty}{\infty}$" 型未定式的极限.

定理1 设 $F(x)$、$\Phi(x)$ 满足：

（1）当 $x \to x_0$ 时，函数 $F(x)$ 和 $\Phi(x)$ 都趋于零；

（2）在 x_0 点的某邻域（可能去掉 x_0 点）内，$F'(x)$ 和 $\Phi'(x)$ 都存在，且 $\Phi'(x) \neq 0$；

（3）$\lim\limits_{x \to x_0} \dfrac{F'(x)}{\Phi'(x)}$ 存在（或等于 ∞），则 $\lim\limits_{x \to x_0} \dfrac{F(x)}{\Phi(x)} = \lim\limits_{x \to x_0} \dfrac{F'(x)}{\Phi'(x)}$.

这种在一定条件下，通过分子、分母分别求导，再求出极限来确定未定式的值的方法，称为**洛必达法则**.

说明：（1）当 $x \to \infty$ 时，该法则仍然成立，有 $\lim\limits_{x \to \infty} \dfrac{F(x)}{\Phi(x)} = \lim\limits_{x \to \infty} \dfrac{F'(x)}{\Phi'(x)}$；

（2）如果 $\lim\limits_{\substack{x \to x_0 \\ (x \to \infty)}} \dfrac{F'(x)}{\Phi'(x)}$ 仍属于 "$\dfrac{0}{0}$" 型（或 "$\dfrac{\infty}{\infty}$" 型），且 $F'(x)$ 和 $\Phi'(x)$ 满足洛必达法则的条件，可继续使用洛必达法则，即 $\lim\limits_{\substack{x \to x_0 \\ (x \to \infty)}} \dfrac{F(x)}{\Phi(x)} = \lim\limits_{\substack{x \to x_0 \\ (x \to \infty)}} \dfrac{F'(x)}{\Phi'(x)} = \lim\limits_{\substack{x \to x_0 \\ (x \to \infty)}} \dfrac{F''(x)}{\Phi''(x)} = \Lambda$；

（3）对 $x \to x_0$（或 $x \to \infty$）时的未定式 "$\dfrac{\infty}{\infty}$" 型，也有相应的洛必达法则；

（4）洛必达法则是充分条件.

在应用洛必达法则时，主要检查是否为 "$\dfrac{0}{0}$" 型与 "$\dfrac{\infty}{\infty}$" 型，书写的格式可以简化.

【例3】 求 $\lim\limits_{x \to 1} \dfrac{x^2 - 1}{x - 1}$.

解 是 "$\dfrac{0}{0}$" 型.

$$\lim_{x \to 1} \dfrac{x^2 - 1}{x - 1} = \lim_{x \to 1} \dfrac{(x^2 - 1)'}{(x - 1)'} = \lim_{x \to 1} \dfrac{2x}{1} = \lim_{x \to 1} 2x = 2$$

【例4】 求 $\lim\limits_{x \to 4} \dfrac{x^2 - 7x + 12}{x^2 - 5x + 4}$.

解 是 "$\dfrac{0}{0}$" 型.

$$\lim_{x \to 4} \dfrac{x^2 - 7x + 12}{x^2 - 5x + 4} = \lim_{x \to 4} \dfrac{(x^2 - 7x + 12)'}{(x^2 - 5x + 4)'} = \lim_{x \to 4} \dfrac{2x - 7}{2x - 5} = \dfrac{1}{3}$$

📝 笔记

【例 5】 求 $\lim\limits_{x \to 1} \dfrac{x^3 - 3x + 2}{x^3 - x^2 - x + 1}$.

解 是 "$\dfrac{0}{0}$" 型.

$$\lim_{x \to 1} \frac{x^3 - 3x + 2}{x^3 - x^2 - x + 1} = \lim_{x \to 1} \frac{(x^3 - 3x + 2)'}{(x^3 - x^2 - x + 1)'} = \lim_{x \to 1} \frac{3x^2 - 3}{3x^2 - 2x - 1} = \lim_{x \to 1} \frac{6x}{6x - 2} = \frac{3}{2}$$

【例 6】 求 $\lim\limits_{x \to 0} \dfrac{(\sqrt{x+1} - 1)}{x}$.

解 是 "$\dfrac{0}{0}$" 型.

$$\lim_{x \to 0} \frac{(\sqrt{x+1} - 1)}{x} = \lim_{x \to 0} \frac{(\sqrt{x+1} - 1)'}{(x)'} = \lim_{x \to 0} \frac{\left[(x+1)^{\frac{1}{2}} - 1\right]'}{(x)'}$$

$$= \lim_{x \to 0} \frac{\frac{1}{2}(x+1)^{-\frac{1}{2}}(x+1)'}{1} = \lim_{x \to 0} \frac{1}{2\sqrt{x+1}} = \frac{1}{2}$$

【例 7】 求 $\lim\limits_{x \to 0} \dfrac{\sin x}{x}$.

解 是 "$\dfrac{0}{0}$" 型.

📝 **笔 记**

$$\lim_{x \to 0} \frac{\sin x}{x} = \lim_{x \to 0} \frac{(\sin x)'}{(x)'} = \lim_{x \to 0} \frac{\cos x}{1} = 1$$

【例 8】 求 $\lim\limits_{x \to 0} \dfrac{x - \sin x}{x(e^{x^2} - 1)}$.

解 是 "$\dfrac{0}{0}$" 型.

$$\lim_{x \to 0} \frac{x - \sin x}{x(e^{x^2} - 1)} = \lim_{x \to 0} \frac{x - \sin x}{x \cdot x^2} = \lim_{x \to 0} \frac{x - \sin x}{x^3}$$

$$= \lim_{x \to 0} \frac{1 - \cos x}{3x^2} = \lim_{x \to 0} \frac{\frac{1}{2}x^2}{3x^2} = \lim_{x \to 0} \frac{1}{6} = \frac{1}{6}$$

说明：有时洛必达法则与无穷小量等价代换综合使用，效果会更好.

【例 9】 求 $\lim\limits_{x \to \infty} \dfrac{3x^2 - 4x - 5}{4x^2 + x + 2}$.

解 是 "$\dfrac{\infty}{\infty}$" 型.

$$\lim_{x \to \infty} \frac{3x^2 - 4x - 5}{4x^2 + x + 2} = \lim_{x \to \infty} \frac{(3x^2 - 4x - 5)'}{(4x^2 + x + 2)'} = \lim_{x \to \infty} \frac{6x - 4}{8x + 1} = \lim_{x \to \infty} \frac{(6x - 4)'}{(8x + 1)'} = \lim_{x \to \infty} \frac{6}{8} = \frac{3}{4}$$

【例 10】 求 $\lim\limits_{x \to +\infty} \dfrac{\ln x}{x}$.

解 是 "$\dfrac{\infty}{\infty}$" 型.

$$\lim_{x \to +\infty} \frac{\ln x}{x} = \lim_{x \to +\infty} \frac{(\ln x)'}{(x)'} = \lim_{x \to +\infty} \frac{\frac{1}{x}}{1} = \lim_{x \to +\infty} \frac{1}{x} = 0$$

【例 11】 求 $\lim\limits_{x \to +\infty} \dfrac{x^2}{e^x}$.

解 是 "$\dfrac{\infty}{\infty}$" 型.

$$\lim_{x \to +\infty} \frac{x^2}{e^x} = \lim_{x \to +\infty} \frac{2x}{e^x} = 2 \cdot \lim_{x \to +\infty} \frac{1}{e^x} = 0$$

说明：洛必达法则可以重复使用，只要是 "$\dfrac{0}{0}$" 型与 "$\dfrac{\infty}{\infty}$" 型，就可以继续使用该法则.

4.1.2.2 其它类型未定式的极限

关键：将其转化为洛必达法则可解决的 "$\dfrac{0}{0}$" 型与 "$\dfrac{\infty}{\infty}$" 型.

【例 12】 求 $\lim\limits_{x \to 1} \left(\dfrac{2}{x^2-1} - \dfrac{1}{x-1} \right)$.

解 是 "$\infty - \infty$" 型.

$$\lim_{x \to 1} \left(\frac{2}{x^2-1} - \frac{1}{x-1} \right) = \lim_{x \to 1} \left(\frac{2}{x^2-1} - \frac{x+1}{x^2-1} \right) = \lim_{x \to 1} \frac{1-x}{x^2-1} \left(\text{"} \frac{0}{0} \text{"型} \right) = \lim_{x \to 1} \frac{(1-x)'}{(x^2-1)'} = \lim_{x \to 1} \frac{-1}{2x} = -\frac{1}{2}$$

【例 13】 求 $\lim\limits_{x \to 0} \left(\dfrac{1}{\sin x} - \dfrac{1}{x} \right)$.

解 是 "$\infty - \infty$" 型.

$$\lim_{x \to 0} \left(\frac{1}{\sin x} - \frac{1}{x} \right) = \lim_{x \to 0} \frac{x - \sin x}{x \cdot \sin x} = \lim_{x \to 0} \frac{x - \sin x}{x \cdot x}$$

$$= \lim_{x \to 0} \frac{1 - \cos x}{2x} = \lim_{x \to 0} \frac{\frac{1}{2} x^2}{2x} = \lim_{x \to 0} \frac{x}{4} = 0$$

【例 14】 求 $\lim\limits_{x \to +\infty} x e^{-x}$.

解 是 "$0 \cdot \infty$" 型.

$$\lim_{x \to +\infty} x e^{-x} = \lim_{x \to +\infty} \frac{x}{e^x} \left(\text{"} \frac{\infty}{\infty} \text{"型} \right) = \lim_{x \to +\infty} \frac{1}{e^x} = 0$$

【例 15】 求 $\lim\limits_{x \to 0^+} x^n \cdot \ln x \, (n > 0)$.

解 是 "$0 \cdot \infty$" 型.

$$\lim_{x \to 0^+} x^n \cdot \ln x = \lim_{x \to 0^+} \frac{\ln x}{x^{-n}} \left(\text{"} \frac{\infty}{\infty} \text{"型} \right)$$

$$= \lim_{x \to 0^+} \frac{(\ln x)'}{(x^{-n})'} = \lim_{x \to 0^+} \frac{\frac{1}{x}}{-nx^{-n-1}} = \lim_{x \to 0^+} \frac{-x^n}{n} = 0$$

小结 （1）洛必达法则是求 "$\dfrac{0}{0}$" 型与 "$\dfrac{\infty}{\infty}$" 型未定式极限的有效方法，但非

📝 笔 记

未定式极限却不能直接使用，需要转化成"$\dfrac{0}{0}$"型或"$\dfrac{\infty}{\infty}$"型才能用，因此在实际运算时，每使用一次洛必达法则，必须验证是不是"$\dfrac{0}{0}$"型或"$\dfrac{\infty}{\infty}$"型.

（2）将等价无穷小代换等求极限的方法与洛必达法则结合起来使用，可简化计算.

（3）洛必达法则是充分条件，当条件不满足时，未定式的极限需要用其它方法求，但不能说此未定式的极限不存在.

（4）有些函数的极限虽然满足洛必达法则的条件，但未必能用洛必达法则解出来，比如极限 $\lim\limits_{x\to+\infty}\dfrac{\sqrt{1+x^2}}{x}$ 就不能用洛必达法则求解，请读者考虑这是为什么.

习题 4-1

1. 验证下列函数满足罗尔中值定理的条件，并求出定理中的 ξ.

(1) $f(x)=x^2-x-5,x\in[-2,3]$ 　　(2) $f(x)=x^2-3x-4,x\in[-1,4]$

2. 验证下列函数满足拉格朗日中值定理的条件，并求出定理中的 ξ.

(1) $f(x)=1+\dfrac{1}{x},x\in[1,2]$ 　　(2) $f(x)=1-x^2,x\in[0,3]$

3. 求下列各题的极限.

笔 记

(1) $\lim\limits_{x\to0}\dfrac{\ln(1+x)}{\sin x}$ 　　(2) $\lim\limits_{x\to0}\dfrac{e^x-1}{\sin x}$

(3) $\lim\limits_{x\to+\infty}\dfrac{x}{e^x}$ 　　(4) $\lim\limits_{x\to+\infty}\dfrac{\ln(e^x+1)}{e^x}$

(5) $\lim\limits_{x\to0}\dfrac{\tan x-x}{x^2\tan x}$ 　　(6) $\lim\limits_{x\to0}\left(\cot x-\dfrac{1}{x}\right)$

(7) $\lim\limits_{x\to a}\dfrac{x^m-a^m}{x^n-a^n}(a\neq0,m、n\text{ 为整数})$ 　　(8) $\lim\limits_{x\to0^+}\ln x\ln(1+x)$

(9) $\lim\limits_{x\to0}\left(\dfrac{1}{x}-\dfrac{1}{e^x-1}\right)$ 　　(10) $\lim\limits_{x\to1}\left(\dfrac{x}{x-1}-\dfrac{1}{\ln x}\right)$

4.2 函数的极值

4.2.1 函数单调性的判定法

如果函数 $y=f(x)$ 在 $[a,b]$ 上单调增加（或单调减少），那么它的图形是一条沿 x 轴正向上升（或下降）的曲线，这时曲线上各点切线的倾斜角都是锐角（或钝角），即这时曲线的各点处的切线斜率是非负的（或是非正的），即 $f'(x)\geqslant0$（或 $f'(x)\leqslant0$）. 由此可见，函数的单调性与导数的符号有着密切的关系. 反过来，能否用导数的符号来判定函数的单调性呢？

定理 1 设函数 $y=f(x)$ 在 $[a,b]$ 上连续，在 (a,b) 内可导.

（1）如果在 (a,b) 内 $f'(x)>0$，那么函数 $y=f(x)$ 在 $[a,b]$ 上单调增加；

（2）如果在 (a,b) 内 $f'(x)<0$，那么函数 $y=f(x)$ 在 $[a,b]$ 上单调减少.

注意：（1）定理中的闭区间可换成其它各种区间，结论同样成立；

（2）此定理仅仅是函数 $f(x)$ 在区间 $[a,b]$ 上单调增加（或单调减少）的充分条件；

（3）若函数 $f(x)$ 在区间 $[a,b]$ 上有 $f'(x)=0$ 恒成立，说明 $f(x)$ 在区间 $[a,b]$ 上既不是单调增加也不是单调减少的；

（4）有些函数在整个定义域内是单调的，但有些函数在它的定义区间内并不是单调的，用导数等于零的点来划分函数的定义区间以后，就可以使函数在各个部分区间上单调，这个结论对于在定义区间上有连续导数的函数都是成立的，如果函数在某点处不可导，则划分函数的定义区间的分界点还应包括导数不存在的点.

确定函数单调性的一般步骤：

① 确定函数的定义域；

② 求出 $f'(x)=0$ 和 $f'(x)$ 不存在的点，并将这些点作为分界点，把定义域分成若干个子区间；

③ 分区间确定 $f'(x)$ 的符号，从而判定出 $f(x)$ 的单调性.

【例1】 讨论函数 $y=x^3$ 的单调性.

解 定义域为 $(-\infty,+\infty)$，

由于 $y'=(x^3)'=3x^2$

令 $y'=0$，得 $x=0$

在 $(-\infty,0)$ 内，$y'>0$

 笔 记

在 $(0,+\infty)$ 内，$y'>0$

所以函数 $y=x^3$ 在 $(-\infty,0)\bigcup(0,+\infty)$ 内单调递增.

【例2】 判定函数 $y=x-\sin x$ 在 $(0,2\pi)$ 上的单调性.

解 因为在 $(0,2\pi)$ 内，$y'=1-\cos x>0$，

所以由判定法可知，函数 $y=x-\sin x$ 在 $(0,2\pi)$ 上单调增加.

【例3】 讨论函数 $y=e^x-x-1$ 的单调性.

解 由于 $y'=e^x-1$，且函数 $y=e^x-x-1$ 的定义域为 $(-\infty,+\infty)$，

令 $y'=0$，得 $x=0$

在 $(-\infty,0)$ 内，$y'<0$，所以函数 $y=e^x-x-1$ 在 $(-\infty,0)$ 上单调减少；

在 $(0,+\infty)$ 内，$y'>0$，所以函数 $y=e^x-x-1$ 在 $(0,+\infty)$ 上单调增加.

【例4】 讨论函数 $f(x)=1-(x-2)^{\frac{2}{3}}$ 的单调性.

解 函数的定义域为 $(-\infty,+\infty)$，

当 $x\neq2$ 时，$f'(x)=-\dfrac{2}{3}(x-2)^{-\frac{1}{3}}$，

当 $x=2$ 时，函数 $f'(x)$ 不存在，

以2为分界点，将定义域 $(-\infty,+\infty)$ 分成 $(-\infty,2)$ 和 $(2,+\infty)$ 两部分.

因为 $x<2$ 时，$f'(x)>0$，所以函数在 $(-\infty,2)$ 上单调增加；

因为 $x>2$ 时，$f'(x)<0$，所以函数在 $(2,+\infty)$ 上单调减少.

由该例可以看出，当函数 $y=f(x)$ 在 $[a,b]$ 内连续，在 (a,b) 内仅有个别点不可导时，这些点很可能改变函数的单调性。

4.2.2 函数的极值及其求法

定义 1 设函数 $f(x)$ 在点 x_0 近旁有定义，如果对于点 x_0 的近旁任意一点 x，且 $x \neq x_0$，恒有

$$f(x) < f(x_0) \ (\text{或} \ f(x) > f(x_0))$$

则称 $f(x_0)$ 是函数 $f(x)$ 的一个**极大值**（或极小值），x_0 称为**极大值点**（或**极小值点**）.

函数的极大值与极小值统称为函数的**极值**，极大值点与极小值点统称为函数的极值点.

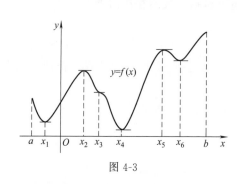

图 4-3

如图 4-3 所示，x_1、x_4、x_6 是极小值点，x_2、x_5 是极大值点. 从图中可以看出，有的时候极小值会比极大值大，如 $f(x_6) > f(x_2)$，这是因为极值是在一个邻域内的最大值或最小值，而不是在整个所考虑的定义域内的最大值或最小值，即函数的极大值和极小值是局部特性. 如何求解函数的极值呢？只要求出极值点即可. 在图 4-3 中还发现：函数取得极值处，曲线上的切线是水平的，即函数在此点处导数为零，于是有下述定理：

定理 2（极值点的必要条件） 设函数 $f(x)$ 在点 x_0 处可导，且在 x_0 处取得极值，那么函数在 x_0 处的导数为零，即 $f'(x_0) = 0$.

说明：（1）定理 2 的逆定理不一定成立，如图 4-3 中的点 x_3.

（2）为了区分极值点和导数为零的点，把导数为零的点（即方程 $f'(x) = 0$ 的实根）称为函数的**驻点**. 定理 2 就是说：可导函数 $f(x)$ 的极值点必定是函数的驻点，但反过来，函数 $f(x)$ 的驻点却不一定是极值点. 比如，函数 $f(x) = x^3$ 在 $x = 0$ 处的情况，显然 $x = 0$ 是函数 $f(x) = x^3$ 的驻点，但 $x = 0$ 却不是函数 $f(x) = x^3$ 的极值点. 那么，驻点满足什么条件就是极值点了呢？极值点是不是仅仅在驻点中寻找呢？请看下面的定理：

定理 3（极值点的第一充分条件） 设函数 $f(x)$ 在点 x_0 的近旁（这里 $x \neq x_0$）可导，且 $f'(x_0) = 0$ 或 $f'(x_0)$ 不存在.

（1）当 $x < x_0$ 时，$f'(x) > 0$，而当 $x > x_0$ 时，$f'(x) < 0$，那么函数 $f(x)$ 在点 x_0 处取得极大值；

（2）当 $x < x_0$ 时，$f'(x) < 0$，而当 $x > x_0$ 时，$f'(x) > 0$，那么函数 $f(x)$ 在点 x_0 处取得极小值；

（3）当 $x < x_0$ 与 $x > x_0$ 时，$f'(x)$ 不变号，那么函数 $f(x)$ 在点 x_0 处没有极值.

定理 3 也可简单地这样说：当 x 在 x_0 的邻近渐增地经过 x_0 时，如果 $f'(x)$ 的符号由正变负，那么 $f(x)$ 在 x_0 处取得极大值；如果 $f'(x)$ 的符号由负变正，那么 $f(x)$ 在 x_0 处取得极小值；如果 $f'(x)$ 的符号并不改变，那么 $f(x)$ 在 x_0 处没

有极值.

应用定理 3 确定函数极值点和极值的步骤:

① 确定函数的定义域;

② 求出导数 $f'(x)$,并令 $f'(x_0)=0$,求出函数 $f(x)$ 的全部驻点和不可导点;

③ 列表(用上述各有效点将定义域分成若干个子区间,考察各子区间 $f'(x)$ 的符号,以便确定该点是否是极值点,若是极值点,还要按定理 3 确定对应的函数极值是极大值还是极小值);

④ 确定出函数的所有极值点和极值.

【例 5】 求函数 $y=x^2$ 的极值.

解 函数的定义域为 $(-\infty,+\infty)$,

$y'=(x^2)'=2x$,令 $y'=0$,得驻点 $x=0$.

列表讨论:

x	$(-\infty,0)$	0	$(0,+\infty)$
y'	$-$	0	$+$
y	$\searrow$	极小值 0	$\nearrow$

所以,函数的极小值为 $y\big|_{x=0}=0$,无极大值.

【例 6】 求函数 $f(x)=e^{x^3}$ 的极值.

解 函数的定义域为 $(-\infty,+\infty)$,

$f'(x)=(e^{x^3})'=e^{x^3}\cdot(x^3)'=3x^2\cdot e^{x^3}$.

令 $f'(x)=0$,得驻点 $x=0$

列表讨论:

笔记

x	$(-\infty,0)$	0	$(0,+\infty)$
$f'(x)$	$+$	0	$+$
$f(x)$	$\nearrow$	无极值	$\nearrow$

函数 $f(x)=e^{x^3}$ 无极值.

【例 7】 求函数 $f(x)=x-\dfrac{3}{2}x^{\frac{2}{3}}$ 的极值.

解 函数的定义域为 $(-\infty,+\infty)$,

$f'(x)=1-x^{-\frac{1}{3}}=\dfrac{\sqrt[3]{x}-1}{\sqrt[3]{x}}$,令 $f'(x_0)=0$,则得驻点 $x=1$,不可导点 $x=0$

列表讨论:

x	$(-\infty,0)$	0	$(0,1)$	1	$(1,+\infty)$
$f'(x)$	$+$	不存在	$-$	0	$+$
$f(x)$	$\nearrow$	极大值 0	$\searrow$	极小值 $-\dfrac{1}{2}$	$\nearrow$

极大值为 $f(0)=0$,极小值为 $f(1)=-\dfrac{1}{2}$.

【例 8】 求函数 $f(x)=(x-4)\sqrt[3]{(x+1)^2}$ 的单调区间、极值及极值点.

解 （1）函数的定义域为 $(-\infty,+\infty)$.

（2）$f'(x)=\left((x-4)\sqrt[3]{(x+1)^2}\right)'=\left((x-4)(x+1)^{\frac{2}{3}}\right)'=(x-4)'(x+1)^{\frac{2}{3}}+$

$$(x-4)\left((x+1)^{\frac{2}{3}}\right)'=(x+1)^{\frac{2}{3}}+(x-4)\cdot\frac{2}{3}(x+1)^{-\frac{1}{3}}$$

$$=(x+1)^{\frac{2}{3}}+\frac{2(x-4)}{3(x+1)^{\frac{1}{3}}}=\frac{3(x+1)^{\frac{2}{3}}\cdot(x+1)^{\frac{1}{3}}+2x-8}{3(x+1)^{\frac{1}{3}}}$$

$$=\frac{3(x+1)+2x-8}{3(x+1)^{\frac{1}{3}}}=\frac{5(x-1)}{3(x+1)^{\frac{1}{3}}}$$

令 $f'(x)=0$，得 $x=1$，不可导的点 $x=-1$.

（3）列表讨论

x	$(-\infty,-1)$	-1	$(-1,1)$	1	$(1,+\infty)$
$f'(x)$	$+$	不存在	$-$	0	$+$
$f(x)$	↗	极大值 0	↘	极小值 $-3\sqrt[3]{4}$	↗

（4）单调增区间为 $(-\infty,-1)$ 和 $(1,+\infty)$，

单调减区间为 $(-1,1)$，

极大值为 $f(-1)=0$，极大值点为 $x=-1$，

 笔 记

极小值 $f(1)=-3\sqrt[3]{4}$，极小值点为 $x=1$.

定理 4（极值点的第二充分条件） 设函数 $f(x)$ 在点 x_0 处具有二阶导数，且 $f'(x_0)=0$，$f''(x_0)\neq0$，那么

（1）当 $f''(x_0)<0$ 时，函数 $f(x)$ 在 x_0 处取得极大值；

（2）当 $f''(x_0)>0$ 时，函数 $f(x)$ 在 x_0 处取得极小值.

说明：（1）极值点的第二充分条件的适用范围较小，如果函数 $f(x)$ 在驻点 x_0 处的二阶导数 $f''(x_0)\neq0$，那么该点 x_0 一定是极值点，并可以按 $f''(x_0)$ 的符号来判定 x_0 是极大值点还是极小值点. 但如果 $f''(x_0)=0$，定理 4 就不能应用了.

（2）不可导点不能用此定理.

【例 9】 求函数 $f(x)=2x^3+3x^2-12x+1$ 的极值点.

解 函数的定义域为 $(-\infty,+\infty)$，

$f'(x)=6x^2+6x-12=6(x-1)(x+2)$，令 $f'(x)=0$，则得驻点 $x_1=-2$，$x_2=1$，

$f''(x)=12x+6=6(2x+1)$，

所以，$f''(-2)=-18<0$，$f''(1)=18>0$，因此 $f(x)$ 在 $x=-2$ 处取得极大值，在 $x=1$ 处取得极小值.

4.2.3 函数在闭区间上的最值问题

在工农业生产、工程技术及科学实验中，常常会遇到这样一类问题：在一定条件下，怎样使"产品最多""用料最省""成本最低""效率最高"等，这类问题在数学上有时可归结为求某一函数（通常称为"目标函数"）的最大值或最小值问题.

设函数 $f(x)$ 在闭区间 $[a,b]$ 上连续，根据闭区间上连续函数的性质可知，闭区间 $[a,b]$ 上连续的函数 $f(x)$，在 $[a,b]$ 上一定有最大值和最小值. 根据分析，函数的最大值、最小值可能出现在区间内部，也可能在区间的端点处取得. 如果最大（小）值不在区间的端点处取得，则必在开区间 (a,b) 内取得，在这种情况下，最大（小）值一定在函数的极大（小）值中取到. 因此，函数在闭区间 $[a,b]$ 上的最大（小）值一定是函数的所有极大（小）值和函数在区间端点的函数值中最大（小）者.

【例10】 求函数 $f(x)=x^4-2x^2+5$ 在 $[-2,2]$ 上的最大值和最小值.

解 $f'(x)=4x^3-4x=4x(x+1)(x-1)$，令 $f'(x_0)=0$，则 $x=0$，$x=-1$，$x=1$.

由于 $f(-1)=4$；$f(0)=5$；$f(1)=4$；$f(2)=13$；$f(-2)=13$

因此，函数 $f(x)=x^4-2x^2+5$ 在 $[-2,2]$ 上的最大值为 $f(2)=f(-2)=13$，最小值为 $f(-1)=f(1)=4$.

在解决实际问题中，往往根据问题的性质可以断定函数 $f(x)$ 确实有最大值或最小值，并且一定在定义区间内部取得，这时如果 $f(x)$ 在定义区间内部只有一个驻点 x_0，那么不必讨论 $f(x_0)$ 是否是极值就可断定 $f(x_0)$ 是最大值或最小值.

【例11】 某房地产公司有50套公寓要出租，当租金定为每月180元时，公寓会全部租出去. 当租金每月增加10元时，就有一套公寓租不出去，而租出去的房子每月需花费20元的整修维护费. 试问房租定为多少可获得最大收入？

解 设房租为每月 x 元，租出去的房子有 $\left(50-\dfrac{x-180}{10}\right)$ 套

每月总收入为 $R(x)=(x-20)\left(50-\dfrac{x-180}{10}\right)$

$R(x)=(x-20)\left(68-\dfrac{x}{10}\right)$，$R'(x)=\left(68-\dfrac{x}{10}\right)+(x-20)\left(-\dfrac{1}{10}\right)=70-\dfrac{x}{5}$

$R'(x)=0 \Rightarrow x=350$ （唯一驻点）

故每月每套租金为350元时收入最高，最大收入为 $R(x)=(350-20)\left(68-\dfrac{350}{10}\right)=$ 10890（元）

习题 4-2

1. 求下列函数的单调区间.

(1) $y=x^3-3x^2+5$ 　　　　(2) $y=x-\ln(1+x)$

2. 求下列函数的极值点.

(1) $y=2x^3-6x^2-18x+7$ 　　　　(2) $y=x+\sqrt{1-x}$

(3) $y=2x^2-\ln x$ 　　　　(4) $y=(x+2)^2(x-1)^3$

3. 求下列函数在给定区间上的最值.

(1) $y=x^2-4x+6$ 　$[-3,10]$ 　　　　(2) $y=x+\dfrac{1}{x}$ 　$\left[\dfrac{1}{2},2\right]$

(3) $y=x+2\sqrt{x}$ 　$[0,4]$ 　　　　(4) $y=2x^2-\ln x$ 　$\left[\dfrac{1}{3},3\right]$

4. 要造一个长方形的无盖蓄水池，其体积为 500 立方米，底面为正方形，设底面与四壁的单位造价相同，问底边和高各为多少米时，才能使所用材料最省？

5. 现有长为 6 米的木料，加工成一个"日"字形的窗框，问它的边长和宽分别为多少时，才能使窗框的面积最大？最大面积为多少？

4.3 曲线的凹凸性和拐点

上一节中对函数的单调性、极值、最大值与最小值进行了讨论，使我们知道了函数变化的大致情况．但这还不够，因为同属单调递增的两个可导函数的图形，虽然从左到右曲线都在上升，但它们的弯曲方向却可以不同．如图 4-4 中的曲线为凹的，而图 4-5 中的曲线为凸的．

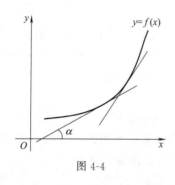

图 4-4

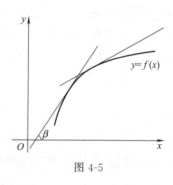

图 4-5

研究曲线的图形时，考虑它们的弯曲状况及改变弯曲方向的点是十分必要的．

定义 1 设函数 $y = f(x)$ 在开区间 (a, b) 内可导，

(1) 若曲线 $y = f(x)$ 都在切线的上方，则称它在 (a, b) 内是凹的，此时区间 (a, b) 称为函数 $y = f(x)$ 的**凹区间**；

(2) 若曲线 $y = f(x)$ 都在切线的下方，则称它在 (a, b) 内是凸的，此时区间 (a, b) 称为函数 $y = f(x)$ 的**凸区间**．

定义 2 设函数 $y = f(x)$ 在所考虑的区间内可导，则曲线 $y = f(x)$ 的凹弧与凸弧的分界点称为曲线 $y = f(x)$ 的**拐点**．

如何判断曲线的凹凸呢？

从图 4-4 和图 4-5 明显看出，凹的曲线的斜率 $\tan\alpha = f'(x)$（其中 α 为切线的倾斜角）随着 x 的增大而增大，即 $f'(x)$ 为单调递增函数；凸的曲线斜率 $f'(x)$ 随着 x 的增大而减小，也就是说，$f'(x)$ 为单调递减函数．而 $f'(x)$ 的单调性可由二阶导数 $f''(x)$ 来判定，因此，有下述定理．

定理 1 设函数 $y = f(x)$ 在 $[a, b]$ 上连续，在 (a, b) 内具有一阶和二阶导数．

(1) 如果在 (a, b) 内 $f''(x) > 0$，那么函数 $y = f(x)$ 在 (a, b) 内是凹的；

(2) 如果在 (a, b) 内 $f''(x) < 0$，那么函数 $y = f(x)$ 在 (a, b) 内是凸的．

定理 2（拐点的必要条件） 若函数 $f(x)$ 在点 x_0 的近旁二阶导数存在，且 $(x_0, f(x_0))$ 为曲线 $y = f(x)$ 的拐点，则 $f''(x_0) = 0$，反之未必成立．

例如，函数 $y = x^4$，有 $y'' = 12x^2$，且 $y''\big|_{x=0} = 0$，但在 $(-\infty, 0)$ 内 $y'' = 12x^2 >$

0，在（0，+∞）内 $y''=12x^2>0$，所以曲线 $y=x^4$ 在（−∞，+∞）内是凹的．也就是说，虽然 $y''\big|_{x=0}=0$，但（0，0）不是该曲线的拐点．

如何寻找曲线的拐点呢？

定理3 设函数 $f(x)$ 在点 x_0 的近旁二阶导数存在，$f''(x_0)=0$，若 $f''(x)$ 在 x_0 点的左、右两侧符号相反，则（$x_0,f(x_0)$）是曲线的拐点，若符号相同，则（$x_0,f(x_0)$）不是曲线的拐点．

确定曲线 $y=f(x)$ 的凹凸区间和拐点的步骤：

① 确定函数 $y=f(x)$ 的定义域；

② 求出函数的二阶导数 $f''(x)$，并求出使二阶导数为零的点和使二阶导数不存在的点；

③ 直接判断或者列表判断；

④ 确定出曲线凹凸区间和拐点．

【例1】 判断曲线 $y=x^3$ 的凹凸性及拐点．

解 函数的定义域为（−∞，+∞）

$y'=3x^2$，$y''=6x$，令 $y''=0$，得 $x=0$．

当 $x<0$ 时，$y''<0$，所以曲线在（−∞，0）内为凸的；

当 $x>0$ 时，$y''>0$，所以曲线在（0，+∞）内为凹的．

所以，曲线 $y=x^3$ 的凸区间（−∞，0），凹区间（0，+∞），拐点（0，0）．

【例2】 判断曲线 $f(x)=x^4-2x^3+1$ 的凹凸性及拐点．

解 函数的定义域为（−∞，+∞），

$f'(x)=(x^4-2x^3+1)'=4x^3-6x^2$

$f''(x)=(4x^3-6x^2)'=12x^2-12x$

令 $f''(x)=0$，得 $x=0$，$x=1$．

列表讨论：

x	（−∞，0）	0	（0，1）	1	（1，+∞）
y''	+	0	−	0	+
y	凹	拐点 (0,1)	凸	拐点 (1,0)	凹

所以，曲线 $f(x)=x^4-2x^3+1$ 的凸区间为（0，1），凹区间为（−∞，0）和（1，+∞），拐点为（0，1），（1，0）．

【例3】 讨论曲线 $y=\dfrac{x+1}{x}$ 的凹凸性以及拐点．

解 函数的定义域为（−∞，0）$\bigcup$（0，+∞）

$y'=-\dfrac{1}{x^2}$，$y''=\dfrac{2}{x^3}$，令 $y''=0$，无解

列表讨论：

x	（−∞，0）	（0，+∞）
y''	−	+
y	凸	凹

所以，曲线 $y=\dfrac{x+1}{x}$ 的凸区间 $(-\infty,0)$，凹区间 $(0,+\infty)$，无拐点.

【例 4】 讨论曲线 $f(x)=(x-2)^{\frac{5}{3}}$ 的凹凸性以及拐点.

解 函数的定义域为 $(-\infty,+\infty)$

$$f'(x)=((x-2)^{\frac{5}{3}})'=\frac{5}{3}(x-2)^{\frac{2}{3}}$$

$$f''(x)=\left(\frac{5}{3}(x-2)^{\frac{2}{3}}\right)'=\frac{10}{9}(x-2)^{-\frac{1}{3}}=\frac{10}{9\sqrt[3]{x-2}}$$

显然，当 $x=2$ 时，$f'(x)=0$，$f''(2)$ 不存在.

列表讨论:

x	$(-\infty,2)$	2	$(2,+\infty)$
y''	$-$	不存在	$+$
y	凸	拐点 $(2,0)$	凹

所以，曲线 $f(x)=(x-2)^{\frac{5}{3}}$ 的凸区间 $(-\infty,2)$，凹区间 $(2,+\infty)$，拐点为 $(2,0)$.

关于曲线的凹凸性及拐点的讨论，既可用文字叙述，又可用列表的方法讨论，建议读者使用列表讨论的方法，这样更直观些.

📝 **笔记**

习题 4-3

1. 求下列曲线的凹凸区间和拐点.

(1) $y=2x^3+3x^2+x+2$　　　　　　(2) $y=\ln(1+x^2)$

(3) $y=x+\dfrac{x}{x-1}$　　　　　　　(4) $y=(x-2)^{\frac{5}{3}}$

2. 已知曲线 $y=x^3+ax^2-9x+4$ 在点 $x=1$ 处有拐点，试确定常数 a，并求曲线的拐点和凹凸区间.

4.4 函数图形的描绘

4.4.1 曲线的渐近线

定义 1 如果曲线 $y=f(x)$ 上的一点沿着曲线远离原点时，该点与某一定直线的距离趋于零，则称此定直线为曲线 $y=f(x)$ 的一条渐近线.

4.4.1.1 水平渐近线

设曲线 $y=f(x)$ 的定义域为无限区间，如果 $\lim\limits_{x\to\infty}f(x)=b$（或 $\lim\limits_{x\to+\infty}f(x)=b$ 或 $\lim\limits_{x\to-\infty}f(x)=b$）（$b$ 为常数），那么直线 $y=b$ 就是曲线 $y=f(x)$ 的一条水平渐近线

（平行于 x 轴的直线）.

例如，曲线 $y=\arctan x$ 有两条水平渐近线分别为直线 $y=\dfrac{\pi}{2}$ 和直线 $y=-\dfrac{\pi}{2}$.

【例1】 求曲线 $y=\mathrm{e}^x$ 的水平渐近线.

解 因为 $\lim\limits_{x\to-\infty}\mathrm{e}^x=0$

所以直线 $y=0$ 就是曲线 $y=\mathrm{e}^x$ 的水平渐近线.

4.4.1.2 垂直渐近线

如果 $\lim\limits_{x\to x_0}f(x)=\infty$ （或 $\lim\limits_{x\to x_0^+}f(x)=\infty$ 或 $\lim\limits_{x\to x_0^-}f(x)=\infty$），那么直线 $x=x_0$ 就是曲线 $y=f(x)$ 的一条垂直渐近线（垂直于 x 轴的直线）.

例如，曲线 $y=\dfrac{1}{(x+2)(x-3)}$ 有两条垂直渐近线分别为直线 $x=-2$ 和直线 $x=3$.

【例2】 求曲线 $y=\dfrac{1}{x}$ 的垂直渐近线和水平渐近线.

解 因为 $\lim\limits_{x\to0^-}\dfrac{1}{x}=-\infty$

$\lim\limits_{x\to0^+}\dfrac{1}{x}=+\infty$

所以直线 $x=0$ 就是曲线 $y=\dfrac{1}{x}$ 的垂直渐近线.

又因为 $\lim\limits_{x\to-\infty}\dfrac{1}{x}=0$，$\lim\limits_{x\to+\infty}\dfrac{1}{x}=0$

所以直线 $y=0$ 就是曲线 $y=\dfrac{1}{x}$ 的水平渐近线.

4.4.2 函数图形的描绘

函数 $y=f(x)$ 图形的描绘，一般步骤如下：

① 确定函数 $y=f(x)$ 的定义域、对称性、周期性、奇偶性等；

② 求函数 $y=f(x)$ 的一阶导数 $f'(x)$ 和二阶导数 $f''(x)$；并求解方程 $f'(x)=0$，$f''(x)=0$，以及一阶导数不存在的点；

③ 列表分析，确定曲线的单调性、极值和凹凸性、拐点；

④ 确定曲线的水平渐近线、垂直渐近线；

⑤ 确定并描出曲线上极值对应的点、拐点、与坐标轴的交点、其它特殊点，补充适当的点；

⑥ 连接这些点，并用平滑的曲线描绘函数的图形.

【例3】 描绘 $f(x)=x^3$ 的图形.

解 （1）函数的定义域为 $(-\infty,+\infty)$，

由于 $f(-x)=(-x)^3=-x^3=-f(x)$，

所以 $f(x)=x^3$ 是奇函数，图形关于原点对称.

（2）$f'(x)=(x^3)'=3x^2$，$f''(x)=(3x^2)'=6x$

令 $f'(x)=0$，得驻点 $x=0$；令 $f''(x)=0$，得 $x=0$

（3）列表讨论

x	$(-\infty,0)$	0	$(0,+\infty)$
$f'(x)$	$+$	0	$+$
$f''(x)$	$-$	0	$+$
$f(x)$	Z	拐点$(0,0)$	Z

（4）计算辅助点：$(-1,-1)$，$(1,1)$，$(-2,-8)$，$(2,8)$；

（5）描点连线，画出图形，如图 4-6 所示.

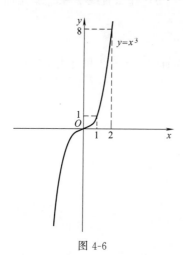

图 4-6

【例 4】 描绘函数 $y=\dfrac{1}{3}x^3-x$ 的图形.

解 （1）函数的定义域为 $(-\infty,\infty)$，由于

$$f(-x)=\frac{1}{3}(-x)^3-(-x)=-\left(\frac{1}{3}x^3-x\right)=-y(x)，$$

所以 $y=\dfrac{1}{3}x^3-x$ 是奇函数，图形关于原点对称；

（2）$y'=x^2-1=(x+1)(x-1)$，$y''=2x$

令 $y'=0$，得 $x=-1$、$x=1$，

令 $y''=0$，得 $x=0$；

（3）列表分析：（其中"$\nearrow$"表示曲线上升而且是凸的，"$\searrow$"表示曲线下降而且是凸的，"$\searrow$"表示曲线下降而且是凹的，"$\nearrow$"表示曲线上升而且是凹的）

x	$(-\infty,-1)$	-1	$(-1,0)$	0	$(0,1)$	1	$(1,+\infty)$
y'	$+$	0	$-$	$-$	$-$	0	$+$
y''	$-$	$-$	$-$	0	$+$	$+$	$+$
y	$\nearrow$	极大值$\dfrac{2}{3}$	$\searrow$	拐点$(0,0)$	$\searrow$	极小值$-\dfrac{2}{3}$	$\nearrow$

（4）因为当 $x\to+\infty$ 时，$y\to+\infty$；当 $x\to-\infty$ 时，$y\to-\infty$，故无水平渐近线；

（5）计算辅助点：$\left(-1,\dfrac{2}{3}\right)$，$\left(1,-\dfrac{2}{3}\right)$，$(-\sqrt{3},0)$，$(\sqrt{3},0)$；

（6）描点连线，画出图形，如图 4-7 所示.

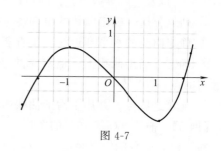

图 4-7

【例 5】 描绘函数 $f(x)=\mathrm{e}^{-x^2}$ 的图形.

解 （1）函数的定义域为 $(-\infty,+\infty)$，偶函数，图形关于 y 轴对称，且 $y>0$，所以图形在 x 轴上方.

（2）$f'(x)=-2x\mathrm{e}^{-x^2}$，$f''(x)=2(2x^2-1)\mathrm{e}^{-x^2}$

令 $f'(x)=0$，得 $x=0$；令 $f''(x)=0$，得 $x=\pm\dfrac{1}{\sqrt{2}}$

（3）列表讨论：

x	$\left(-\infty,-\dfrac{1}{\sqrt{2}}\right)$	$-\dfrac{1}{\sqrt{2}}$	$\left(-\dfrac{1}{\sqrt{2}},0\right)$	0	$\left(0,\dfrac{1}{\sqrt{2}}\right)$	$\dfrac{1}{\sqrt{2}}$	$\left(\dfrac{1}{\sqrt{2}},+\infty\right)$
$f'(x)$	$+$	$+$	$+$	0	$-$	$-$	$-$
$f''(x)$	$+$	0	$-$	$-$	$-$	0	$+$
$f(x)$	↗	拐点 $\left(-\dfrac{1}{\sqrt{2}},e^{-\frac{1}{2}}\right)$	↗	极大值 1	↘	拐点 $\left(\dfrac{1}{\sqrt{2}},e^{-\frac{1}{2}}\right)$	↘

（4）由于 $\lim\limits_{x\to\infty}e^{-x^2}=0$，所以曲线有水平渐近线 $y=0$；

（5）计算辅助点：$\left(-1,\dfrac{1}{e}\right)$，$\left(1,\dfrac{1}{e}\right)$，$(0,1)$，$\left(-\dfrac{1}{\sqrt{2}},e^{-\frac{1}{2}}\right)$，$\left(\dfrac{1}{\sqrt{2}},e^{-\frac{1}{2}}\right)$；

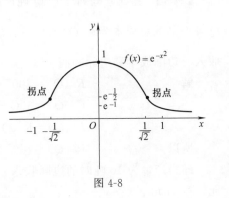

图 4-8

（6）先作出区间 $(0,+\infty)$ 内的图形，然后利用对称性作出区间 $(-\infty,0)$ 内的图形，如图 4-8 所示.

习题 4-4

1. 求下列函数的渐近线.

（1）$y=\dfrac{1}{x-1}$ 　　　　　　　　（2）$y=x\sin\dfrac{1}{x}$

（3）$y=\dfrac{2x^2+3x-4}{x^2}$ 　　　　　（4）$y=e^{\frac{1}{x}}-1$

2. 描绘下列函数的图形.

（1）$y=x^3-6x^2+9x-2$ 　　　　　（2）$y=\dfrac{x}{1+x^2}$

（3）$y=2-x-x^3$ 　　　　　　　　（4）$y=e^{\frac{1}{x}}$

4.5 导数在经济中的应用

本节主要利用导数以及导数的特性解决经济中的一些问题，比如边际问题、弹性问题、最大利润问题、最大收益问题以及平均成本最小问题.

4.5.1 边际问题

设函数 $y=f(x)$. 在经济分析中，经常用"边际"这个概念来描述一个变量 y 关于另一个变量 x 的变化情况，它表示在 x 的某一个值的"边缘"上 y 的变化情况，也就是说当 x 发生微小的变化时 y 的变化情况，这就和前面学过的函数 $y=f(x)$ 的导数 $f'(x)$ 是函数的变化率联系了起来.

定义 1 假设需求量 $Q>0$，则称成本函数为 $C=C(Q)$ 的导数 $C'(Q)$ 为**边际成本**；称收益函数 $R=R(Q)$ 的导数 $R'(Q)$ 为**边际收益**，称利润函数 $L=L(Q)$ 的导数 $L'(Q)$ 为**边际利润**.

注意：利润函数等于收益函数与成本函数之差，即 $L(Q)=R(Q)-C(Q)$，则由导数的四则运算可知 $L'(Q)=R'(Q)-C'(Q)$，即边际利润为边际收益与边际成本之差.

【例 1】 某工厂每月生产 Q 吨产品的总收入 $R(Q)=200Q-Q^2$（万元），而生产 Q 吨产品的总成本为 $C(Q)=40+15Q^2-\dfrac{2}{3}Q^3$（万元），试求产量为 10 吨时的边际收入、边际成本和边际利润.

解
$$R'(Q)=200-2Q$$
$$C'(Q)=30Q-2Q^2$$
$$L'(Q)=R'(Q)-C'(Q)=200-32Q+2Q^2$$

所以 $R'(Q)=180$，$C'(10)=100$，$L'(10)=80$

即当产量为 10 吨时的边际收入、边际成本和边际利润分别为 180 万元、100 万元、80 万元.

4.5.2 弹性问题

在实际情况中，不但要考虑函数变化率的问题，还要考虑一个变量对另外一个变量的敏感程度，这一敏感程度称之为弹性. 因此，把某一变量的单位相对变化量导致的另一变量的相对变化量称之为**弹性**.

定义 2 假设函数 $y=f(x)$ 在点 x 处可导，且 $f(x)\neq 0$，则称 $x \cdot \dfrac{f'(x)}{f(x)}$ 为函数 $y=f(x)$ 在 x 点的弹性. 记作：$\dfrac{Ey}{Ex}$ 或 $\dfrac{Ef(x)}{Ex}$.

注意：(1) $\dfrac{Ef(x)}{Ex}=x\dfrac{f'(x)}{f(x)}$；

(2) 函数 $y=f(x)$ 在点 x 的弹性与任何度量单位无关，并且它表示（实际上是近似表示）当自变量由 x 起始改变 1% 时，函数 $y=f(x)$ 相应改变的百分数.

【例 2】 求函数 $y=x^3-1$ 的弹性.

解 $\dfrac{Ey}{Ex}=x \cdot \dfrac{y'}{y}=x \cdot \dfrac{3x^2}{x^3-1}=\dfrac{3x^3}{x^3-1}$

定义 3 假设需求量 Q 与价格 P 的函数关系为 $Q=Q(P)$，则价格 P 变动的比率

所引起的需求量 Q 变动的比率称为**需求的价格弹性**，又称为**需求弹性**，记作：$\dfrac{EQ}{EP}$ 或 E_d. 即

$$E_d = \dfrac{\dfrac{\Delta Q(P)}{Q(P)}}{\dfrac{\Delta P}{P}} = \dfrac{\Delta Q(P)}{\Delta P} \cdot \dfrac{P}{Q(P)}$$

注意：（1）需求弹性是以价格 P 为自变量，需求量 Q 为因变量的弹性关系，它表明了需求量 Q 对市场价格 P 的变动做出的反应程度；

（2）上述公式还可以表示为：$E_d = \lim\limits_{\Delta P \to 0} \dfrac{\Delta Q(P)}{\Delta P} \cdot \dfrac{P}{Q(P)} = Q'(P) \cdot \dfrac{P}{Q(P)} = P \cdot \dfrac{Q'(P)}{Q(P)}$.

【例3】 某款式牛仔裤价格为 50 元时，需求量为 300 条，当价格为 60 元时，需求量为 260 条，求当价格为 50 元时需求弹性，并解释其经济意义.

解 由题意可表示出此款牛仔裤需求量 Q 与价格 P 的函数关系 $Q = Q(P)$

$$E_d = \dfrac{\Delta Q(P)}{\Delta P} \cdot \dfrac{P}{Q(P)} = \dfrac{260 - 300}{60 - 50} \cdot \dfrac{50}{300} = -\dfrac{2}{3} \approx -0.67$$

即价格为 50 元时，需求弹性为 -0.67，表示价格在 50 元时价格增加 1%，需求减少 0.67%.

【例4】 设某商品的需求函数是 $Q = 200\mathrm{e}^{-0.1P}$，求价格为 50 元时的需求弹性，并解释其经济意义.

解 由于 $\dfrac{EQ}{EP} = P \cdot \dfrac{Q'(P)}{Q(P)} = P \cdot \dfrac{200\mathrm{e}^{-0.1P} \cdot (-0.1)}{200\mathrm{e}^{-0.1P}} = -0.1P$,

所以 $$\left.\dfrac{EQ}{EP}\right|_{P=50} = -5$$

即价格为 50 元时，需求弹性为 -5，表示价格在 50 元时增加 1%，需求减少 5%.

4.5.3 利润最大问题

假设收益函数为 $R(Q)$，成本函数为 $C(Q)$，则利润函数为

$$L(Q) = R(Q) - C(Q)$$

利润函数的导数为

$$L'(Q) = R'(Q) - C'(Q)$$

为了使利润最大，只要满足

$$L'(Q) = 0 \ 且 \ L''(Q) < 0$$

即

$$R'(Q) = C'(Q) \ 且 \ R''(Q) < C''(Q)$$

结论：使利润为最大的产量正是使边际收益等于边际成本且收益函数二阶导数值小于成本函数二阶导数值的产量.

【例5】 设收益函数和成本函数分别为

$$R(Q) = 5 + 30Q + 7Q^2$$

$$C(Q) = Q^3 - \frac{3}{2}Q^2 + 40Q + 1$$

求利润最大时的产量和最大利润.

解　由于 $R'(Q) = 30 + 14Q$，$C'(Q) = 3Q^2 - 3Q + 40$，则利润函数为

$$L(Q) = R(Q) - C(Q) = -Q^3 + \frac{17}{2}Q^2 - 10Q + 4$$

$$L'(Q) = -3Q^2 + 17Q - 10$$

令 $L'(Q) = 0$，即 $L'(Q) = -3Q^2 + 17Q - 10 = 0$

解得

$$Q_1 = \frac{3}{2}, \quad Q_2 = 5$$

又

$$L''(Q) = -6Q + 17$$

$$L''(\frac{3}{2}) = 8 > 0, \quad L''(5) = -13 < 0$$

仅当 $Q = 5$ 时，有 $L''(Q) < 0$，因此利润最大时的产量 $Q = 5$，最大利润为 $L(5) = 41.5$.

4.5.4　收益最大问题

若产品以固定价格销售，销售量越多，总收益越多，没有最大值问题.

若产品的价格与需求量都不固定，则收益函数 $R(Q)$ 的最大值问题，有两种方式求解：

(1) 用极值存在条件求. 只要 $R'(Q) = 0$.

(2) 用需求弹性求. 若需求函数 $Q = Q(P)$ 是单调递减的，则收益函数 $R(P) = Q(P) \cdot P$，且

$$R'(P) = [Q(P) \cdot P]' = Q'(P) \cdot P + Q(P) = Q(P)\left[\frac{Q'(P)}{Q(P)} \cdot P + 1\right] = Q(P)(E_d + 1)$$

注意到 $Q(P) > 0$，所以当 $E_d = -1$ 时，$R'(P) = 0$，此时收益最大.

结论　使收益为最大的产量正是使需求弹性 $E_d = -1$ 的产量.

【例6】　某企业收益函数为 $R(Q) = 20Q - Q^2$，求收益最大时的产量和最大收益.

解法一　$R'(Q) = 20 - 2Q$，令 $R'(Q) = 0$，则 $Q = 10$，此时最大收益 $R(10) = 100$.

解法二　由价格和收益之间的关系知：$P = \dfrac{R(Q)}{Q} = 20 - Q$

所以 $Q = 20 - P$，Q 是 P 单调递减函数，

由收益函数极值存在的条件知，

$$E_d = \frac{\mathrm{d}Q}{\mathrm{d}P} \cdot \frac{P}{Q} = -\frac{P}{20 - P} = -1$$

解得 $P = 10$，此时 $Q = 10$，最大收益 $R(10) = 100$.

4.5.5　平均成本最低问题

假设成本函数为 $C(Q)$，则平均成本函数为 $\overline{C}(Q) = \dfrac{C(Q)}{Q}$，可求得平均成本函

📝 **笔记**

数的导数为

$$\overline{C}'(Q) = \left[\frac{C(Q)}{Q}\right]' = \frac{C'(Q) \cdot Q - C(Q)}{Q^2}$$

若使平均成本函数在 Q 处达到最小值，则

$$\overline{C}'(Q) = 0$$

所以

$$C'(Q) \cdot Q - C(Q) = 0$$

即

$$C'(Q) = \overline{C}'(Q)$$

结论 使平均成本为最小的产量正是使边际成本等于平均成本的产量.

【例 7】 设某产品的总成本是产量 Q 的函数 $C(Q) = 4Q^2 + 38Q + 384$，求使平均成本最低的产出水平及最低平均成本.

解 由总成本函数 $C(Q) = 4Q^2 + 38Q + 384$，求得平均成本函数

$$\overline{C}(Q) = \frac{C(Q)}{Q} = 4Q + 38 + \frac{384}{Q}$$

$$C'(Q) = 8Q + 38$$

由 $\overline{C}(Q) = C'(Q)$，有

$$4Q + 38 + \frac{384}{Q} = 8Q + 38$$

解得

$$Q = \sqrt{96} \approx 9.798 \text{（台）（只取正值）}$$

因此，当产量为 10 台时，平均成本最低，最低平均成本为

$$\overline{C}(10) = (4Q + 38 + \frac{384}{Q})|_{Q=10} = 116.4$$

📝 笔记

习题 4-5

1. 设某产品的收益函数为 $R(Q) = 80Q - 0.1Q^2$，总成本函数为 $C(Q) = 5000 + 20Q$（其中 Q 是需求量，P 是商品价格），计算 $Q = 150$ 和 $Q = 400$ 时的边际利润.

2. 设某种商品的需求量 Q 与价格 P 的关系为 $Q(P) = 1600\left(\frac{1}{4}\right)^P$.

(1) 求需求弹性 $E(P)$；

(2) 当商品的价格 $P = 10$ 时，再增加 1%，求该商品需求量变化情况.

3. 求下列函数的弹性.

(1) $y = 3x + 5$ （2) $y = 1 - \sqrt{x}$

4. 设某产品的收益函数为 $R(Q) = 38Q - 4Q^2$，成本函数为 $C(Q) = Q^3 - 9Q^2 + 36Q + 6$，问产量为多少时，利润最大？

5. 设总成本函数和总收益函数分别为 $C(Q) = Q^3 - 9Q^2 + 33Q + 10$，$R(Q) = 18Q$，求利润最大时的产量、价格和最大利润.

6. 设价格函数 $P = 15e^{-\frac{Q}{3}}$.

(1) 用总收益函数求利润最大时的产量、价格和收益；

(2) 用需求价格弹性求收益最大时的产量、价格.

7. 某厂商的收益函数为 $R(Q)=10Q-1.5Q^2$，求收益最大时的产量和最大收益.

8. 某厂每天生产某种产品 Q 千件的总成本函数是 $C=\dfrac{1}{2}Q^2+36Q+9800$，为使平均成本最低，每天产量为多少？每件产品的平均成本为多少？

复习题 4

一、填空题

1. 函数 $f(x)=1-x^2$ 在 $[-1，2]$ 上满足拉格朗日中值定理的 ξ 值为＿＿＿＿＿＿.

2. $\lim\limits_{x\to+\infty}\dfrac{\ln(1+x)}{e^r}=$ ＿＿＿＿＿＿.

3. 函数 $y=x-\ln(1+x)$ 的单调减少区间为＿＿＿＿＿＿.

4. 函数 $y=x+\dfrac{4}{x}$ 的凹区间为＿＿＿＿＿＿.

5. 曲线 $y=x^3$ 的拐点为＿＿＿＿＿＿.

6. 函数 $y=x^2+(2-x)^2$ 在 $[0,2]$ 上的最大值点为＿＿＿＿＿＿，最大值为＿＿＿＿＿＿.

7. $y=\dfrac{4(x-1)}{x^2}$ 的渐近线为＿＿＿＿＿＿.

8. 已知总成本函数为 $C(Q)=Q^3-12Q^2+60Q+800$，则当产量 $Q=3$ 时的边际成本为＿＿＿.

9. 函数 $f(x)=e^x$ 的弹性为＿＿＿＿＿＿.

10. 设收益函数 $R(Q)=20+Q^2$，成本函数 $C(Q)=10+2Q$，则利润函数为＿＿＿＿＿＿.

二、选择题

1. 下列给定的极限都存在，不能使用洛必达法则的为（　　）.

A. $\lim\limits_{x\to\infty}\dfrac{x-\sin x}{x+\sin x}$ 　　　　　　　B. $\lim\limits_{x\to0}\dfrac{x-\sin x}{x+\sin x}$

C. $\lim\limits_{x\to+\infty}x\left(\dfrac{\pi}{2}-\arctan x\right)$ 　　　D. $\lim\limits_{x\to0}\dfrac{\ln(1+x)}{\tan x}$

2. 若 x_0 是函数 $f(x)$ 的驻点，则下列命题不正确的是（　　）.

A. 函数 $y=f(x)$ 在点 x_0 处连续

B. 函数 $y=f(x)$ 在点 x_0 处可导

C. 函数 $y=f(x)$ 在点 x_0 处有极值

D. 曲线 $y=f(x)$ 在点 $(x_0，y_0)$ 处的切线平行于 x 轴

3. 若 x_0 是函数 $f(x)$ 的极值点，则下列命题正确的是（　　）.

A. $f'(x_0)=0$ 　　　　　　　　　B. $f'(x_0)\neq0$

C. $f'(x_0)=0$ 或 $f'(x_0)$ 不存在 　　　D. $f'(x_0)$ 不存在

4. 曲线 $y=x^3-12x+1$ 在 $(0，2)$ 内（　　）.

A. 单调上升　　　B. 单调下降　　　C. 凹的　　　D. 凸的

5. 设当 $a<x<b$ 时，$f'(x)<0$ 且 $f''(x)<0$，则在区间 $(a，b)$ 内，函数 $y=f(x)$ 的图形为（　　）.

A. 沿 x 轴正向下降且为凹的　　　B. 沿 x 轴正向下降且为凸的

C. 沿 x 轴正向上升且为凹的　　　D. 沿 x 轴正向上升且为凸的

三、解答题

1. 求极限.

（1）$\lim\limits_{x\to+\infty}\dfrac{x^2}{e^x}$ 　　　　　　　（2）$\lim\limits_{x\to1}\dfrac{1-x^3}{\ln x}$

2. 已知函数 $y = x - e^x$，求函数的增减区间、极值、函数图形的凹凸区间以及拐点．

3. 描绘函数 $y = x - \ln x$ 的图形．

4. 若销售量 Q 与价格 P 的函数关系为 $Q(P) = 10000 - P$，求销售量 Q 关于价格 P 的弹性函数．

5. 设工厂生产某种产品，固定成本为 10000 元，每多生产一单位产品成本增加 100 元，该产品的需求函数为 $Q = 500 - 2P$，求工厂日产量 Q 为多少时，总利润最大？

6. 某产品的价格与需求量的关系为 $P = 20 - \dfrac{Q}{4}$，求收益函数及需求量为 20 时的总收益．

7. 已知某商品的成本函数为 $C(Q) = 1000 + \dfrac{Q^2}{10}$，求边际成本和平均成本．当产量 Q 为多少时平均成本最小，最小平均成本为多少？

笔记

第5章

不定积分

习题与复习
题参考答案

　　一般来说，在数学中，一种运算的出现都会伴随着它的逆运算，例如，有加法就有减法、有乘法就有除法、有乘方就有开方，等等．导数的运算也不例外，它也有逆运算，这就是本章所讲的不定积分．那么，什么是不定积分呢？即给定一个函数 $f(x)$，寻求一个可导函数 $F(x)$，使得它的导数等于所给的函数，即 $F'(x)=f(x)$，这就是积分学的基本问题之一．

5.1　原函数与不定积分的概念

📝 笔 记

5.1.1　原函数的概念

　　定义 1　设函数 $f(x)$ 在区间 D 上有定义，若存在函数 $F(x)$，使对该区间 D 上的任一点都有

$$F'(x)=f(x)$$

或

$$\mathrm{d}F(x)=f(x)\mathrm{d}x$$

则称函数 $F(x)$ 为 $f(x)$ 在区间 D 上的一个**原函数**.

　　【例 1】　求函数 $f(x)=2x$ 的一个原函数.

　　解　在区间 $(-\infty,+\infty)$ 内，有 $(x^2)'=2x$，

　　所以，x^2 是函数 $f(x)=2x$ 在区间 $(-\infty,+\infty)$ 内的一个原函数.

同时，还可以看出：

　　$(x^2+1)'=2x,(x^2+2)'=2x,\cdots,(x^2+C)'=2x$（$C$ 为任意常数），所以 x^2+1，x^2+2，$\cdots$，x^2+C 都是函数 $f(x)=2x$ 的原函数.

　　【例 2】　求函数 $f(x)=\mathrm{e}^x$ 的一个原函数.

　　解　在区间 $(-\infty,+\infty)$ 内，有 $(\mathrm{e}^x)'=\mathrm{e}^x$，

　　所以，e^x 是函数 $f(x)=\mathrm{e}^x$ 在区间 $(-\infty,+\infty)$ 内的一个原函数.

同时，还可以看出：

　　$(\mathrm{e}^x+1)'=\mathrm{e}^x,(\mathrm{e}^x+2)'=\mathrm{e}^x,\cdots,(\mathrm{e}^x+C)'=\mathrm{e}^x$（$C$ 为任意常数），所以 e^x+1，e^x+2，$\cdots$，e^x+C 都是函数 $f(x)=\mathrm{e}^x$ 的原函数.

【例 3】 求函数 $f(x)=\cos x$ 的一个原函数.

解 在区间 $(-\infty, +\infty)$ 内，有 $(\sin x)'=\cos x$，

所以，$\sin x$ 是函数 $f(x)=\cos x$ 在区间 $(-\infty, +\infty)$ 内的一个原函数.
同时，还可以看出：

$(\sin x+1)'=\cos x$，$(\sin x+2)'=\cos x$，$\cdots$，$(\sin x+C)'=\cos x$（C 为任意常数），
所以 $\sin x+1$，$\sin x+2$，$\cdots$，$\sin x+C$ 都是函数 $f(x)=\cos x$ 的原函数.

关于原函数有如下结论：

定理 1（原函数存在定理）　若函数 $f(x)$ 在区间 D 上连续，则函数 $f(x)$ 在区间 D 上必有原函数.

定理 2（原函数结构定理）　若已知函数 $f(x)$ 有一个原函数，则该函数就有无穷多个原函数存在，其中任意两个原函数之差为一个常数.

说明：定理 2 的后半部分意思就是说，假设 $F(x)$ 和 $G(x)$ 均是函数 $f(x)$ 的原函数，则 $G(x)-F(x)=C$（C 为任意常数），且 $f(x)$ 的任意一个原函数均可以表示成 $F(x)+C$ 的形式.

5.1.2　不定积分的概念

定义 2　函数 $f(x)$ 在某区间上的全部原函数 $F(x)+C$（C 为任意常数）称为函数 $f(x)$ 在该区间上的不定积分. 记作 $\int f(x)\mathrm{d}x$，即

$$\int f(x)\mathrm{d}x=F(x)+C$$

其中：" $\int$ "称为**积分号**，x 称为**积分变量**，$f(x)$ 称为**被积函数**，$f(x)\mathrm{d}x$ 称为**被积表达式**，C 称为**积分常数**.

几何意义：从几何方面来看，不定积分表示一族积分曲线. 事实上，设 $F(x)$ 是 $f(x)$ 的一个原函数，则 $y=F(x)$ 在平面上表示一条曲线，称它为 $f(x)$ 的一条**积分曲线**. 如果将曲线 $y=F(x)$ 沿着 y 轴方向向上或向下做任意平行移动，就得到一族积分曲线，由此得到不定积分的几何意义：函数 $f(x)$ 的不定积分 $\int f(x)\mathrm{d}x$ 是全部积分曲线所组成的积分曲线族，其方程为 $y=F(x)+C$. 显然，族中的每一条积分曲线在具有同一横坐标 x 的点处有互相平行的切线，其斜率都等于 $f'(x)$，如图 5-1 所示.

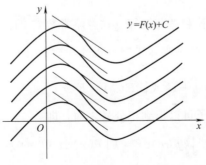

图 5-1

【例 4】 求函数 $f(x)=2x$ 的不定积分.

解 因为 $(x^2)'=2x$，所以

$$\int 2x \mathrm{d}x = x^2 + C$$

【例 5】 求函数 $f(x)=\mathrm{e}^x$ 的不定积分.

解 因为 $(\mathrm{e}^x)'=\mathrm{e}^x$，所以

$$\int \mathrm{e}^x \mathrm{d}x = \mathrm{e}^x + C$$

【例 6】 求函数 $f(x)=\cos x$ 的不定积分.

解 因为 $(\sin x)'=\cos x$，所以

$$\int \cos x \mathrm{d}x = \sin x + C$$

【例 7】 求函数 $f(x)=\sin x$ 的不定积分.

解 因为 $(-\cos x)'=\sin x$，所以

$$\int \sin x \mathrm{d}x = -\cos x + C$$

【例 8】 求函数 $f(x)=0$ 的不定积分.

解 假设 C 是常数，因为 $(C)'=0$，所以

$$\int 0 \mathrm{d}x = C$$

 笔 记

【例 9】 求函数 $f(x)=\dfrac{1}{x}$ 的不定积分.

解 当 $x>0$ 时，因为 $(\ln x)'=\dfrac{1}{x}$，所以

$$\int \frac{1}{x} \mathrm{d}x = \ln x + C \,(x>0)$$

当 $x<0$ 时，因为 $[\ln(-x)]'=\dfrac{1}{-x} \cdot (-1)=\dfrac{1}{x}$，所以

$$\int \frac{1}{x} \mathrm{d}x = \ln(-x) + C \ (x<0)$$

综上可得

$$\int \frac{1}{x} \mathrm{d}x = \ln|x| + C$$

5.1.3 不定积分的性质

性质 1 不定积分运算和微分运算（在忽略常数 C 的情况下）是互逆的，即

(1) $\left[\displaystyle\int f(x)\mathrm{d}x\right]'=f(x)$ 或 $\mathrm{d}\left[\displaystyle\int f(x)\mathrm{d}x\right]=f(x)\mathrm{d}x$ ；

(2) $\displaystyle\int F'(x)\mathrm{d}x = F(x)+C$ 或 $\displaystyle\int \mathrm{d}F(x)=F(x)+C$.

性质 2 非零常数因子可以提到积分号之前，即

$$\int k f(x)\mathrm{d}x = k\int f(x)\mathrm{d}x \ (k\neq 0)$$

性质 3 两个函数代数和的不定积分等于它们不定积分的代数和，即

$$\int [f(x) \pm g(x)] dx = \int f(x) dx \pm \int g(x) dx$$

这一性质可以推广到任意有限个函数代数和的情形，即

$$\int [f_1(x) \pm f_2(x) \pm \cdots \pm f_n(x)] dx = \int f_1(x) dx \pm \int f_2(x) dx \pm \cdots \pm \int f_n(x) dx$$

【例 10】　求下列不定积分.

(1) $\left(\int \cos x \, dx \right)'$　　　　　(2) $\int (\sin x)' dx$

解　利用不定积分的性质 1，可得

(1) $\left(\int \cos x \, dx \right)' = \cos x$

(2) $\int (\sin x)' dx = \sin x + C$

【例 11】　求不定积分 $\int 2\cos x \, dx$.

解　利用不定积分的性质 2，可得

$$\int 2\cos x \, dx = 2 \int \cos x \, dx$$
$$= 2(\sin x + C_1)$$
$$= 2\sin x + C$$

其中：$C = 2C_1$，且 C_1 为任意常数.

为了简化计算，今后在计算各项积分时，不必分别给出任意常数，只要在最后加一个就行了.

【例 12】　求不定积分 $\int (\sin x + \cos x) dx$.

解　利用不定积分的性质 3，可得

$$\int (\sin x + \cos x) dx = \int \sin x \, dx + \int \cos x \, dx$$
$$= -\cos x + \sin x + C$$
$$= \sin x - \cos x + C$$

【例 13】　求不定积分 $\int \left(e^x - \frac{1}{x} \right) dx$.

解　利用不定积分的性质 3，可得

$$\int \left(e^x - \frac{1}{x} \right) dx = \int e^x \, dx - \int \frac{1}{x} dx$$
$$= e^x - \ln |x| + C$$

【例 14】　求不定积分 $\int \left(e^x - 3\cos x + \frac{1}{x} \right) dx$.

解　利用不定积分的性质 2 和性质 3，可得

$$\int \left(e^x - 3\cos x + \frac{1}{x} \right) dx = \int e^x \, dx - 3\int \cos x \, dx + \int \frac{1}{x} dx$$
$$= e^x - 3\sin x + \ln |x| + C$$

笔 记

习题 5-1

1. 填空题.

(1) x^2 是_____的一个原函数，故 $\int$_____$\mathrm{d}x = x^2 + C$；

(2) 设 $f(x)$ 的一个原函数是 $\sin x$，则 $f(x) =$ _____；

(3) $\int \mathrm{e}^x \mathrm{d}x =$ _____；

(4) $\int \sin x \mathrm{d}x =$ _____；

(5) $\int f'(x) \mathrm{d}x =$ _____.

2. 选择题.

(1) 下列等式成立的是（   ）.

A. $\mathrm{d}\int f(x)\mathrm{d}x = f(x)$ B. $\dfrac{\mathrm{d}}{\mathrm{d}x}\int f(x)\mathrm{d}x = f(x)\mathrm{d}x$

C. $\dfrac{\mathrm{d}}{\mathrm{d}x}\int f(x)\mathrm{d}x = f(x) + C$ D. $\mathrm{d}\int f(x)\mathrm{d}x = f(x)\mathrm{d}x$

(2) 下列等式成立的是（   ）.

A. $\int \ln x \mathrm{d}x = \dfrac{1}{x} + C$ B. $\int x^3 \mathrm{d}x = 3x^2 + C$

C. $\int 2\mathrm{d}x = 2x + C$ D. $\int (\sin x - \cos x)\mathrm{d}x = \sin x + \cos x + C$

3. 利用不定积分的性质求解.

(1) $\left(\int \tan x \mathrm{d}x \right)'$ (2) $\int 5\mathrm{e}^x \mathrm{d}x$ (3) $\int (2x + \cos x - 1)\mathrm{d}x$

笔记

5.2 积分的基本公式

根据不定积分的定义，可以在微分法的基础上反过来得出积分法，把求导的基本公式反过来就得出积分的基本公式，列表如下：

导数的基本公式	不定积分的基本公式
$F'(x) = f(x)$	$\int f(x)\mathrm{d}x = F(x) + C$
(1) $(C)' = 0$ (C 为常数)	(1) $\int 0\mathrm{d}x = C$ (C 为常数)
(2) $x' = 1$	(2) $\int \mathrm{d}x = x + C$
(3) $(kx)' = k$ (k 为常数)	(3) $\int k\mathrm{d}x = kx + C$
(4) $(x^a)' = ax^{a-1}$	(4) $\int x^a \mathrm{d}x = \dfrac{1}{a+1}x^{a+1} + C$ $(a \neq -1)$
(5) $(\log_a x)' = \dfrac{1}{x\ln a}$	(5) $\int \dfrac{1}{x\ln a}\mathrm{d}x = \log_a x + C$

续表

导数的基本公式	不定积分的基本公式
$(6)(\ln x)' = \dfrac{1}{x}$	$(6) \displaystyle\int \dfrac{1}{x} \mathrm{d}x = \ln|x| + C$
$(7)(a^x)' = a^x \ln a$	$(7) \displaystyle\int a^x \mathrm{d}x = \dfrac{a^x}{\ln a} + C$
$(8)(\mathrm{e}^x)' = \mathrm{e}^x$	$(8) \displaystyle\int \mathrm{e}^x \mathrm{d}x = \mathrm{e}^x + C$
$(9)(\sin x)' = \cos x$	$(9) \displaystyle\int \cos x \mathrm{d}x = \sin x + C$
$(10)(\cos x)' = -\sin x$	$(10) \displaystyle\int \sin x \mathrm{d}x = -\cos x + C$
$(11)(\tan x)' = \sec^2 x$	$(11) \displaystyle\int \dfrac{1}{\cos^2 x} \mathrm{d}x = \int \sec^2 x \mathrm{d}x = \tan x + C$
$(12)(\cot x)' = -\csc^2 x$	$(12) \displaystyle\int \dfrac{1}{\sin^2 x} \mathrm{d}x = \int \csc^2 x \mathrm{d}x = -\cot x + C$
$(13)(\sec x)' = \sec x \tan x$	$(13) \displaystyle\int \sec x \tan x \mathrm{d}x = \sec x + C$
$(14)(\csc x)' = -\csc x \cot x$	$(14) \displaystyle\int \csc x \cot x \mathrm{d}x = -\csc x + C$
$(15)^*(\arcsin x)' = \dfrac{1}{\sqrt{1-x^2}}$	$(15)^* \displaystyle\int \dfrac{1}{\sqrt{1-x^2}} \mathrm{d}x = \arcsin x + C$
$(16)^*(\arccos x)' = \dfrac{-1}{\sqrt{1-x^2}}$	$(16)^* \displaystyle\int \dfrac{-1}{\sqrt{1-x^2}} \mathrm{d}x = \arccos x + C$
$(17)^*(\arctan x)' = \dfrac{1}{1+x^2}$	$(17)^* \displaystyle\int \dfrac{1}{1+x^2} \mathrm{d}x = \arctan x + C$
$(18)^*(\text{arccot} x)' = \dfrac{-1}{1+x^2}$	$(18)^* \displaystyle\int \dfrac{-1}{1+x^2} \mathrm{d}x = \text{arccot} x + C$

笔记

通过上表中基本公式的学习，大家在记忆导数的基本公式基础上，再来记忆不定积分的基本公式，就相对容易一些了．同时，可以利用上表中不定积分的基本公式进行不定积分的计算．

【例1】 求不定积分 $\displaystyle\int 3\mathrm{d}x$．

解 利用不定积分的基本公式：$\displaystyle\int k\mathrm{d}x = kx + C$，可得

$$\int 3\mathrm{d}x = 3x + C$$

【例2】 求不定积分 $\displaystyle\int x^2 \mathrm{d}x$．

解 利用不定积分的基本公式：$\displaystyle\int x^a \mathrm{d}x = \dfrac{1}{a+1} x^{a+1} + C \quad (a \neq -1)$，可得

$$\int x^2 \mathrm{d}x = \dfrac{1}{2+1} x^{2+1} + C$$

$$= \dfrac{1}{3} x^3 + C$$

【例 3】 求不定积分 $\int 5^x \, \mathrm{d}x$.

解 利用不定积分的基本公式：$\int a^x \, \mathrm{d}x = \dfrac{a^x}{\ln a} + C$ ，可得

$$\int 5^x \, \mathrm{d}x = \frac{5^x}{\ln 5} + C$$

【例 4】 求不定积分 $\int \dfrac{1}{x \ln 2} \, \mathrm{d}x$.

解 利用不定积分的基本公式：$\int \dfrac{1}{x \ln a} \, \mathrm{d}x = \log_a x + C$ ，可得

$$\int \frac{1}{x \ln 2} \, \mathrm{d}x = \log_2 x + C$$

【例 5】 求不定积分 $\int \sqrt{x} \, \mathrm{d}x$.

解 利用不定积分的基本公式：$\int x^a \, \mathrm{d}x = \dfrac{1}{a+1} x^{a+1} + C$ $(a \neq -1)$ ，可得

$$\int \sqrt{x} \, \mathrm{d}x = \int x^{\frac{1}{2}} \, \mathrm{d}x$$
$$= \frac{1}{\frac{1}{2}+1} x^{\frac{1}{2}+1} + C$$
$$= \frac{2}{3} x^{\frac{3}{2}} + C$$

 笔 记

【例 6】 求不定积分 $\int x^3 \sqrt{x} \, \mathrm{d}x$.

解 利用不定积分的基本公式：$\int x^a \, \mathrm{d}x = \dfrac{1}{a+1} x^{a+1} + C$ $(a \neq -1)$ ，可得

$$\int x^3 \sqrt{x} \, \mathrm{d}x = \int x^3 \cdot x^{\frac{1}{2}} \, \mathrm{d}x$$
$$= \int x^{\frac{7}{2}} \, \mathrm{d}x$$
$$= \frac{1}{\frac{7}{2}+1} x^{\frac{7}{2}+1} + C$$
$$= \frac{2}{9} x^{\frac{9}{2}} + C$$

【例 7】 求不定积分 $\int 5x^3 \, \mathrm{d}x$.

解 利用不定积分的性质和不定积分的基本公式：$\int x^a \, \mathrm{d}x = \dfrac{1}{a+1} x^{a+1} + C$ $(a \neq -1)$ ，可得

$$\int 5x^3 \, \mathrm{d}x = 5 \int x^3 \, \mathrm{d}x$$
$$= 5 \cdot \frac{1}{3+1} x^{3+1} + C$$

$$=\frac{5}{4}x^{4}+C$$

【例8】 求不定积分 $\int(3^{x}+x)\mathrm{d}x$.

解 利用不定积分的性质和不定积分的基本公式，可得

$$\int(3^{x}+x)\mathrm{d}x=\int3^{x}\mathrm{d}x+\int x\mathrm{d}x$$

$$=\frac{3^{x}}{\ln3}+\frac{1}{2}x^{2}+C$$

【例9】 求不定积分 $\int(x^{4}-1)^{2}\mathrm{d}x$.

解 利用不定积分的性质和不定积分的基本公式，可得

$$\int(x^{4}-1)^{2}\mathrm{d}x=\int(x^{8}-2x^{4}+1)\mathrm{d}x$$

$$=\int x^{8}\mathrm{d}x-2\int x^{4}\mathrm{d}x+\int\mathrm{d}x$$

$$=\frac{1}{9}x^{9}-\frac{2}{5}x^{5}+x+C$$

【例10】 求不定积分 $\int\frac{(\sqrt{x}+1)^{2}}{x}\mathrm{d}x$.

解 利用不定积分的性质和不定积分的基本公式，可得

$$\int\frac{(\sqrt{x}+1)^{2}}{x}\mathrm{d}x=\int\frac{x+2\sqrt{x}+1}{x}\mathrm{d}x$$

$$=\int\left(1+2x^{-\frac{1}{2}}+\frac{1}{x}\right)\mathrm{d}x$$

$$=\int\mathrm{d}x+2\int x^{-\frac{1}{2}}\mathrm{d}x+\int\frac{1}{x}\mathrm{d}x$$

$$=x+2\cdot\frac{1}{-\frac{1}{2}+1}x^{-\frac{1}{2}+1}+\ln|x|+C$$

$$=x+4\sqrt{x}+\ln|x|+C$$

 笔 记

【例11】 求不定积分 $\int\frac{x^{2}-8x+15}{x-5}\mathrm{d}x$.

解 利用不定积分的性质和不定积分的基本公式，可得

$$\int\frac{x^{2}-8x+15}{x-5}\mathrm{d}x=\int\frac{(x-3)(x-5)}{x-5}\mathrm{d}x$$

$$=\int(x-3)\mathrm{d}x$$

$$=\int x\mathrm{d}x-\int3\mathrm{d}x$$

$$=\frac{1}{2}x^{2}-3x+C$$

【例12】 求不定积分 $\int\left(4^{x}+\mathrm{e}^{x}-\sin\frac{\pi}{7}-\mathrm{e}^{2}\right)\mathrm{d}x$.

解 利用不定积分的性质和不定积分的基本公式，可得

$$\int\left(4^x + e^x - \sin\frac{\pi}{7} - e^2\right)dx = \int 4^x dx + \int e^x dx - \int \sin\frac{\pi}{7}dx - \int e^2 dx$$

$$= \frac{4^x}{\ln 4} + e^x - x\sin\frac{\pi}{7} - e^2 x + C$$

$$= \frac{4^x}{\ln 4} + e^x - \left(\sin\frac{\pi}{7} + e^2\right)x + C$$

习题 5-2

1. 填空题.

(1) $\int dx =$ _____

(2) $\int \cos x\, dx =$ _____

(3) $\int \frac{1}{x}dx =$ _____

(4) $\int 2\, dx =$ _____

(5) $\int x^4 dx =$ _____

(6) $\int 5x^2 dx =$ _____

(7) $\int \frac{1}{x^2}dx =$ _____

(8) $\int 2^x dx =$ _____

(9) 已知 $f'(x) = \frac{1}{x}$，且 $f(1) = 1$，则 $f(x) =$ _____

2. 求下列不定积分.

(1) $\int (4x^3 + 3x^2 + 2x - 1)dx$

(2) $\int \frac{1}{\sqrt{x}}dx$

(3) $\int (2^x - 3\cos x)dx$

(4) $\int (3\sin t - \csc^2 x)dt$

(5) $\int 3^x e^x dx$

(6) $\int \frac{x^2 + 7x + 12}{x + 4}dx$

(7) $\int \frac{x^4 - 1}{x^2 - 1}dx$

(8) $\int \frac{e^{2x} - 1}{e^x - 1}dx$

(9) $\int e^x\left(1 - \frac{e^{-x}}{x^2}\right)dx$

 笔记

5.3 换元积分法

利用前面介绍的不定积分的基本公式和性质，只能解决一些简单的不定积分的计算问题，为了解决更多较复杂的函数的不定积分问题，还需进一步学习其它的不定积分方法——换元积分法（简称"换元法"）. 本节主要讲解第一类换元积分法（又称为"凑微分法"）以及第二类换元积分法（又称为"变量置换法"），它们都是将所求不定积分变形成基本积分公式的形式，从而利用基本积分公式将其求解出来.

5.3.1 第一类换元积分法

定理 1 设函数 $f(u)$ 具有不定积分 $\int f(u)du = F(u) + C$，C 是任意常数，且 $u = \varphi(x)$ 可导，则

$$\int f[\varphi(x)]\varphi'(x)dx = F[\varphi(x)] + C$$

注释：① $\displaystyle\int f[\varphi(x)]\varphi'(x)\mathrm{d}x=\int f[\varphi(x)]\mathrm{d}\varphi(x)=\int f(u)\mathrm{d}u=F(u)+C=F[\varphi(x)]+C.$

② 当被积函数是一个复合函数乘以一个基本初等函数时，可以考虑第一类换元积分法．为了使大家容易掌握，以下分几种情况来介绍．

(1) 利用 $\mathrm{d}x=\dfrac{1}{a}\mathrm{d}(ax+b)$（$a$、$b$ 为常数，且 $a\neq0$）将常数凑微分

【例 1】 求不定积分 $\displaystyle\int\cos2x\,\mathrm{d}x$．

解 和不定积分的基本公式 $\displaystyle\int\cos x\,\mathrm{d}x=\sin x+C$ 相比较，本题不能直接用公式，又因为 $\cos2x$ 是一个复合函数，所以为了套用公式，可以将原积分作下列变形

$$\int\cos2x\,\mathrm{d}x=\int\cos2x\cdot\frac{1}{2}\mathrm{d}(2x)$$

$$\xrightarrow{\;\diamondsuit\,2x=u\;}\frac{1}{2}\int\cos u\,\mathrm{d}u$$

$$=\frac{1}{2}\sin u+C$$

$$\xrightarrow{\;\text{回代}\quad u=2x\;}\frac{1}{2}\sin2x+C$$

注释：结果是否正确可以通过求导来验证

$$\left(\frac{1}{2}\sin2x+C\right)'=\frac{1}{2}\cdot(\cos2x)\cdot2=\cos2x$$

【例 2】 求不定积分 $\displaystyle\int\mathrm{e}^{3x}\,\mathrm{d}x$．

解 和不定积分的基本公式 $\displaystyle\int\mathrm{e}^x\,\mathrm{d}x=\mathrm{e}^x+C$ 相比较，本题不能直接用公式，又因为 e^{3x} 是一个复合函数，所以为了套用公式，可以将原积分作下列变形

$$\int\mathrm{e}^{3x}\,\mathrm{d}x=\int\mathrm{e}^{3x}\cdot\frac{1}{3}\mathrm{d}(3x)$$

$$\xrightarrow{\;\diamondsuit\,3x=u\;}\frac{1}{3}\int\mathrm{e}^u\,\mathrm{d}u$$

$$=\frac{1}{3}\mathrm{e}^u+C$$

$$\xrightarrow{\;\text{回代}\quad u=3x\;}\frac{1}{3}\mathrm{e}^{3x}+C$$

注释：通过大量做题，熟练计算方法后，可不必设出中间变量 u，运算过程可以简化．

【例 3】 求不定积分 $\displaystyle\int\frac{1}{1+x}\mathrm{d}x$．

解 利用不定积分的基本公式 $\displaystyle\int\frac{1}{x}\mathrm{d}x=\ln|x|+C$，可以将原积分作下列变形

$$\int\frac{1}{1+x}\mathrm{d}x=\int\frac{1}{1+x}\mathrm{d}(1+x)$$

$$=\ln|1+x|+C$$

【例4】 求不定积分 $\int \sin(1-x)\mathrm{d}x$.

解 利用不定积分的基本公式 $\int \sin x\,\mathrm{d}x = -\cos x + C$ ，可以将原积分作下列变形

$$\int \sin(1-x)\mathrm{d}x = \int \sin(1-x) \cdot (-1)\mathrm{d}(1-x)$$

$$= (-1) \cdot \int \sin(1-x)\mathrm{d}(1-x)$$

$$= (-1) \cdot [-\cos(1-x)] + C$$

$$= \cos(1-x) + C$$

【例5】 求不定积分 $\int (1+2x)^3 \mathrm{d}x$.

解 利用不定积分的基本公式 $\int x^a \mathrm{d}x = \dfrac{1}{a+1}x^{a+1} + C$，可以将原积分作下列变形

$$\int (1+2x)^3 \mathrm{d}x = \int (1+2x)^3 \cdot \frac{1}{2}\mathrm{d}(1+2x)$$

$$= \frac{1}{2}\int (1+2x)^3 \mathrm{d}(1+2x)$$

$$= \frac{1}{2} \times \frac{1}{4}(1+2x)^4 + C$$

$$= \frac{1}{8}(1+2x)^4 + C$$

（2）利用 $x^n \mathrm{d}x = \dfrac{1}{(n+1)a}\mathrm{d}(ax^{n+1}+b)$（$a$、$b$ 均是常数，$a \neq 0$、$n \neq -1$）将幂函数凑微分

【例6】 求不定积分 $\int x\cos x^2 \mathrm{d}x$.

解 被积表达式中有 $x\,\mathrm{d}x$，且 $\cos x^2$ 中有 x^2，故可尝试使用 $x\,\mathrm{d}x = \dfrac{1}{2}\mathrm{d}x^2$

$$\int x\cos x^2 \mathrm{d}x = \int \cos x^2 \cdot x\,\mathrm{d}x$$

$$= \int \cos x^2 \cdot \frac{1}{2}\mathrm{d}x^2$$

$$= \frac{1}{2}\int \cos x^2 \mathrm{d}x^2$$

$$= \frac{1}{2}\sin x^2 + C$$

【例7】 求不定积分 $\int x\mathrm{e}^{x^2}\mathrm{d}x$.

解 被积表达式中有 $x\,\mathrm{d}x$，且 e^{x^2} 中有 x^2，故可尝试使用 $x\,\mathrm{d}x = \dfrac{1}{2}\mathrm{d}x^2$

$$\int x\mathrm{e}^{x^2}\mathrm{d}x = \int \mathrm{e}^{x^2} \cdot x\,\mathrm{d}x$$

$$= \int \mathrm{e}^{x^2} \cdot \frac{1}{2}\mathrm{d}x^2$$

笔记

$$= \frac{1}{2} \int e^{x^2} dx^2$$

$$= \frac{1}{2} e^{x^2} + C$$

【例 8】　求不定积分 $\int \frac{x^2}{3+x^3} dx$.

解　被积表达式中有 $x^2 dx$，且 $3+x^3$ 中有 x^3，故可尝试使用 $x^2 dx = \frac{1}{3} dx^3$

$$\int \frac{x^2}{3+x^3} dx = \int \frac{1}{3+x^3} \cdot x^2 dx$$

$$= \int \frac{1}{3+x^3} \cdot \frac{1}{3} dx^3$$

$$= \int \frac{1}{3+x^3} \cdot \frac{1}{3} d(3+x^3)$$

$$= \frac{1}{3} \int \frac{1}{3+x^3} d(3+x^3)$$

$$= \frac{1}{3} \ln |3+x^3| + C$$

【例 9】　求不定积分 $\int x^3 (x^4-1)^5 dx$.

解　被积表达式中有 $x^3 dx$，且 $(x^4-1)^5$ 中有 x^4，故可尝试使用 $x^3 dx = \frac{1}{4} d(x^4-1)$

$$\int x^3 (x^4-1)^5 dx = \int (x^4-1)^5 \cdot \frac{1}{4} d(x^4-1)$$

$$= \frac{1}{4} \int (x^4-1)^5 d(x^4-1)$$

$$= \frac{1}{4} \times \frac{1}{6} (x^4-1)^6 + C$$

$$= \frac{1}{24} (x^4-1)^6 + C$$

【例 10】　求不定积分 $\int \frac{1}{x^2} \sin \frac{1}{x} dx$.

解　被积表达式中有 $\frac{1}{x^2} dx$，且 $\sin \frac{1}{x}$ 中有 $\frac{1}{x}$，故可尝试使用 $\frac{1}{x^2} dx = -d \frac{1}{x}$

$$\int \frac{1}{x^2} \sin \frac{1}{x} dx = \int \left(\sin \frac{1}{x} \right) \cdot \frac{1}{x^2} dx$$

$$= \int \left(\sin \frac{1}{x} \right) \cdot \left(-d \frac{1}{x} \right)$$

$$= -\int \sin \frac{1}{x} d \frac{1}{x}$$

$$= \cos \frac{1}{x} + C$$

笔记

【例 11】 求不定积分 $\int \dfrac{1}{\sqrt{x}} \cos\sqrt{x}\, \mathrm{d}x$.

解 被积表达式中有 $\dfrac{1}{\sqrt{x}}\mathrm{d}x$，且 $\cos\sqrt{x}$ 中有 $\sqrt{x}$，故可尝试使用 $\dfrac{1}{\sqrt{x}}\mathrm{d}x = 2\mathrm{d}\sqrt{x}$

$$\int \frac{1}{\sqrt{x}} \cos\sqrt{x}\, \mathrm{d}x = \int (\cos\sqrt{x}) \cdot \frac{1}{\sqrt{x}}\mathrm{d}x$$

$$= \int (\cos\sqrt{x}) \cdot 2\mathrm{d}\sqrt{x}$$

$$= 2\int \cos\sqrt{x}\, \mathrm{d}\sqrt{x}$$

$$= 2\sin\sqrt{x} + C$$

（3）其它类型函数的凑微分

【例 12】 求不定积分 $\int \sin^2 x \cos x\, \mathrm{d}x$.

解 被积表达式中有 $\cos x\mathrm{d}x$，且 $\sin^2 x$ 中有 $\sin x$，故可尝试使用 $\cos x\mathrm{d}x = \mathrm{d}\sin x$

$$\int \sin^2 x \cos x\, \mathrm{d}x = \int \sin^2 x\, \mathrm{d}\sin x$$

$$= \frac{1}{3}\sin^3 x + C$$

【例 13】 求不定积分 $\int \dfrac{\sin x}{\cos^3 x}\mathrm{d}x$.

解 被积表达式中有 $\sin x\mathrm{d}x$，且 $\dfrac{1}{\cos^3 x}$ 中有 $\cos x$，故可尝试使用 $\sin x\mathrm{d}x = -\mathrm{d}\cos x$

$$\int \frac{\sin x}{\cos^3 x}\mathrm{d}x = \int \frac{1}{\cos^3 x} \cdot \sin x\, \mathrm{d}x$$

$$= \int \frac{1}{\cos^3 x}\, (-\mathrm{d}\cos x)$$

$$= -\int (\cos x)^{-3}\, \mathrm{d}\cos x$$

$$= -\frac{1}{-3+1} \cdot (\cos x)^{-3+1} + C$$

$$= \frac{1}{2\cos^2 x} + C$$

【例 14】 求不定积分 $\int \dfrac{\ln x}{x}\mathrm{d}x$.

解 被积表达式中有 $\dfrac{1}{x}\mathrm{d}x$，故可尝试使用 $\dfrac{1}{x}\mathrm{d}x = \mathrm{d}\ln x$

$$\int \frac{\ln x}{x}\mathrm{d}x = \int (\ln x) \cdot \frac{1}{x}\mathrm{d}x$$

$$= \int \ln x\, \mathrm{d}\ln x$$

$$= \frac{1}{2}(\ln x)^2 + C$$

$$= \frac{1}{2}\ln^2 x + C$$

【例 15】 求不定积分 $\int e^x \cos e^x \, dx$.

解 被积表达式中有 $e^x dx$ ，且 $\cos e^x$ 中有 e^x ，故可尝试使用 $e^x dx = de^x$

$$\int e^x \cos e^x \, dx = \int \cos e^x \, de^x$$

$$= \sin e^x + C$$

以上例题解题方法都是第一类换元积分法，为了能够熟练地掌握第一类换元积分法的技巧，下面是比较常见的微分式子，要熟记：

(1) $dx = \frac{1}{a}d(ax+b)$ （a、b 为常数，$a \neq 0$）

(2) $x dx = \frac{1}{2a}d(ax^2+b)$、$x^2 dx = \frac{1}{3a}d(ax^3+b)$、$\frac{1}{\sqrt{x}}dx = \frac{2}{a}d(a\sqrt{x}+b)$ （a、b 为常数，$a \neq 0$）

(3) $e^x dx = de^x$、$a^x dx = \frac{da^x}{\ln a}$ （$a > 0$ 且 $a \neq 1$）

(4) $\frac{1}{x}dx = d\ln x$

(5) $\sin x \, dx = -d\cos x$、$\cos x \, dx = d\sin x$

(6) $\sec^2 x \, dx = d\tan x$、$\csc^2 x \, dx = -d\cot x$

(7)* $\frac{1}{\sqrt{1-x^2}}dx = d(\arcsin x)$、$\frac{1}{1+x^2}dx = d(\arctan x)$

有些积分不容易利用以上微分式子求解出来，但通过将被积函数先作恒等变形，然后利用前面介绍的方法求出积分.

【例 16】 求不定积分 $\int \frac{1}{4-x^2}dx$.

解

$$\int \frac{1}{4-x^2}dx = \int \frac{1}{(2-x)(2+x)}dx$$

$$= \frac{1}{4}\int\left(\frac{1}{2+x} + \frac{1}{2-x}\right)dx$$

$$= \frac{1}{4}\left(\int \frac{1}{2+x}dx + \int \frac{1}{2-x}dx\right)$$

$$= \frac{1}{4}\left[\int \frac{1}{2+x}d(2+x) + \int \frac{1}{2-x} \cdot (-1)d(2-x)\right]$$

$$= \frac{1}{4}\left[\int \frac{1}{2+x}d(2+x) - \int \frac{1}{2-x}d(2-x)\right]$$

$$= \frac{1}{4}(\ln|2+x| - \ln|2-x|) + C$$

$$= \frac{1}{4}\ln\left|\frac{2+x}{2-x}\right| + C$$

笔 记

注意：由此例题可推广出公式：$\int \dfrac{1}{a^2-x^2}\mathrm{d}x = \dfrac{1}{2a}\ln\left|\dfrac{a+x}{a-x}\right|+C \quad (a>0)$.

【例 17】 求不定积分 $\int \tan x\,\mathrm{d}x$.

解
$$\int \tan x\,\mathrm{d}x = \int \frac{\sin x}{\cos x}\mathrm{d}x$$
$$= \int \frac{1}{\cos x}(-\mathrm{d}\cos x)$$
$$= -\int \frac{1}{\cos x}\mathrm{d}\cos x$$
$$= -\ln|\cos x|+C$$

同理： $\int \cot x\,\mathrm{d}x = \ln|\sin x|+C$

【例 18】 求不定积分 $\int \sec x\,\mathrm{d}x$.

解
$$\int \sec x\,\mathrm{d}x = \int \frac{1}{\cos x}\mathrm{d}x$$
$$= \int \frac{\cos x}{\cos^2 x}\mathrm{d}x$$
$$= \int \frac{1}{1-\sin^2 x}\mathrm{d}\sin x$$
$$= \frac{1}{2}\ln\left|\frac{1+\sin x}{1-\sin x}\right|+C$$
$$= \frac{1}{2}\ln\frac{(1+\sin x)^2}{1-\sin^2 x}+C$$
$$= \ln\left|\frac{1+\sin x}{\cos x}\right|+C$$
$$= \ln|\sec x+\tan x|+C$$

同理： $\int \csc x\,\mathrm{d}x = \ln|\csc x-\cot x|+C$

注意：本题结果可以作为公式直接利用.

笔 记

【例 19】 求不定积分 $\int \cos^2 x\,\mathrm{d}x$.

解
$$\int \cos^2 x\,\mathrm{d}x = \int \frac{1+\cos 2x}{2}\mathrm{d}x$$
$$= \frac{1}{2}\int (1+\cos 2x)\mathrm{d}x$$
$$= \frac{1}{2}\left(x+\frac{1}{2}\sin 2x\right)+C$$
$$= \frac{1}{2}x+\frac{1}{4}\sin 2x+C$$

【例 20】 求不定积分 $\int \cos^3 x\,\mathrm{d}x$.

解 $\displaystyle\int\cos^3 x\,\mathrm{d}x=\int\cos^2 x\cos x\,\mathrm{d}x$

$\displaystyle\qquad\qquad=\int\cos^2 x\,\mathrm{d}\sin x$

$\displaystyle\qquad\qquad=\int(1-\sin^2 x)\,\mathrm{d}\sin x$

$\displaystyle\qquad\qquad=\sin x-\frac{1}{3}\sin^3 x+C$

【例 21】 求不定积分 $\displaystyle\int\frac{2\sin x\cos x}{1+\sin^2 x}\mathrm{d}x$.

解 $\displaystyle\int\frac{2\sin x\cos x}{1+\sin^2 x}\mathrm{d}x=\int\frac{(1+\sin^2 x)'}{1+\sin^2 x}\mathrm{d}x$

$\displaystyle\qquad\qquad=\int\frac{1}{1+\sin^2 x}\mathrm{d}(1+\sin^2 x)$

$\displaystyle\qquad\qquad=\ln|1+\sin^2 x|+C$

$\displaystyle\qquad\qquad=\ln(1+\sin^2 x)+C$

【例 22】 求不定积分 $\displaystyle\int\frac{\cos x-\sin x}{\sin x+\cos x}\mathrm{d}x$.

解 $\displaystyle\int\frac{\cos x-\sin x}{\sin x+\cos x}\mathrm{d}x=\int\frac{(\sin x+\cos x)'}{\sin x+\cos x}\mathrm{d}x$

$\displaystyle\qquad\qquad=\int\frac{1}{\sin x+\cos x}\mathrm{d}(\sin x+\cos x)$

$\displaystyle\qquad\qquad=\ln|\sin x+\cos x|+C$

上述几道例题用到了不同的求解积分的方法，请读者注意总结方法.

 笔 记

5.3.2　第二类换元积分法

前面的第一类换元积分法是将所求积分先凑成基本积分公式的形式，然后作代换 $u=\varphi(x)$.但有的积分并不是很容易地凑出微分，需要一开始就作代换，把所要求解的积分化成简单、易求的积分，我们把这种换元积分的方法称为**第二类换元积分法**，其思路与第一类换元积分法恰好相反：

假设 $\displaystyle\int g(x)\mathrm{d}x$ 不易积分，可令 $x=\psi(t)$ ，则

$$\int g(x)\mathrm{d}x=\int g(\psi(t))\mathrm{d}\psi(t)=\int g(\psi(t))\psi'(t)\mathrm{d}t$$

如果积分 $\displaystyle\int g(\psi(t))\psi'(t)\mathrm{d}t$ 比积分 $\displaystyle\int g(x)\mathrm{d}x$ 易于求解，那么就达到目的了，此方法是将原变量 x 换为 $\psi(t)$ ，得到积分的新变量是 t ，所以这种方法又称为**变量置换法**.

注释：第二类换元积分法主要用于被积函数含有根式的积分，通过积分变量代换使被积函数有理化，从而将要求解的积分简单化.常见的积分变量代换主要有幂代换法和三角代换法.

5.3.2.1 幂代换法

当被积函数含有根式 $\sqrt[n]{ax+b}$（n 为正整数）时，只需作代换 $\sqrt[n]{ax+b}=t$，就可以将根式有理化去掉根号了，然后再计算积分.

【例 23】 求不定积分 $\displaystyle\int \frac{1}{1+\sqrt{x}}\mathrm{d}x$.

解 令 $\sqrt{x}=t$，则 $x=t^2$，$\mathrm{d}x=2t\,\mathrm{d}t$

$$
\begin{aligned}
\int \frac{1}{1+\sqrt{x}}\mathrm{d}x &= \int \frac{1}{1+t}\cdot 2t\,\mathrm{d}t \\
&= 2\int \frac{t}{1+t}\mathrm{d}t \\
&= 2\int \frac{t+1-1}{1+t}\mathrm{d}t \\
&= 2\int (1-\frac{1}{1+t})\mathrm{d}t \\
&= 2t-2\ln|1+t|+C \\
&= 2\sqrt{x}-2\ln(1+\sqrt{x})+C
\end{aligned}
$$

【例 24】 求不定积分 $\displaystyle\int \frac{1}{\sqrt{x}+\sqrt[3]{x}}\mathrm{d}x$.

解 被积函数中含有 $\sqrt{x}$ 和 $\sqrt[3]{x}$ 两个根式，令 $\sqrt[6]{x}=t$ 就可以将两个根号同时去掉了，则 $x=t^6$，$\mathrm{d}x=6t^5\,\mathrm{d}t$

$$
\begin{aligned}
\int \frac{1}{\sqrt{x}+\sqrt[3]{x}}\mathrm{d}x &= \int \frac{1}{t^3+t^2}\cdot 6t^5\,\mathrm{d}t \\
&= 6\int \frac{t^3}{t+1}\mathrm{d}t \\
&= 6\int \left(t^2-t+1-\frac{1}{1+t}\right)\mathrm{d}t \\
&= 6\left(\frac{1}{3}t^3-\frac{1}{2}t^2+t-\ln|1+t|\right)+C \\
&= 2t^3-3t^2+6t-6\ln|1+t|+C \\
&= 2\sqrt{x}-3\sqrt[3]{x}+6\sqrt[6]{x}-6\ln(1+\sqrt[6]{x})+C
\end{aligned}
$$

*5.3.2.2 三角代换法

若被积函数中含有：

(1) $\sqrt{a^2-x^2}$ （$a>0$），则可作代换 $x=a\sin t$；

(2) $\sqrt{a^2+x^2}$ （$a>0$），则可作代换 $x=a\tan t$；

(3) $\sqrt{x^2-a^2}$ （$a>0$），则可作代换 $x=a\sec t$.

【例 25】 求不定积分 $\displaystyle\int \sqrt{a^2-x^2}\,\mathrm{d}x\,(a>0)$.

解 令 $x=a\sin t$，$t\in\left[-\dfrac{\pi}{2},\dfrac{\pi}{2}\right]$，则 $\mathrm{d}x=a\cos t\,\mathrm{d}t$

笔记

$$\int \sqrt{a^2-x^2}\,\mathrm{d}x = \int \sqrt{a^2-a^2\sin^2 t} \cdot a\cos t\,\mathrm{d}t$$

$$= a^2 \int \cos^2 t\,\mathrm{d}t$$

$$= a^2 \int \frac{1+\cos 2t}{2}\,\mathrm{d}t$$

$$= \frac{a^2}{2} \int (1+\cos 2t)\,\mathrm{d}t$$

$$= \frac{a^2}{2}\left(t+\frac{1}{2}\sin 2t\right)+C$$

$$= \frac{a^2}{2}\ (t+\sin t\cos t)\ +C$$

由 $x=a\sin t$ 作直角三角形，见图 5-2，得 $\cos t = \dfrac{\sqrt{a^2-x^2}}{a}$，回代变量得

$$\int \sqrt{a^2-x^2}\,\mathrm{d}x = \frac{a^2}{2}\left(\arcsin\frac{x}{a}+\frac{x}{a}\cdot\frac{\sqrt{a^2-x^2}}{a}\right)+C = \frac{a^2}{2}\arcsin\frac{x}{a}+\frac{x}{2}\sqrt{a^2-x^2}+C$$

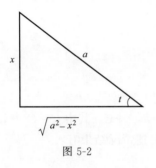

图 5-2　　　　　　　　　　　图 5-3

【例 26】　求不定积分 $\displaystyle\int \frac{1}{\sqrt{a^2+x^2}}\,\mathrm{d}x\,(a>0)$.

解　令 $x=a\tan t$，$t\in\left(-\dfrac{\pi}{2},\dfrac{\pi}{2}\right)$，则 $\mathrm{d}x=a\sec^2 t\,\mathrm{d}t$，如图 5-3 所示.

$$\int \frac{1}{\sqrt{a^2+x^2}}\,\mathrm{d}x = \int \frac{a\sec^2 t}{\sqrt{a^2+a^2\tan^2 t}}\,\mathrm{d}t$$

$$= \int \frac{\sec^2 t}{|\sec t|}\,\mathrm{d}t$$

$$= \int \frac{\sec^2 t}{\sec t}\,\mathrm{d}t$$

$$= \int \sec t\,\mathrm{d}t$$

$$= \ln|\sec t+\tan t|+C_1$$

$$= \ln\left|\frac{x}{a}+\frac{\sqrt{a^2+x^2}}{a}\right|+C_1$$

$$= \ln(x+\sqrt{a^2+x^2})+C$$

其中 $C=C_1-\ln a$，因为 $x+\sqrt{a^2+x^2}>0$，所以对数内绝对值可以去掉.

笔 记

【**例 27**】　求不定积分 $\int \dfrac{1}{\sqrt{x^2-a^2}}\mathrm{d}x\,(a>0)$.

解　（1）当 $x>a$ 时，令 $x=a\sec t$，取 $t\in\left(0,\dfrac{\pi}{2}\right)$，则 $\mathrm{d}x=a\sec t\tan t\,\mathrm{d}t$，如图 5-4 所示.

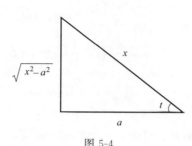

图 5-4

$$
\begin{aligned}
\int \frac{1}{\sqrt{x^2-a^2}}\mathrm{d}x &=\int \frac{a\sec t\tan t}{\sqrt{a^2\sec^2 t-a^2}}\mathrm{d}t\\
&=\int \frac{\sec t\tan t}{\tan t}\mathrm{d}t\\
&=\int \sec t\,\mathrm{d}t\\
&=\ln|\sec t+\tan t|+C_1\\
&=\ln(x+\sqrt{x^2-a^2})+C\ \ (其中\ C=C_1-\ln a)
\end{aligned}
$$

（2）当 $x<-a$ 时，令 $x=-u$，则 $u>a$，由上述情况结果有：

$$
\begin{aligned}
\int \frac{1}{\sqrt{x^2-a^2}}\mathrm{d}x &=-\int \frac{1}{\sqrt{u^2-a^2}}\mathrm{d}u\\
&=-\ln(u+\sqrt{u^2-a^2})+C\\
&=-\ln(-x+\sqrt{x^2-a^2})+C\\
&=\ln \frac{1}{-x+\sqrt{x^2-a^2}}+C\\
&=\ln \frac{-x-\sqrt{x^2-a^2}}{a^2}+C\\
&=\ln(-x-\sqrt{x^2-a^2})+C_2
\end{aligned}
$$

其中 $C_2=C-2\ln a$，将上述情况（1）、（2）结合起来，得：

$$
\int \frac{1}{\sqrt{x^2-a^2}}\mathrm{d}x=\ln|x+\sqrt{x^2-a^2}|+C
$$

注意：第一类换元积分法应先进行凑微分，然后再换元，计算时可省略换元过程；第二类换元积分法必须先进行换元，且计算时不可省略换元过程及最后结果，必须要回代原来的积分变量.

📝 **笔 记**

....

....

....

....

....

....

....

....

....

....

....

....

在本节中，有一些积分是以后经常会遇到的，所以也作为基本公式列在下表中.

1	$\int \tan x \, dx = -\ln|\cos x| + C$
2	$\int \cot x \, dx = \ln|\sin x| + C$
3	$\int \sec x \, dx = \ln|\sec x + \tan x| + C$
4	$\int \csc x \, dx = \ln|\csc x - \cot x| + C$
5	$\int \dfrac{1}{a^2 - x^2} \, dx = \dfrac{1}{2a}\ln\left|\dfrac{a+x}{a-x}\right| + C$
6	$\int \dfrac{1}{\sqrt{a^2 - x^2}} \, dx = \arcsin \dfrac{x}{a} + C$
7	$\int \dfrac{1}{x^2 + a^2} \, dx = \dfrac{1}{a}\arctan \dfrac{x}{a} + C$
8	$\int \dfrac{1}{\sqrt{x^2 \pm a^2}} \, dx = \ln\left|x + \sqrt{x^2 \pm a^2}\right| + C$

习题 5-3

1. 填空题.

(1) $dx = $ _____ $d(2x)$

(2) $dx = $ _____ $d(5x - 7)$

(3) $dx = $ _____ $d(1 - 3x)$

(4) $x \, dx = $ _____ $d(x^2)$

(5) $x \, dx = $ _____ $d(3x^2 + 1)$

(6) $x \, dx = $ _____ $d(2 - 3x^2)$

(7) $x^2 \, dx = $ _____ $d(2x^3)$

(8) $x^2 \, dx = $ _____ $d(5 + 2x^3)$

(9) $x^2 \, dx = $ _____ $d(1 - 2x^3)$

(10) $x^{-2} \, dx = $ _____ $d(1 - x^{-1})$

(11) $\dfrac{1}{\sqrt{x}} \, dx = $ _____ $d(1 - \sqrt{x})$

(12) $\dfrac{1}{x} \, dx = $ _____ $d(\ln x)$

(13) $\dfrac{1}{x} \, dx = $ _____ $d(3\ln x + 1)$

(14) $\dfrac{1}{x} \, dx = $ _____ $d(3\ln x - 5)$

(15) $\cos 2x \, dx = $ _____ $d(\sin 2x)$

(16) $e^{-x} \, dx = $ _____ $d(e^{-x})$

(17) $\sec^2 3x \, dx = $ _____ $d(\tan 3x)$

(18) $\csc^2 x \, dx = $ _____ $d(\cot x)$

(19) $\dfrac{1}{1 - 3x} \, dx = $ _____ $d(\ln(1 - 3x))$

(20) $\dfrac{\ln x}{x} \, dx = \ln x \, d($ _____ $)$

2. 求下列不定积分.

(1) $\displaystyle\int \sin 3x \, dx$

(2) $\displaystyle\int e^{3x - 1} \, dx$

(3) $\displaystyle\int \dfrac{1}{x + 1} \, dx$

(4) $\displaystyle\int \cos(1 - x) \, dx$

(5) $\displaystyle\int (3x - 2)^5 \, dx$

(6) $\displaystyle\int \dfrac{1}{(1 - x)^2} \, dx$

(7) $\displaystyle\int x \sin x^2 \, dx$

(8) $\displaystyle\int \dfrac{x^2}{4 + x^3} \, dx$

(9) $\displaystyle\int x \sqrt{2 + x^2} \, dx$

(10) $\displaystyle\int \dfrac{1}{x \ln x} \, dx$

(11) $\displaystyle\int \dfrac{1}{x(1 + \ln x)} \, dx$

(12) $\displaystyle\int \sin^3 x \cos x \, dx$

(13) $\displaystyle\int \dfrac{\sin x}{\cos^2 x} \, dx$

(14) $\displaystyle\int x^2 e^{-x^3} \, dx$

(15) $\displaystyle\int e^x \sin e^x \, dx$

(16) $\displaystyle\int \dfrac{1}{\sqrt{x}} \sin \sqrt{x} \, dx$

(17) $\displaystyle\int \dfrac{1}{(x + 1)(x + 3)} \, dx$

(18) $\displaystyle\int \dfrac{x^2}{1 + x} \, dx$

笔 记

(19) $\int \cos^2 \dfrac{x}{2} \mathrm{d}x$ (20) $\int \tan^2 x \, \mathrm{d}x$ (21) $\int \dfrac{1}{1+\sin x} \mathrm{d}x$

3*. 求下列不定积分.

(1) $\int \dfrac{\sqrt{x}}{\sqrt{x}-1} \mathrm{d}x$ (2) $\int \dfrac{1}{\sqrt[3]{x}+1} \mathrm{d}x$ (3) $\int x \sqrt{x+1} \, \mathrm{d}x$

(4) $\int \sqrt{1-x^2} \, \mathrm{d}x$ (5) $\int \dfrac{1}{\sqrt{1+x^2}} \mathrm{d}x$ (6) $\int \dfrac{1}{x^2 \sqrt{x^2-1}} \mathrm{d}x$

5.4 分部积分法

前面介绍的不定积分的基本公式和换元积分法，是非常重要的积分方法. 但有些看似很简单的积分，如 $\int \ln x \, \mathrm{d}x$、$\int x \cos x \, \mathrm{d}x$、$\int x e^x \, \mathrm{d}x$，用前面的方法却难以求解. 为此，本节将利用两个函数乘积的求导公式，推导出这类积分的计算方法——**分部积分法**.

设函数 $u = u(x)$，$v = v(x)$ 具有连续的导数，由微分公式

$$\mathrm{d}(uv) = u \, \mathrm{d}v + v \, \mathrm{d}u$$

或

$$\mathrm{d}(uv) = uv' \mathrm{d}x + vu' \mathrm{d}x$$

移项、两边积分，则有分部积分公式：

$$\boxed{\int u \, \mathrm{d}v = uv - \int v \, \mathrm{d}u}$$

或

$$\boxed{\int uv' \mathrm{d}x = uv - \int u'v \, \mathrm{d}x}$$

上述公式称为**分部积分公式**. 如果公式中等式右边的积分比等式左边的积分容易计算，那么使用此公式就有意义了.

【例1】 求不定积分 $\int \ln x \, \mathrm{d}x$.

解 $\displaystyle\int \ln x \, \mathrm{d}x = x \ln x - \int x \, \mathrm{d}\ln x$

$\qquad\qquad = x \ln x - \displaystyle\int x \cdot \dfrac{1}{x} \mathrm{d}x$

$\qquad\qquad = x \ln x - x + C$

为了使大家容易掌握，下面介绍几种比较常见的被积表达式的类型，可以很容易地利用分部积分求解出来（假设 $P(x)$ 是幂函数）.

（1）被积表达式为 $P(x) \sin x \, \mathrm{d}x$ 或 $P(x) \cos x \, \mathrm{d}x$ 形式

【例2】 求不定积分 $\int x \cos x \, \mathrm{d}x$.

解 $\displaystyle\int x \cos x \, \mathrm{d}x = \int x \, \mathrm{d}\sin x$

$\qquad\qquad = x \sin x - \displaystyle\int \sin x \, \mathrm{d}x$

✏ 笔 记

$$= x\sin x + \cos x + C$$

注意：如果第一步凑为 $\int x\cos x \,\mathrm{d}x = \dfrac{1}{2}\int \cos x \,\mathrm{d}x^2$ 会出现什么情况，读者不妨试一试.

注释：当被积表达式为 $P(x)\sin x \,\mathrm{d}x$ 或 $P(x)\cos x \,\mathrm{d}x$ 形式时，可以将被积表达式分别凑微分为

$-P(x)\mathrm{d}\cos x$ 或 $P(x)\mathrm{d}\sin x$.

（2）被积表达式为 $P(x)\mathrm{e}^x \,\mathrm{d}x$ 形式

【例3】 求不定积分 $\int x\mathrm{e}^x \,\mathrm{d}x$.

解

$$
\begin{aligned}
\int x\mathrm{e}^x \,\mathrm{d}x &= \int x\,\mathrm{d}\mathrm{e}^x \\
&= x\mathrm{e}^x - \int \mathrm{e}^x \,\mathrm{d}x \\
&= x\mathrm{e}^x - \mathrm{e}^x + C
\end{aligned}
$$

【例4】 求不定积分 $\int x^2 \mathrm{e}^x \,\mathrm{d}x$.

解

$$
\begin{aligned}
\int x^2 \mathrm{e}^x \,\mathrm{d}x &= \int x^2 \,\mathrm{d}\mathrm{e}^x \\
&= x^2 \mathrm{e}^x - \int \mathrm{e}^x \,\mathrm{d}x^2 \\
&= x^2 \mathrm{e}^x - 2\int x\mathrm{e}^x \,\mathrm{d}x \\
&= x^2 \mathrm{e}^x - 2\int x \,\mathrm{d}\mathrm{e}^x \\
&= x^2 \mathrm{e}^x - 2\left(x\mathrm{e}^x - \int \mathrm{e}^x \,\mathrm{d}x\right) \\
&= x^2 \mathrm{e}^x - 2x\mathrm{e}^x + 2\mathrm{e}^x + C
\end{aligned}
$$

注释：① 当被积表达式为 $P(x)\mathrm{e}^x \,\mathrm{d}x$ 时，可以将被积表达式凑微分为 $P(x)\mathrm{d}\mathrm{e}^x$；

② 通过求解此例题可知，同一道例题可以重复使用分部积分公式.

（3）被积表达式为 $P(x)\ln x \,\mathrm{d}x$ 形式

【例5】 求不定积分 $\int x\ln x \,\mathrm{d}x$.

解

$$
\begin{aligned}
\int x\ln x \,\mathrm{d}x &= \int \ln x \cdot x \,\mathrm{d}x \\
&= \int \ln x \,\mathrm{d}\left(\frac{1}{2}x^2\right) \\
&= \frac{1}{2}\int \ln x \,\mathrm{d}x^2 \\
&= \frac{1}{2}\left(x^2 \ln x - \int x^2 \,\mathrm{d}\ln x\right) \\
&= \frac{1}{2}\left(x^2 \ln x - \int x^2 \cdot \frac{1}{x}\,\mathrm{d}x\right)
\end{aligned}
$$

 笔 记

$$= \frac{1}{2}\left(x^2\ln x - \int x\,\mathrm{d}x\right)$$

$$= \frac{1}{2}\left(x^2\ln x - \frac{1}{2}x^2\right) + C$$

$$= \frac{1}{2}x^2\ln x - \frac{1}{4}x^2 + C$$

【例6】 求不定积分 $\int x^2\ln x\,\mathrm{d}x$.

解 $\int x^2\ln x\,\mathrm{d}x = \int \ln x\,\mathrm{d}\left(\frac{1}{3}x^3\right)$

$$= \frac{1}{3}\int \ln x\,\mathrm{d}x^3$$

$$= \frac{1}{3}\left(x^3\ln x - \int x^3\,\mathrm{d}\ln x\right)$$

$$= \frac{1}{3}\left(x^3\ln x - \int x^3\cdot\frac{1}{x}\,\mathrm{d}x\right)$$

$$= \frac{1}{3}\left(x^3\ln x - \int x^2\,\mathrm{d}x\right)$$

$$= \frac{1}{3}\left(x^3\ln x - \frac{1}{3}x^3\right) + C$$

$$= \frac{1}{3}x^3\ln x - \frac{1}{9}x^3 + C$$

 笔 记

注释：当被积表达式为 $P(x)\ln x\,\mathrm{d}x$ 时，可以先将 $P(x)\mathrm{d}x$ 凑微分.

（4）被积表达式为 $\mathrm{e}^{ax}\sin bx\,\mathrm{d}x$ 或 $\mathrm{e}^{ax}\cos bx\,\mathrm{d}x$ 形式

【例7】 求不定积分 $\int \mathrm{e}^x\cos x\,\mathrm{d}x$.

解 $\int \mathrm{e}^x\cos x\,\mathrm{d}x = \int \cos x\,\mathrm{d}\mathrm{e}^x$

$$= \mathrm{e}^x\cos x - \int \mathrm{e}^x\,\mathrm{d}\cos x$$

$$= \mathrm{e}^x\cos x + \int \mathrm{e}^x\sin x\,\mathrm{d}x$$

$$= \mathrm{e}^x\cos x + \int \sin x\,\mathrm{d}\mathrm{e}^x$$

$$= \mathrm{e}^x\cos x + \left(\mathrm{e}^x\sin x - \int \mathrm{e}^x\,\mathrm{d}\sin x\right)$$

$$= \mathrm{e}^x\cos x + \mathrm{e}^x\sin x - \int \mathrm{e}^x\cos x\,\mathrm{d}x$$

右边出现了与左边相同的积分，移项得

$$2\int \mathrm{e}^x\cos x\,\mathrm{d}x = \mathrm{e}^x\cos x + \mathrm{e}^x\sin x + C_1$$

$$\int \mathrm{e}^x\cos x\,\mathrm{d}x = \frac{1}{2}\mathrm{e}^x(\cos x + \sin x) + C\left(\text{其中 }C = \frac{1}{2}C_1\right)$$

注释：当被积表达式为 $\mathrm{e}^{ax}\sin bx\,\mathrm{d}x$ 或 $\mathrm{e}^{ax}\cos bx\,\mathrm{d}x$ 形式时，可以将被积表达式分

别凑微分为 $-\dfrac{1}{b}\mathrm{e}^{ax}\mathrm{d}(\cos bx)$ 或 $\dfrac{1}{b}\mathrm{e}^{ax}\mathrm{d}(\sin bx)$，还可以分别凑微分为 $\dfrac{1}{a}\sin bx\,\mathrm{d}\mathrm{e}^{ax}$ 或

$\dfrac{1}{a}\sin bx\,\mathrm{d}\mathrm{e}^{ax}$.

有时候需要换元积分法与分部积分法结合使用求解不定积分.

【例8】 求不定积分 $\displaystyle\int\cos\sqrt{x}\,\mathrm{d}x$.

解 令 $\sqrt{x}=t$，则 $x=t^2$，$\mathrm{d}x=2t\,\mathrm{d}t$

$$\int\cos\sqrt{x}\,\mathrm{d}x=\int\cos t\cdot2t\,\mathrm{d}t=2\int t\cos t\,\mathrm{d}t=2\int t\,\mathrm{d}\sin t$$

$$=2\Big(t\sin t-\int\sin t\,\mathrm{d}t\Big)$$

$$=2t\sin t+2\cos t+C$$

$$=2\sqrt{x}\sin\sqrt{x}+2\cos\sqrt{x}+C$$

习题 5-4

1. 求下列不定积分.

(1) $\displaystyle\int x\sin x\,\mathrm{d}x$ (2) $\displaystyle\int x\cos 2x\,\mathrm{d}x$ (3) $\displaystyle\int x\mathrm{e}^{2x}\,\mathrm{d}x$

(4) $\displaystyle\int x^2\cos x\,\mathrm{d}x$ (5) $\displaystyle\int\ln(1+x)\,\mathrm{d}x$ (6) $\displaystyle\int\ln^2 x\,\mathrm{d}x$

(7) $\displaystyle\int\mathrm{e}^x\sin x\,\mathrm{d}x$ (8) $\displaystyle\int\mathrm{e}^{\sqrt{x}}\,\mathrm{d}x$

2. 设 e^{-x} 是函数 $f(x)$ 的一个原函数，求 $\displaystyle\int xf(x)\,\mathrm{d}x$.

*5.5 有理函数积分与积分表的使用

5.5.1 有理函数的积分

定义1 有理函数是指两个多项式的商所表示的函数，其一般形式是：

$$\frac{f(x)}{g(x)}=\frac{a_0x^n+a_1x^{n-1}+\cdots+a_n}{b_0x^m+b_1x^{m-1}+\cdots+b_m}$$

其中 n，m 都是自然数，a_0，a_1，$\cdots$，a_n 与 b_0，b_1，$\cdots$，b_m 都是实数，并且 $a_0\neq0$，$b_0\neq0$. 若 $n<m$，则称它为真分式，若 $n\geqslant m$，则称它为假分式.

注释：由多项式的除法可知，假分式可以化为一个多项式与一个真分式的和，例如：

$$\frac{x^3+2x^2+3}{x^2+x-2}=x+1+\frac{x+5}{x^2+x-2}$$

而多项式的积分是容易计算的，故只需研究真分式的积分.

【例1】 求不定积分 $\displaystyle\int\frac{x+3}{x^2-5x+6}\,\mathrm{d}x$.

📝 笔记

解 因为 $x^2-5x+6=(x-2)(x-3)$，被积函数可分解成

$$\frac{x+3}{x^2-5x+6}=\frac{A}{x-2}+\frac{B}{x-3}$$

其中 A，B 为待定常数．则等式两边同乘以 $(x-2)(x-3)$，得

$$x+3=A(x-3)+B(x-2) \tag{1}$$

即

$$x+3=(A+B)x-(3A+2B)$$

比较等式两边同次幂的系数有

$$\begin{cases} A+B=1 \\ -(3A+2B)=3 \end{cases}$$

由此可确定 $A=-5$，$B=6$．所以

$$\int \frac{x+3}{x^2-5x+6}\mathrm{d}x=\int \left(\frac{6}{x-3}-\frac{5}{x-2}\right)\mathrm{d}x=6\ln|x-3|-5\ln|x-2|+C$$

说明：例 1 中求常数 A，B 的方法称为**比较系数法**．有时若用下述方法确定常数 A，B，可能更简便些．例如在（1）式中令 $x=2$，得 $A=-5$；令 $x=3$，得 $B=6$，与上面所得结果相同．

【例 2】 求不定积分 $\int \frac{\mathrm{d}x}{x(x-1)^2}$．

解 $$\frac{1}{x(x-1)^2}=\frac{A}{x}+\frac{B}{x-1}+\frac{C}{(x-1)^2}$$

则

$$1=A(x-1)^2+Bx(x-1)+Cx$$

上式中令 $x=0$，得 $A=1$；令 $x=1$，得 $C=1$；令 $x=2$，得 $A+2B+2C=1$，算出 $B=-1$．所以

$$\int \frac{\mathrm{d}x}{x(x-1)^2}=\int \left[\frac{1}{x}-\frac{1}{x-1}+\frac{1}{(x-1)^2}\right]\mathrm{d}x$$

$$=\ln|x|-\ln|x-1|-\frac{1}{x-1}+C$$

$$=\ln\left|\frac{x}{x-1}\right|-\frac{x}{x-1}+C$$

虽然已经从理论上阐明有理函数的积分一定能用初等函数来表达，并且积分可以按程序进行．但是，这种常规的做法并不简便，其中分解部分分式就不是一件容易的事．因此，即使是有理函数的积分，也应当首先应用换元法或部分积分法去探求．如果难以奏效，还可以考虑对分子进行加、减、分、凑，造出分母中的因式进行拆项分解．

我们已经体会到：换元积分法和分部积分法（求不定积分的基本方法）、初等函数的积分公式以及补充的常用积分表，我们进行积分运算主要依赖于这"两法一表"来完成．

另外需要说明的是，我们所说求不定积分，其实是说用初等函数把这个积分表示出来．在这种意义下，不是所有初等函数的积分都可以求出来的．例如积分 $\int \mathrm{e}^{x^2}\mathrm{d}x$，

笔 记

$\int \dfrac{\mathrm{d}x}{\ln x}$，$\int \dfrac{\sin x}{x}\mathrm{d}x$，虽然存在，但它们都是求不出来的，即不能用初等函数来表示．由此看出，初等函数的导数仍是初等函数，但初等函数的不定积分却不一定是初等函数，而可以超出初等函数的范围．

5.5.2 积分表的使用

把常用的积分公式汇集成表，这种表叫做**积分表**．积分表是按照被积函数的类型来排列的．求积分时，可根据被积函数的类型直接地或经过简单的变形后，在表内查得所需的结果．

【例 3】 求不定积分 $\displaystyle\int \dfrac{x}{(3x+4)^2}\mathrm{d}x$．

解 被积函数中含有 $ax+b$，在常用积分表中查公式得

$$\int \frac{x}{(ax+b)^2}\mathrm{d}x = \frac{1}{a^2}\left(\ln|ax+b| + \frac{b}{ax+b}\right) + C$$

代入 $a=3$，$b=4$，于是 $\displaystyle\int \dfrac{x\,\mathrm{d}x}{(3x+4)^2} + \dfrac{1}{9}\left(\ln|3x+4| + \dfrac{4}{3x+4}\right) + C$

【例 4】 求不定积分 $\displaystyle\int \dfrac{\mathrm{d}x}{5+6\sin\dfrac{x}{2}\cos\dfrac{x}{2}}$．

解 积分表中无此积分，需要把被积函数变形

$$\int \frac{\mathrm{d}x}{5+6\sin\dfrac{x}{2}\cos\dfrac{x}{2}} = \int \frac{\mathrm{d}x}{5+3\sin x}$$

在含有三角函数表中，查积分中公式

$$\int \frac{\mathrm{d}x}{a+b\sin x} = \frac{2}{\sqrt{a^2-b^2}}\arctan\frac{a\tan\dfrac{x}{2}+b}{\sqrt{a^2-b^2}} + C \quad (a^2>b^2)$$

令 $a=5$，$b=3$ 代入，得

$$\int \frac{\mathrm{d}x}{5+6\sin\dfrac{x}{2}\cos\dfrac{x}{2}} = \int \frac{\mathrm{d}x}{5+3\sin x} = \frac{1}{2}\arctan\frac{5\tan\dfrac{x}{2}+3}{4} + C$$

📝 笔 记

习题 5-5

1. 求下列不定积分．

(1) $\displaystyle\int \dfrac{1}{x(x-3)}\mathrm{d}x$

(2) $\displaystyle\int \dfrac{x+1}{(x-1)(x-2)}\mathrm{d}x$

(3) $\displaystyle\int \dfrac{2x+3}{x^2+3x-10}\mathrm{d}x$

(4) $\displaystyle\int \dfrac{x+5}{x^2+x-2}\mathrm{d}x$

(5) $\displaystyle\int \dfrac{x+1}{x^2+2x+3}\mathrm{d}x$

(6) $\displaystyle\int \dfrac{x^3+2x^2+3}{x^2+x-2}\mathrm{d}x$

2. 查表计算下列积分.

(1) $\int \dfrac{3}{x^2+4x+4}\mathrm{d}x$ 　　　　(2) $\int \dfrac{x^2}{2+3x^2}\mathrm{d}x$ 　　　　(3) $\int \dfrac{1}{3+5\sin x}\mathrm{d}x$

(4) $\int \dfrac{1}{x\sqrt{4x^2+1}}\mathrm{d}x$ 　　　　(5) $\int \sin^6 x\,\mathrm{d}x$ 　　　　(6) $\int \cos^4 2x\,\mathrm{d}x$

复习题 5

一、填空题

1. $\int \cos x\,\mathrm{d}x =$ ＿＿＿＿＿；$\int x\cos x\,\mathrm{d}x =$ ＿＿＿＿＿；$\int x\cos x^2\,\mathrm{d}x =$ ＿＿＿＿＿；

2. $\int \dfrac{1}{1-x}\mathrm{d}x =$ ＿＿＿＿＿；$\int \dfrac{x}{1-x}\mathrm{d}x =$ ＿＿＿＿＿；$\int \dfrac{x^2}{1-x}\mathrm{d}x =$ ＿＿＿＿＿；

3. $\int \mathrm{e}^x\,\mathrm{d}x =$ ＿＿＿＿＿；$\int x\mathrm{e}^x\,\mathrm{d}x =$ ＿＿＿＿＿；$\int x\mathrm{e}^{x^2}\,\mathrm{d}x =$ ＿＿＿＿＿；

4. 若 $uv = x\sin x$，$\int u'v\,\mathrm{d}x = \cos x + C$，则 $\int uv'\,\mathrm{d}x =$ ＿＿＿＿＿；

5. $\int$ ＿＿＿＿＿ $\mathrm{d}x = x\mathrm{e}^x + C$；

6. 设 $f'(x) = 1$，且 $f(0) = 0$，则 $\int f(x)\,\mathrm{d}x =$ ＿＿＿＿＿；

7. 若 $f'(x)(1+x)^2 = 1$，则 $f(x) =$ ＿＿＿＿＿；

8. 若 $F'(x) = f(x)$，则 $\int \sin x f(\cos x)\,\mathrm{d}x =$ ＿＿＿＿＿；

 笔 记

9. 设 $f(x)$ 是连续函数，且 $\int f(x)\,\mathrm{d}x = F(x) + C$，则 $\int F(x)f(x)\,\mathrm{d}x =$ ＿＿＿＿＿；

10. 一曲线经过点 $(1, 0)$，且在其上任一点 x 处的切线斜率为 $3x^2$，则此曲线方程为 ＿＿＿＿＿．

二、选择题

1. 下列函数中，（　　）是函数 $\cos \dfrac{2}{3}x$ 的原函数.

A. $\dfrac{3}{2}\sin \dfrac{2}{3}x$ 　　　B. $\dfrac{2}{3}\sin \dfrac{2}{3}x$ 　　　C. $\dfrac{3}{2}\sin \dfrac{3}{2}x$ 　　　D. $\dfrac{2}{3}\sin \dfrac{3}{2}x$

2. 若 $F(x)$、$G(x)$ 都是函数 $f(x)$ 的原函数，设 C 为非零常数，则必有（　　）.

A. $F(x) = G(x)$ 　　　　　　　　　　B. $F(x) = CG(x)$

C. $F(x) = G(x) + C$ 　　　　　　　　D. $F(x) = \dfrac{1}{C}G(x)$

3. 下列等式成立的是（　　）.

A. $\int x^a\,\mathrm{d}x = \dfrac{1}{a+1}x^{a+1} + C\,(a \neq -1)$ 　　　B. $\int \ln x\,\mathrm{d}x = \dfrac{1}{x} + C$

C. $\int \sin x\,\mathrm{d}x = \cos x + C$ 　　　　　　　　　D. $\int a^x\,\mathrm{d}x = \dfrac{a^x}{\ln x} + C$

4. 函数 $f(x) = \mathrm{e}^{-x}$ 的不定积分为（　　）.

A. e^{-x} 　　　B. $-\mathrm{e}^{-x}$ 　　　C. $\mathrm{e}^{-x} + C$ 　　　D. $-\mathrm{e}^{-x} + C$

5. $\int \cos 2x\,\mathrm{d}x = ($　　$)$.

A. $\sin x\cos x + C$ 　　　　　　　　B. $-\dfrac{1}{2}\sin 2x + C$

C. $2\sin 2x + C$ D. $\sin 2x + C$

6. $\displaystyle\int \frac{1}{\sqrt{1-x}}\mathrm{d}x = ($　　$)$.

A. $\sqrt{1-x}+C$ B. $2\sqrt{1-x}+C$

C. $-2\sqrt{1-x}+C$ D. $\dfrac{1}{2}\sqrt{1-x}+C$

7. 设 $f'(x)$ 存在且连续，则 $\left[\displaystyle\int \mathrm{d}f(x)\right]' = ($　　$)$.

A. $f(x)$ B. $f'(x)$ C. $f'(x)+C$ D. $f(x)+C$

8. 设 $f(x) = \mathrm{e}^{-x}$ ，则 $\displaystyle\int \frac{f'(\ln x)}{x}\mathrm{d}x = ($　　$)$.

A. $-\dfrac{1}{x}+C$ B. $\dfrac{1}{x}+C$ C. $-\ln x+C$ D. $\ln x+C$

9. 若 $\displaystyle\int f(x)\mathrm{d}x = x^2+C$ ，则 $\displaystyle\int xf(1-x^2)\mathrm{d}x = ($　　$)$.

A. $2(1-x^2)^2+C$ B. $-2(1-x^2)^2+C$

C. $\dfrac{1}{2}(1-x^2)^2+C$ D. $-\dfrac{1}{2}(1-x^2)^2+C$

10. $\displaystyle\int \frac{f'(x)}{f(x)}\mathrm{d}x = ($　　$)$.

A. $\ln f(x)+C$ B. $-\ln f(x)+C$

C. $\ln |f(x)|+C$ D. 无法确定

三、求下列不定积分

1. $\displaystyle\int (5-2x)^9\mathrm{d}x$ ；

2. $\displaystyle\int \frac{x^2}{x^3-2}\mathrm{d}x$ ；

3. $\displaystyle\int \frac{\tan x}{\cos^2 x}\mathrm{d}x$ ；

4. $\displaystyle\int \frac{\cos x}{3+4\sin x}\mathrm{d}x$ ；

5. $\displaystyle\int \frac{\sin x+\cos x}{(\sin x-\cos x)^3}\mathrm{d}x$ ；

6. $\displaystyle\int \frac{1}{x^2-x-6}\mathrm{d}x$ ；

7. $\displaystyle\int x\sqrt[4]{2x+3}\mathrm{d}x$ ；

8. $\displaystyle\int \frac{\sqrt{x}}{2-\sqrt{x}}\mathrm{d}x$ ；

9. $\displaystyle\int (x-1)\mathrm{e}^x\mathrm{d}x$ ；

10. $\displaystyle\int \frac{\ln x}{x^3}\mathrm{d}x$.

笔 记

第 **6** 章

定积分及其应用

定积分和不定积分是积分学中密切相关的两个基本概念，定积分在自然科学、工程技术及经济领域中有着广泛的应用．本章将从实例出发引出定积分的概念，并介绍定积分的性质及其计算方法，最后讨论定积分在几何、经济学上的一些简单应用．

6.1 定积分的概念

 笔记

6.1.1 引入定积分概念的实例

6.1.1.1 曲边梯形的面积

在直角坐标系中，由闭区间 $[a, b]$ 上的连续曲线 $y=f(x)(f(x) \geqslant 0)$，直线 $x=a$，$x=b$ 及 x 轴所围成的平面图形称为曲边梯形．

首先分析计算曲边梯形面积的方法．由于曲边梯形的高 $f(x)$ 在闭区间 $[a, b]$ 上是连续变化的，所以不能利用求直边图形面积的方法来求．为了计算曲边梯形的面积，可以先将曲边梯形分割成若干个小曲边梯形，每个小曲边梯形的面积用一个与它同底，高为底上某点的函数值的小矩形的面积来近似代替；这样，所有这些小矩形面积之和近似代替曲边梯形的面积（如图 6-1）．如果分割得越细，近似程度就越好，当无限细分时，所有小矩形面积之和的极限定义为曲边梯形的面积．曲边梯形的面积 A 具体求法如下：

图 6-1

（1）分割求近似

在区间 $[a, b]$ 内任意选取 $n-1$ 个分点：

$$a=x_0<x_1<x_2<\cdots<x_{i-1}<x_i<\cdots<x_{n-1}<x_n=b$$

把区间 $[a，b]$ 分割成 n 个小区间：

$$[x_0,x_1],[x_1,x_2],\cdots,[x_{i-1},x_i],\cdots,[x_{n-1},x_n]$$

这些小区间的长度分别为 $\Delta x_i = x_i - x_{i-1} \quad (i=1，2，\cdots，n)$

过每一分点作 x 轴的垂线，把曲边梯形分成了 n 个小曲边梯形．

在每个小区间 $[x_{i-1}，x_i]$ 上任取一点 $\xi_i \ (i=1，2，\cdots，n)$，以 Δx_i 为底，$f(\xi_i)$ 为高作小矩形，用小矩形面积 $f(\xi_i)\Delta x_i$ 近似代替相应的小曲边梯形的面积 ΔA_i，即

$$\Delta A_i \approx f(\xi_i)\Delta x_i \quad (i=1,2,\cdots,n)$$

（2）作和取极限

所有小矩形面积之和近似等于曲边梯形面积

$$A = \sum_{i=1}^{n} \Delta A_i \approx \sum_{i=1}^{n} f(\xi_i)\Delta x_i$$

当分点个数 n 无限增多，且每个小区间长度均趋向于零时，若上述和式的极限存在，把这个和式的极限定义为曲边梯形的面积．即

$$A = \lim_{\Delta x \to 0} \sum_{i=1}^{n} f(\xi_i)\Delta x_i \quad （小区间长度的最大值 \ \Delta x = \max_{1 \le i \le n}\{\Delta x_i\}）$$

6.1.1.2 变速直线运动的路程

已知某物体作直线运动，其速度 $v=v(t)$ 是时间间隔 $[a，b]$ 上的连续函数，求物体在这段时间所走过的路程．

由于物体作变速直线运动，不能像匀速直线运动那样求路程，但如果经过的时间很短，速度就可以近似地看作匀速．类似于求曲边梯形面积的方法，求解步骤如下：

（1）分割求近似

任取分点：$a=t_0 < t_1 < t_2 < \cdots < t_{i-1} < t_i < \cdots < t_{n-1} < t_n = b$，把 $[a，b]$ 分成 n 个小区间 $[t_{i-1}，t_i]$，其长度为 $\Delta t_i = t_i - t_{i-1} \quad (i=1，2，3，\cdots，n)$．

在 $[t_{i-1}，t_i]$ 上任取一时刻 ξ_i，把 $v(\xi_i)$ 近似地看作是 $[t_{i-1}，t_i]$ 时间段中的平均速度，于是在 Δt_i 时间所走过路程的近似值为

$$\Delta s_i \approx v(\xi_i)\Delta t_i \quad (i=1，2，3，\cdots，n)$$

（2）作和取极限

把 n 个小时间段上路程相加就得到总路程的近似值，即

$$s \approx \sum_{i=1}^{n} v(\xi_i)\Delta t_i$$

当 $\Delta t = \max\limits_{1 \le i \le n}\{\Delta t_i\} \to 0$ 时，和式 $\sum\limits_{i=1}^{n} v(\xi_i)\Delta t_i$ 的极限就是总路程的值，即

$$s = \lim_{\Delta t \to 0} \sum_{i=1}^{n} v(\xi_i)\Delta t_i$$

从以上引例分析过程可以发现，尽管它们的实际背景不同，但解决问题的数学思想方法是一致的："分割求近似，作和取极限"．最终形成的数学形式是相同的：和式 $\sum\limits_{i=1}^{n} f(\xi_i)\Delta x_i$ 的极限问题．对此类问题，我们抽象出数学定义．

6.1.2 定积分的定义

定义 1 设函数 $y=f(x)$ 在区间 $[a，b]$ 上有定义，在 $[a，b]$ 中任取分点

📝 笔记

$$a=x_0<x_1<x_2<\cdots<x_{i-1}<x_i<\cdots<x_{n-1}<x_n=b$$

将区间 $[a,b]$ 任意分成 n 个小区间 $[x_{i-1},x_i]$ $(i=1,2,\cdots,n)$，其长度为

$$\Delta x_i=x_i-x_{i-1}$$

在每个小区间 $[x_{i-1},x_i]$ 上任取一点 ξ_i $(x_{i-1}\leqslant\xi_i\leqslant x_i)$，作函数值 $f(\xi_i)$ 与小区间长度 Δx_i 的乘积 $f(\xi_i)\Delta x_i$ $(i=1,2,\cdots,n)$，并作和式

$$S_n=\sum_{i=1}^{n}f(\xi_i)\Delta x_i$$

如果当 n 无限增大，且 Δx_i 中最大者 $\Delta x\to 0$ $\left(\Delta x=\max_{1\leqslant i\leqslant n}\{\Delta x_i\}\right)$ 时，S_n 的极限存在，则称函数 $f(x)$ 在区间 $[a,b]$ 上可积，并将此极限值称为函数 $f(x)$ 在区间 $[a,b]$ 上的定积分，记作 $\int_a^b f(x)\mathrm{d}x$，即

$$\int_a^b f(x)\mathrm{d}x=\lim_{\Delta x\to 0}\sum_{i=1}^{n}f(\xi_i)\Delta x_i$$

其中 $f(x)$ 称为**被积函数**，$f(x)\mathrm{d}x$ 称为**被积表达式**，x 称为**积分变量**，区间 $[a,b]$ 称为**积分区间**，a 称为**积分下限**，b 称为**积分上限**.

关于定积分的定义，应注意以下几点：

① 若 $\int_a^b f(x)\mathrm{d}x$ 存在，则该定积分的取值与区间 $[a,b]$ 的划分及 ξ_i 的选取无关.

② 如果积分和的极限存在，则此极限值是一个确定的常量. 它只与被积函数 $f(x)$ 和积分区间 $[a,b]$ 有关，而与积分变量所采用的符号无关，即

笔记

$$\int_a^b f(x)\mathrm{d}x=\int_a^b f(t)\mathrm{d}t$$

③ 在定积分的定义中，如果 $b<a$，规定

$$\int_a^b f(x)\mathrm{d}x=-\int_b^a f(x)\mathrm{d}x$$

即互换定积分的上、下限，定积分要变号.

特殊地，当 $a=b$ 时，规定 $\int_a^a f(x)\mathrm{d}x=0$.

根据定积分定义，前面的引例可分别叙述为：

① 曲边梯形的面积 $A=\int_a^b f(x)\mathrm{d}x$；

② 变速直线的路程 $s=\int_a^b v(t)\mathrm{d}t$.

思考：试举出符合定积分模型的例子.

定理 1 若 $y=f(x)$ 在闭区间 $[a,b]$ 上连续，则该函数在 $[a,b]$ 上可积.

思考：定积分与不定积分的概念有什么区别？

【**例 1**】 根据定积分的定义计算 $\int_0^1 x^2\mathrm{d}x$.

解 因为 $f(x)=x^2$ 在 $[0,1]$ 上连续，所以定积分存在，且积分与区间 $[0,1]$ 的分法及 ξ_i 的选取无关. 为了计算方便，将区间 $[0,1]$ 分成 n 等份，且取 ξ_i 为每个子区间的右端点，即 $\xi_i=\dfrac{i}{n}$，$(i=1,2,\cdots,n)$，则 $\Delta x_i=\dfrac{1}{n}$，而 $f(\xi_i)=$

$\xi_i^2 = \dfrac{i^2}{n^2}$. 作乘积 $f(\xi_i)\Delta x_i = \dfrac{i^2}{n^2} \cdot \dfrac{1}{n} = \dfrac{i^2}{n^3}$.

于是

$$\begin{aligned}
\sum_{i=1}^{n} f(\xi_i)\Delta x_i &= \sum_{i=1}^{n} \frac{i^2}{n^3} \\
&= \frac{1}{n^3}(1^2 + 2^2 + \cdots + n^2) \\
&= \frac{1}{n^3} \cdot \frac{1}{6} n(n+1)(2n+1) \\
&= \frac{1}{6}\left(1 + \frac{1}{n}\right)\left(2 + \frac{1}{n}\right)
\end{aligned}$$

当 $\Delta x \to 0$ 时, $n \to \infty$. 由定积分的定义, 上式两端取极限, 得

$$\begin{aligned}
\int_0^1 x^2 \mathrm{d}x &= \lim_{\Delta x \to 0} \sum_{i=1}^{n} \xi_i^2 \Delta x_i \\
&= \lim_{n \to \infty} \frac{1}{6}\left(1 + \frac{1}{n}\right)\left(2 + \frac{1}{n}\right) \\
&= \frac{1}{3}
\end{aligned}$$

6.1.3 定积分的几何意义

(1) 当 $f(x) \geqslant 0$ 时, 定积分的几何意义是以曲线 $y = f(x)$, 直线 $x = a$, $x = b$ 及 x 轴为边的曲边梯形的面积 $A = \displaystyle\int_a^b f(x)\mathrm{d}x$.

(2) 当 $f(x) < 0$ 时, 曲边梯形在 x 轴下方, $f(\xi_i) < 0$, 则和式 $\displaystyle\sum_{i=1}^{n} f(\xi_i)\Delta x_i$ 的极限满足

$$\int_a^b f(x)\mathrm{d}x = \lim_{\Delta x \to 0} \sum_{i=1}^{n} f(\xi_i)\Delta x_i < 0$$

此时定积分的几何意义就是在 x 轴下方的曲边梯形面积的相反数 (如图 6-2), 即 $\displaystyle\int_a^b f(x)\mathrm{d}x = -A$.

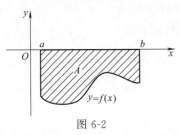

图 6-2

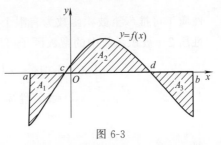

图 6-3

(3) 当 $f(x)$ 在区间 $[a, b]$ 上有正有负时, 则定积分 $\displaystyle\int_a^b f(x)\mathrm{d}x$ 表示在 x 轴上方部分面积的取值与下方部分面积的相反数之和 (如图 6-3), 即 $\displaystyle\int_a^b f(x)\mathrm{d}x = -A_1 + A_2 - A_3$.

思考：如何用定积分求阴影部分的面积？

【例2】 根据定积分的几何意义计算 $\int_0^a \sqrt{a^2-x^2}\,dx\,(a>0)$.

解 如果根据定积分的定义来算，则计算较为复杂，下面利用定积分的几何意义来计算.

由定积分的几何意义，$\int_0^a \sqrt{a^2-x^2}\,dx$ 的值等于由曲线 $y=\sqrt{a^2-x^2}$，$x=0$，$x=a$ 及 x 轴所围曲边梯形的面积，即四分之一的圆的面积.

因而 $\int_0^a \sqrt{a^2-x^2}\,dx = \dfrac{\pi a^2}{4}$.

习题 6-1

1. 用定积分的定义计算定积分 $\int_a^b c\,dx$，其中 c 为一定常数.

2. 用定积分表示由曲线 $y=x^2+1$，直线 $x=1$，$x=2$ 和 x 轴围成的曲边梯形的面积.

3. 根据定积分的几何意义计算：

(1) $\int_0^1 2x\,dx$ (2) $\int_{-2}^2 \sqrt{4-x^2}\,dx$

4. 利用定积分的几何意义说明下列各式成立.

(1) $\int_{-\frac{\pi}{2}}^{\frac{\pi}{2}} \sin x\,dx = 0$

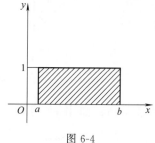

📝 **笔 记**

(2) $\int_{-\frac{\pi}{2}}^{\frac{\pi}{2}} \cos x\,dx = 2\int_0^{\frac{\pi}{2}} \cos x\,dx$

6.2 定积分的性质

本节介绍定积分的基本性质，以下所讨论的函数，总是假设在给定的区间上是可积的.

性质1 两个函数代数和的定积分等于各函数的定积分的代数和.

$$\int_a^b [f(x)\pm g(x)]dx = \int_a^b f(x)dx \pm \int_a^b g(x)dx$$

性质1可推广至被积函数为有限个函数代数和的情形.

性质2 被积函数中的常数因子可以提到积分号前，即

$$\int_a^b kf(x)dx = k\int_a^b f(x)dx \quad (k \text{ 为常数})$$

性质3 如果在区间 $[a,b]$ 上 $f(x)=1$，则

$$\int_a^b 1\,dx = \int_a^b dx = b-a$$

此性质的几何解释如图 6-4.

性质4 （定积分对区间的可加性）

如果积分区间 $[a,b]$ 被点 c 分成两个区间 $[a,c]$ 和 $[c,b]$，则

图 6-4

$$\int_a^b f(x)\mathrm{d}x = \int_a^c f(x)\mathrm{d}x + \int_c^b f(x)\mathrm{d}x$$

当 c 不介于 a，b 之间时，结论仍然成立.

思考：你能给出几何解释吗？

【例 1】 已知 $\int_0^9 f(x)\mathrm{d}x = 9$，$\int_0^5 f(x)\mathrm{d}x = 3$，求 $\int_5^9 f(x)\mathrm{d}x$.

解 由性质 4 得 $\int_0^5 f(x)\mathrm{d}x + \int_5^9 f(x)\mathrm{d}x = \int_0^9 f(x)\mathrm{d}x$，

于是 $\int_5^9 f(x)\mathrm{d}x = \int_0^9 f(x)\mathrm{d}x - \int_0^5 f(x)\mathrm{d}x = 9 - 3 = 6$

【例 2】 已知 $\int_0^2 x^2 \mathrm{d}x = \dfrac{8}{3}$，$\int_0^3 x^3 = 9$，求 $\int_2^3 (x^2 + 1)\mathrm{d}x$.

解
$$\int_2^3 (x^2 + 1)\mathrm{d}x = \int_2^3 x^2 \mathrm{d}x + \int_2^3 \mathrm{d}x$$
$$= \int_0^3 x^2 \mathrm{d}x - \int_0^2 x^2 \mathrm{d}x + \int_2^3 \mathrm{d}x$$
$$= 9 - \frac{8}{3} + 1 = \frac{22}{3}$$

性质 5 如果在区间 $[a,b]$ 上 $g(x) \leqslant f(x)$，则

$$\int_a^b g(x)\mathrm{d}x \leqslant \int_a^b f(x)\mathrm{d}x$$

此性质的几何解释如图 6-5.

【例 3】 比较积分 $\int_0^1 x^2 \mathrm{d}x$ 与 $\int_0^1 x^3 \mathrm{d}x$ 的大小.

解 因为 $x \in [0,1]$ 时，$x^2 \geqslant x^3$.

根据性质 5 知 $\int_0^1 x^2 \mathrm{d}x \geqslant \int_0^1 x^3 \mathrm{d}x$.

性质 6（估值定理） 如果函数 $f(x)$ 在区间 $[a,b]$ 上的最小值和最大值分别为 m 和 M，则

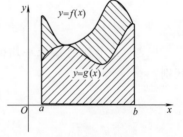

图 6-5

$$m(b - a) \leqslant \int_a^b f(x)\mathrm{d}x \leqslant M(b - a)$$

此性质的几何解释是：由曲线 $y = f(x)$，直线 $x = a$，$x = b$ 及 x 轴所围成的曲边梯形的面积介于以区间 $[a,b]$ 的长度为底，分别以 m 和 M 为高的两个矩形面积之间（如图 6-6）.

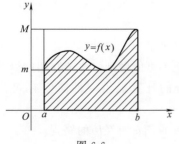

图 6-6

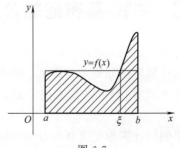

图 6-7

笔 记

【例 4】 估计积分值 $\int_{\frac{1}{2}}^{1} x^4 \mathrm{d}x$ 的大小.

解 因为 $f(x)=x^4$ 在 $\left[\dfrac{1}{2},\ 1\right]$ 单调增加,所以 $f\left(\dfrac{1}{2}\right) \leqslant f(x) \leqslant f(1)$.

由估值定理得

$$\frac{1}{16} \times \left(1-\frac{1}{2}\right) \leqslant \int_{\frac{1}{2}}^{1} x^4 \mathrm{d}x \leqslant 1 \times \left(1-\frac{1}{2}\right)$$

从而

$$\frac{1}{32} \leqslant \int_{\frac{1}{2}}^{1} x^4 \mathrm{d}x \leqslant \frac{1}{2}$$

性质 7(积分中值定理)

如果函数 $f(x)$ 在区间 $[a,b]$ 上连续,则在 $[a,b]$ 上至少有一点 ξ,使得

$$\int_{a}^{b} f(x)\mathrm{d}x = f(\xi)(b-a) \qquad \xi \in [a,b]$$

此性质的几何解释是:由曲线 $y=f(x)$,直线 $x=a$,$x=b$ 及 x 轴所围成的曲边梯形的面积等于以区间 $[a,b]$ 长度为底,$[a,b]$ 中的一点 ξ 处的函数值 $f(\xi)$ 为高的矩形的面积(如图 6-7).

由图 6-7 可以看出 $f(\xi)$ 就是连续函数 $y=f(x)$ 在 $[a,b]$ 上的平均值 $\overline{y}$,即

$$\overline{y} = \frac{1}{b-a} \int_{a}^{b} f(x)\mathrm{d}x$$

思考:n 个数的算术平均值与连续函数 $y=f(x)$ 在 $[a,b]$ 上的平均值有何区别?

笔 记

习题 6-2

1. 比较下列定积分值的大小.

(1) $\int_{1}^{2} \ln x \mathrm{d}x$ 与 $\int_{1}^{2} \ln^2 x \mathrm{d}x$　　(2) $\int_{0}^{1} x \mathrm{d}x$ 与 $\int_{0}^{1} x^2 \mathrm{d}x$

2. 估计定积分的值.

(1) $\int_{-1}^{1} (x^2+1)\mathrm{d}x$　　(2) $\int_{\frac{\pi}{6}}^{\frac{\pi}{4}} (1+\sin^2 x)\mathrm{d}x$.

6.3 牛顿-莱布尼兹公式

要应用定积分解决实际问题,最根本的还是解决定积分的计算问题.利用定积分的定义计算定积分是十分烦琐、困难的,有时甚至不可能做到.本节介绍的微积分基本公式(也称牛顿-莱布尼兹公式),将为定积分的计算提供一种简便有效的计算方法.

引例 计算作变速直线运动的物体从时刻 a 到时刻 b 所经历的路程.

一方面,若已知路程函数 $s(t)$,则从 a 到 b 所走路程就是 $s(b)-s(a)$;

另一方面，若已知速度函数 $v(t)$，则按定积分的概念知道 $[a,b]$ 所经过的路程为 $\int_a^b v(t)\mathrm{d}t$.

所以
$$\int_a^b v(t)\mathrm{d}t = s(b) - s(a)$$

这个等式表明 $\int_a^b v(t)\mathrm{d}t$ 的值等于 $v(t)$ 的原函数 $s(t)$ 在上、下限处函数值之差. 该结论能否推广到一般情况呢？

为了更好地给出微积分基本公式，首先讨论变上限定积分函数及性质.

6.3.1 变上限定积分

设函数 $f(x)$ 在区间 $[a,b]$ 上连续，x 为区间 $[a,b]$ 上任意一点，则 $f(x)$ 在区间 $[a,x]$ 上也连续，所以函数 $f(x)$ 在区间 $[a,x]$ 上也可积. 定积分 $\int_a^x f(t)\mathrm{d}t$（为了区分积分变量与上限变量，用 t 表示积分变量）对于每一个 $x \in [a,b]$ 都有一个确定的值与之对应，则它是定义在区间 $[a,b]$ 上的 x 的函数，记为

$$\Phi(x) = \int_a^x f(t)\mathrm{d}t \quad x \in [a,b]$$

通常称函数 $\Phi(x)$ 为变上限定积分函数或变上限定积分.

变上限定积分函数的几何意义是：如果 $f(x) > 0$，对 $[a,b]$ 上任意 x，都对应唯一一个曲边梯形的面积 $\Phi(x)$，如图 6-8 中的阴影部分.

定理 1　[原函数存在定理] 若函数 $f(x)$ 在区间 $[a,b]$ 上连续，则变上限定积分

$$\Phi(x) = \int_a^x f(t)\mathrm{d}t$$

在区间 $[a,b]$ 上可导，并且它的导数等于被积函数在上限 x 处的值，即

$$\Phi'(x) = \left[\int_a^x f(t)\mathrm{d}t\right]' = f(x)$$

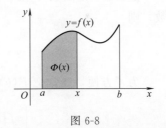

图 6-8

由定理 1 可知，如果函数 $f(x)$ 在区间 $[a,b]$ 上连续，则变上限定积分 $\Phi(x) = \int_a^x f(t)\mathrm{d}t$ 就是函数 $f(x)$ 在区间 $[a,b]$ 上的一个原函数，所以此定理称为原函数存在定理.

【例 1】　已知 $\Phi(x) = \int_0^x \mathrm{e}^{2t}\mathrm{d}t$，求 $\Phi'(x)$.

解　由定理 1，得
$$\Phi'(x) = \left[\int_0^x \mathrm{e}^{2t}\mathrm{d}t\right]' = \mathrm{e}^{2x}$$

【例 2】　设 $y = \int_0^{x^2} \sin(t^2)\mathrm{d}t$，求 $\dfrac{\mathrm{d}y}{\mathrm{d}x}$.

解　这是变上限定积分，上限变量是 x^2

设 $u = x^2$，则
$$\int_0^{x^2} \sin(t^2)\mathrm{d}t = \int_0^u \sin(t^2)\mathrm{d}t = P(u)$$

笔记

则 $\int_0^{x^2} \sin(t^2)\mathrm{d}t = P(u)$ 是 x 的复合函数，由复合函数求导公式得

$$\frac{\mathrm{d}y}{\mathrm{d}x} = \frac{\mathrm{d}}{\mathrm{d}x}[P(u)]$$

$$= P'(u)\frac{\mathrm{d}u}{\mathrm{d}x}$$

$$= \frac{\mathrm{d}}{\mathrm{d}u}\left[\int_0^u \sin(t^2)\mathrm{d}t\right] \cdot \frac{\mathrm{d}}{\mathrm{d}x}(x^2)$$

$$= \sin(u^2) \cdot 2x = 2x\sin(x^4)$$

注意： 一般地，如果 $g(x)$ 可导，则

$$\left[\int_a^{g(x)} f(t)\mathrm{d}t\right]' = f(g(x)) \cdot g'(x)$$

【例3】 设 $\Phi(x) = \int_0^x \sin t^2 \mathrm{d}t$ ，求 $\Phi'\left(\frac{\sqrt{\pi}}{2}\right)$.

解 因为 $\quad \Phi'(x) = \dfrac{\mathrm{d}}{\mathrm{d}x}\displaystyle\int_0^x \sin t^2 \mathrm{d}t = \sin x^2$，故

$$\Phi'\left(\frac{\sqrt{\pi}}{2}\right) = \sin\frac{\pi}{4} = \frac{\sqrt{2}}{2}$$

6.3.2 牛顿-莱布尼兹公式 (Newton-Leibniz)

定理2 设函数 $f(x)$ 在区间 $[a,b]$ 上连续，$F(x)$ 是 $f(x)$ 的任一原函数，则

$$\int_a^b f(x)\mathrm{d}x = F(b) - F(a)$$

为了方便，通常把 $F(b) - F(a)$ 记作 $F(x)\Big|_a^b$，则

$$\int_a^b f(x)\mathrm{d}x = F(x)\Big|_a^b = F(b) - F(a)$$

上式称为牛顿-莱布尼兹公式，它也称为微积分基本公式．用此公式可以方便有效地计算定积分，即要求函数 $f(x)$ 在区间 $[a,b]$ 上的定积分，只需求出 $f(x)$ 在区间 $[a,b]$ 上的一个原函数 $F(x)$，并计算 $F(b) - F(a)$ 即可．

【例4】 计算 $\int_0^1 x^2 \mathrm{d}x$．

解 $\quad \displaystyle\int_0^1 x^2 \mathrm{d}x = \frac{1}{3}x^3\Big|_0^1 = \frac{1}{3} - 0 = \frac{1}{3}$

【例5】 计算 $\int_0^1 (x^3 - 2x + 4)\mathrm{d}x$．

解 $\quad \displaystyle\int_0^1 (x^3 - 2x + 4)\mathrm{d}x = \left(\frac{1}{4}x^4 - x^2 + 4x\right)\Big|_0^1 = \frac{13}{4} - 0 = \frac{13}{4}$

【例6】 计算 $\int_0^1 \mathrm{e}^x \mathrm{d}x$．

解 $\quad \displaystyle\int_0^1 \mathrm{e}^x \mathrm{d}x = \mathrm{e}^x\Big|_0^1 = \mathrm{e}^1 - \mathrm{e}^0 = \mathrm{e} - 1$

笔记

【例7】　计算 $\displaystyle\int_{-2}^{-1}\frac{1}{x}\mathrm{d}x$.

解　$\displaystyle\int_{-2}^{-1}\frac{1}{x}\mathrm{d}x=\ln|x|\ \big|_{-2}^{-1}=\ln1-\ln2=-\ln2$

【例8】　计算 $\displaystyle\int_{0}^{\frac{\pi}{2}}\cos x\,\mathrm{d}x$.

解　$\displaystyle\int_{0}^{\frac{\pi}{2}}\cos x\,\mathrm{d}x=\sin x\ \big|_{0}^{\frac{\pi}{2}}=\sin\frac{\pi}{2}-\sin0=1$

【例9】　计算 $\displaystyle\int_{0}^{1}\frac{1}{1+x^{2}}\mathrm{d}x$.

解　$\displaystyle\int_{0}^{1}\frac{1}{1+x^{2}}\mathrm{d}x=\arctan x\ \big|_{0}^{1}=\arctan1-\arctan0=\frac{\pi}{4}$

【例10】　计算 $\displaystyle\int_{-1}^{3}|2-x|\mathrm{d}x$.

解　被积函数 $|2-x|$ 中的 $2-x$ 在区间 $[-1,3]$ 上有正有负，必须分区间来计算，由定积分区间的可加性

$$\int_{-1}^{3}|2-x|\mathrm{d}x=\int_{-1}^{2}(2-x)\mathrm{d}x+\int_{2}^{3}(x-2)\mathrm{d}x$$
$$=\left(2x-\frac{x^{2}}{2}\right)\Big|_{-1}^{2}+\left(\frac{x^{2}}{2}-2x\right)\Big|_{2}^{3}$$
$$=4\frac{1}{2}+\frac{1}{2}=5$$

由例10可以看出，当被积函数含有绝对值符号时，应用定积分的性质，把积分区间分成若干个子区间，从而去掉绝对值符号，然后分别在各个子区间上求定积分.

 笔记

习题 6-3

1. 计算下列各函数的导数.

(1) $\displaystyle\Phi(x)=\int_{0}^{x}\sin t\,\mathrm{d}t$　　　　(2) $\displaystyle\Phi(x)=\int_{0}^{x^{2}}\sqrt{1+t^{2}}\,\mathrm{d}t$

(3) $\displaystyle\Phi(x)=\int_{1}^{\mathrm{e}^{x}}\frac{\ln t}{t}\mathrm{d}t$　　　　(4) $\displaystyle\Phi(x)=\int_{x}^{x^{2}}\sin t\,\mathrm{d}t$

2. 求下列极限.

(1) $\displaystyle\lim_{x\to0}\frac{\int_{0}^{x}\sin2t\,\mathrm{d}t}{x\sin x}$　　　　(2) $\displaystyle\lim_{x\to0}\frac{\int_{0}^{x}\arctan t\,\mathrm{d}t}{x^{2}}$

3. 求下列定积分.

(1) $\displaystyle\int_{1}^{2}\left(x+\frac{1}{x}\right)^{2}\mathrm{d}x$　　　　(2) $\displaystyle\int_{0}^{\pi}\cos^{2}\frac{x}{2}\mathrm{d}x$

(3) $\displaystyle\int_{0}^{\pi}|\cos x|\mathrm{d}x$　　　　(4) 已知 $f(x)=\begin{cases}x-1,&-1\leqslant x<0\\x^{2}+1,&0\leqslant x\leqslant1\end{cases}$，求 $\displaystyle\int_{-1}^{1}f(x)\mathrm{d}x$

6.4　定积分的换元积分法与分部积分法

通过求原函数可以计算出不定积分，而求原函数的方法有换元积分法与分部积分

法．对定积分也有相应的换元积分法与分部积分法．

6.4.1　定积分的换元积分法

定理 1　设函数 $f(x)$ 在区间 $[a,b]$ 上连续，令 $x=\varphi(t)$，如果

（1）函数 $x=\varphi(t)$ 在区间 $[\alpha,\beta]$ 上有连续导数 $\varphi'(t)$；

（2）当 t 在区间 $[\alpha,\beta]$ 上变化时，$x=\varphi(t)$ 的值从 $\varphi(\alpha)=a$ 单调地变到 $\varphi(\beta)=b$．

则

$$\int_a^b f(x)\mathrm{d}x=\int_\alpha^\beta f[\varphi(t)]\varphi'(t)\mathrm{d}t$$

上式称为定积分的换元公式．

证明　因为 $f(x)$ 在区间 $[a,b]$ 上连续，所以 $f(x)$ 在区间 $[a,b]$ 上可积，设 $F(x)$ 是 $f(x)$ 的一个原函数，由牛顿-莱布尼兹公式得 $\int_a^b f(x)\mathrm{d}x=F(x)\Big|_a^b=F(b)-F(a)$

由不定积分换元法知 $\int f[\varphi(t)]\varphi'(t)\mathrm{d}t=F[\varphi(t)]+C$ ，则有

$$\begin{aligned}\int_\alpha^\beta f[\varphi(t)]\varphi'(t)\mathrm{d}t&=F[\varphi(t)]\Big|_\alpha^\beta\\&=F[\varphi(\beta)]-F[\varphi(\alpha)]\\&=F(b)-F(a)\end{aligned}$$

📝 **笔记**

于是有 $\int_a^b f(x)\mathrm{d}x=\int_\alpha^\beta f[\varphi(t)]\varphi'(t)\mathrm{d}t$ ．

用上述公式时，应注意积分限要相应地换，即 a，b 与 α，β 的关系是 $a=\varphi(\alpha)$，$b=\varphi(\beta)$，而 α 不一定小于 β．

注意：换元必换限，上限对上限，下限对下限．

【**例** 1】　计算 $\int_1^e \dfrac{\ln^2 x}{x}\mathrm{d}x$ ．

解　$\int_1^e \dfrac{\ln^2 x}{x}\mathrm{d}x=\int_1^e \ln^2 x\,\mathrm{d}(\ln x)=\dfrac{\ln^3 x}{3}\Big|_1^e=\dfrac{1}{3}$

注意：对于第一类换元积分法，若采用凑微分法，不必改变积分上下限．

思考：在本例中若采用变量代换（令 $u=\ln x$），计算过程又将如何？

【**例** 2】　计算 $\int_{-1}^1 \dfrac{e^x}{1+e^x}\mathrm{d}x$ ．

解　$\begin{aligned}\int_{-1}^1 \dfrac{e^x}{1+e^x}\mathrm{d}x&=\int_{-1}^1 \dfrac{1}{1+e^x}\mathrm{d}(1+e^x)\\&=\ln(1+e^x)\Big|_{-1}^1\\&=\ln(1+e)-\ln\Big(1+\dfrac{1}{e}\Big)\\&=1\end{aligned}$

【例 3】 计算 $\int_0^4 \dfrac{\mathrm{d}x}{1+\sqrt{x}}$.

解 令 $\sqrt{x}=t$ ，则 $x=t^2$ ，$\mathrm{d}x=2t\,\mathrm{d}t$. 当 $x=0$ 时，$t=0$；当 $x=4$ 时，$t=2$. 于是有

$$\int_0^4 \frac{\mathrm{d}x}{1+\sqrt{x}} = \int_0^2 \frac{2t}{1+t}\mathrm{d}t$$
$$= 2\int_0^2 \frac{t+1-1}{1+t}\mathrm{d}t$$
$$= 2\int_0^2 \left(1-\frac{1}{1+t}\right)\mathrm{d}t$$
$$= 2\left[t-\ln|1+t|\right]\Big|_0^2$$
$$= 4-2\ln 3$$

【例 4】 求 $\int_0^3 \dfrac{x}{\sqrt{1+x}}\mathrm{d}x$.

解：令 $\sqrt{1+x}=t$ ，则 $x=t^2-1$ ，$\mathrm{d}x=2t\,\mathrm{d}t$. 当 $x=0$ 时，$t=1$；当 $x=3$ 时，$t=2$. 于是有

$$\int_0^3 \frac{x}{\sqrt{1+x}}\mathrm{d}x = \int_1^2 \frac{t^2-1}{t}g\,2t\,\mathrm{d}t = 2\int_1^2 (t^2-1)\mathrm{d}t$$
$$= 2\left[\frac{1}{3}t^3-t\right]_1^2 = \frac{8}{3}$$

【例 5】 求 $\int_0^8 \dfrac{\mathrm{d}x}{1+\sqrt[3]{x}}$.

解 令 $\sqrt[3]{x}=t$ ，则 $x=t^3$ ，$\mathrm{d}x=3t^2\,\mathrm{d}t$. 当 $x=0$ 时，$t=0$；当 $x=8$ 时，$t=2$. 于是有

$$\int_0^8 \frac{\mathrm{d}x}{1+\sqrt[3]{x}} = \int_0^2 \frac{3t^2}{1+t}\mathrm{d}t$$
$$= 3\int_0^2 \left(\frac{t^2-1+1}{1+t}\right)\mathrm{d}t$$
$$= 3\int_0^2 (t-1+\frac{1}{1+t})\mathrm{d}t$$
$$= 3\left(\frac{t^2}{2}-t+\ln(1+t)\right)\Big|_0^2$$
$$= 3\ln 3$$

【例 6】 求 $\int_0^{\frac{\pi}{2}} \cos^3 x \sin x\,\mathrm{d}x$.

解法 1 设 $t=\cos x$ ，则 $\mathrm{d}t=-\sin x\,\mathrm{d}x$. 当 $x=0$ 时，$t=1$；当 $x=\frac{\pi}{2}$ 时，$t=0$. 于是有

$$\int_0^{\frac{\pi}{2}} \cos^3 x \sin x\,\mathrm{d}x = \int_1^0 t^3 \cdot (-\mathrm{d}t) = \int_0^1 t^3\,\mathrm{d}t = \left[\frac{1}{4}t^4\right]_0^1 = \frac{1}{4}$$

解法 2 $\int_0^{\frac{\pi}{2}} \cos^3 x \sin x\,\mathrm{d}x = -\int_0^{\frac{\pi}{2}} \cos^3 x\,\mathrm{d}(\cos x) = \left[-\frac{1}{4}\cos^4 x\right]_0^{\frac{\pi}{2}} = \frac{1}{4}$

笔 记

解法 1 是变量替换法，上下限要改变；解法 2 是凑微分法，上下限不改变.

【例 7】 求 $\int_0^1 \sqrt{1-x^2}\,dx$.

解 设 $x=\sin t$，则 $dx=\cos t\,dt$. 当 $x=0$ 时，$t=0$；当 $x=1$ 时，$t=\dfrac{\pi}{2}$. 于是有

$$\int_0^1 \sqrt{1-x^2}\,dx = \int_0^{\frac{\pi}{2}} \cos^2 t\,dt = \frac{1}{2}\int_0^{\frac{\pi}{2}}(1+\cos 2t)\,dt$$

$$= \frac{1}{2}\left[t+\frac{1}{2}\sin 2t\right]_0^{\frac{\pi}{2}} = \frac{\pi}{4}$$

6.4.2 定积分的分部积分法

定理 2 ［定积分的分部积分法］ 设函数 $u(x)$，$v(x)$ 在 $[a,b]$ 上具有连续的导数，则有

$$\int_a^b u\,dv = [uv]_a^b - \int_a^b v\,du$$

证明 设函数 $u=u(x)$，$v=v(x)$ 在区间 $[a,b]$ 上具有连续导数 $u'=u'(x)$，$v'=v'(x)$，由乘积的导数公式得 $(uv)'=u'v+uv'$

等式两端取区间 $[a,b]$ 上的定积分，得

$$\int_a^b (uv)'\,dx = \int_a^b u'v\,dx + \int_a^b uv'\,dx$$

$$\int_a^b (uv)'\,dx = (uv)\Big|_a^b$$

移项，得

$$\int_a^b u\,dv = (uv)\Big|_a^b - \int_a^b v\,du$$

上式称为定积分的分部积分公式.

【例 8】 计算 $\int_1^5 \ln x\,dx$.

解 设 $u=\ln x$，$dv=dx$，则 $du=\dfrac{1}{x}dx$，$v=x$. 于是有

$$\int_1^5 \ln x\,dx = x\ln x\Big|_1^5 - \int_1^5 x\cdot\frac{1}{x}dx$$

$$= 5\ln 5 - x\Big|_1^5 = 5\ln 5 - 4$$

【例 9】 计算 $\int_0^{\frac{1}{2}} \arcsin x\,dx$.

解 $\int_0^{\frac{1}{2}} \arcsin x\,dx = x\arcsin x\Big|_0^{\frac{1}{2}} - \int_0^{\frac{1}{2}} x\cdot\frac{1}{\sqrt{1-x^2}}dx$

$$= \frac{\pi}{12} - \frac{1}{2}\int_0^{\frac{1}{2}} \frac{1}{\sqrt{1-x^2}}d(1-x^2)$$

笔 记

$$= \frac{\pi}{12} + \sqrt{1-x^2} \Big|_0^{\frac{1}{2}} = \frac{\pi}{12} + \frac{\sqrt{3}}{2} - 1$$

【例 10】 计算 $\int_0^1 x e^x dx$.

解
$$\int_0^1 x e^x dx = \int_0^1 x de^x$$
$$= x e^x \Big|_0^1 - \int_0^1 e^x dx = x e^x \Big|_0^1 - e^x \Big|_0^1$$
$$= e^x(x-1) \Big|_0^1 = 1$$

【例 11】 求 $\int_1^2 x \ln x \, dx$.

解
$$\int_1^2 x \ln x \, dx = \frac{1}{2} \int_1^2 \ln x \, d(x^2) = \frac{1}{2} x^2 \ln x \Big|_1^2 - \frac{1}{2} \int_1^2 x^2 d(\ln x)$$
$$= 2\ln 2 - \frac{1}{2} \int_1^2 x \, dx = 2\ln 2 - \frac{1}{4} x^2 \Big|_1^2 = 2\ln 2 - \frac{3}{4}$$

【例 12】 求 $\int_0^\pi x \cos x \, dx$.

解
$$\int_0^\pi x \cos x \, dx = \int_0^\pi x \, d\sin x = x \sin x \Big|_0^\pi - \int_0^\pi \sin x \, dx$$
$$= 0 - \int_0^\pi \sin x \, dx = \cos x \Big|_0^\pi = -2$$

【例 13】 求 $\int_0^1 e^{\sqrt{x}} dx$.

📝 **笔记**

解 令 $\sqrt{x} = t$, 则 $x = t^2$, $dx = 2t \, dt$. 当 $x=0$ 时, $t=0$ 时; 当 $x=1$ 时, $t=1$. 于是有

$$\int_0^1 e^{\sqrt{x}} dx = 2 \int_0^1 t e^2 dt = 2 \int_0^1 t de^t = 2t e^t \Big|_0^1 - 2 \int_0^1 e^t dt$$
$$= 2e - 2e^t \Big|_0^1 = 2e - (2e - 2) = 2$$

此题先用换元积分法, 然后用分部积分法.

习题 6-4

求下列定积分.

(1) $\int_1^e \frac{1+\ln x}{x} dx$

(2) $\int_0^1 \frac{x \, dx}{1+x^2}$

(3) $\int_1^9 \frac{1}{x+\sqrt{x}} dx$

(4) $\int_1^4 \frac{\sqrt{x-1}}{x} dx$

(5) $\int_0^1 \sqrt{4-x^2} \, dx$

(6) $\int_0^4 e^{\sqrt{x}} dx$

(7) $\int_1^2 \ln x \, dx$

(8) $\int_0^{\frac{\pi}{2}} x \sin x \, dx$

(9) $\int_0^{\frac{\pi}{2}} e^x \cos x \, dx$

(10) $\int_0^1 \arctan x \, dx$

6.5 定积分的应用举例

本节以定积分概念中所体现出的微元分析法为基础，着重讨论定积分在几何学和经济学中的一些应用.

6.5.1 微元法

为了更好说明微元分析法，首先回顾一下定积分概念产生的过程，即求曲边梯形面积 A 的方法与步骤.

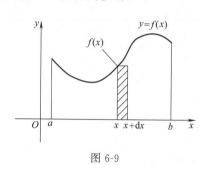

图 6-9

（1）分割求近似：将区间 $[a, b]$ 分割成 n 个小区间，相应地得到 n 个小曲边梯形，第 i 个小曲边梯形的面积记为 ΔA_i（$i=1, 2, 3, \cdots, n$），则

$$\Delta A_i \approx f(\xi_i)\Delta x_i (i=1,2,3,\cdots,n)$$

（2）作和取极限：$A \approx \sum_{i=1}^{n} f(\xi_i)\Delta x_i$，则

$$A = \lim_{\Delta x \to 0} \sum_{i=1}^{n} f(\xi_i)\Delta x_i$$

上述第（2）步将 A 归结为"和式的极限"形式就是定积分的概念，即

$$\lim_{\Delta x \to 0} \sum_{i=1}^{n} f(\xi_i)\Delta x_i = \int_a^b f(x)\mathrm{d}x$$

上述两个步骤中第（1）步要求的量（面积 A）具有两个特性：一是与区间 $[a, b]$ 有关，二是对于区间 $[a, b]$ 具有可加性，即所求量（面积 A）的大小可以表示成每一小区间 $[x_{i-1}, x_i]$ 上相应部分量（小曲边梯形面积 A）ΔA_i 的累加（即 $A = \lim_{\Delta x \to 0} \sum_{i=1}^{n} f(\xi_i)\Delta x_i$），分割后的每一个部分量（小曲边梯形）$\Delta A_i$，实际上是总量（面积 A）的一个很微小的部分；第（1）步关键是用近似代替（以曲代直）求每一个部分量（小曲边梯形面积）ΔA_i 的大小，即 $\Delta A_i \approx f(\xi_i)\Delta x_i$.

这一步实际上确定了被积表达式 $f(x)\mathrm{d}x$ 的雏形，如果用 ΔA 表示任一小区间 $[x, x+\mathrm{d}x]$ 上的小曲边梯形的面积，并取 $[x, x+\mathrm{d}x]$ 的左端点 x 为 ξ（省略下标），这样同样运用以曲代直的思想，以点 x 的函数值 $f(x)$ 为高，$\mathrm{d}x$ 为底的小矩形面积 $f(x)\mathrm{d}x$ 就是 ΔA 的近似值，即 $\Delta A \approx f(x)\mathrm{d}x$，显然 $f(x)\mathrm{d}x$ 和 $f(\xi_i)\Delta x_i$ 都代表了部分量的大小，为突出其重要性，称 $f(x)\mathrm{d}x$ 为（面积）微元，并记为 $\mathrm{d}A = f(x)\mathrm{d}x$（如图 6-9），由此，第（2）步面积 A 就是面积微元在 $[a, b]$ 上的无限累加，即

$$A = \int_a^b \mathrm{d}A = \int_a^b f(x)\mathrm{d}x$$

综上所述，定积分就是求微元在所给定区间的定积分，只要所求的量可以用"分割求近似、作和取极限"两个步骤计算就能表示成所求量微元的定积分形式，称之为微元法.

一般说来，如果某一实际问题中所求量 F 满足条件：F 是与变量 x 的变化区间

笔记

$[a,b]$ 有关的量，且 F 对于该区间具有可加性，即如果把区间 $[a,b]$ 分成若干个部分区间，则 F 相应地分成若干个部分量，从而 F 等于所有这些部分量的和．这样一来，所求量 F 就可用定积分来计算．具体步骤如下：

(1) 确定积分变量 x，并求出相应的积分区间 $[a,b]$；

(2) 在区间 $[a,b]$ 上任取一个小区间 $[x,x+\mathrm{d}x]$，并在小区间上找出所求量 F 的微元 $\mathrm{d}F=f(x)\mathrm{d}x$；

(3) 写出所求量 F 的积分表达式 $F=\int_a^b f(x)\mathrm{d}x$，然后计算它的值．

6.5.2　平面图形的面积

在本章 6.1 节中，知道由曲线 $y=f(x)(f(x)\geqslant0)$ 与直线 $x=a$，$x=b$ 及 x 轴所围成的曲边梯形的面积为 $S=\int_a^b f(x)\mathrm{d}x$．如果 $f(x)<0$，曲边梯形面积为 $S=-\int_a^b f(x)\mathrm{d}x$．

设函数 $f(x)$，$g(x)$ 在区间 $[a,b]$ 上连续，$f(x)\geqslant g(x)$，则由曲线 $y=f(x)$，$y=g(x)$ 与直线 $x=a$，$x=b$ 所围成的平面图形的面积为 $S=\int_a^b [f(x)-g(x)]\mathrm{d}x$ （如图 6-10）．

类似可得，由连续曲线 $x=\varphi(y)$，$x=\psi(y)(\varphi(y)\geqslant\psi(y))$ 与直线 $y=c$，$y=d$ 所围成的平面图形的面积为 $S=\int_c^d [\varphi(y)-\psi(y)]\mathrm{d}y$ （如图 6-11）．

📝 笔记

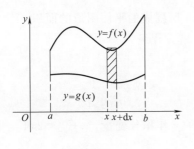

图 6-10

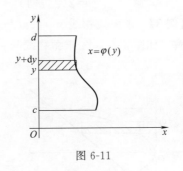

图 6-11

【**例 1**】　求由曲线 $y=x^2$ 与 $y=\sqrt{x}$ 所围成的平面图形的面积．

解　如图 6-12，先求出 $y=x^2$ 与 $y=\sqrt{x}$ 交点分别为 $(0,0)$，$(1,1)$，则所求面积

$$S=\int_0^1 (\sqrt{x}-x^2)\mathrm{d}x$$

$$=\left(\frac{2}{3}x^{\frac{3}{2}}-\frac{1}{3}x^3\right)\Big|_0^1=\frac{1}{3}$$

【**例 2**】　求曲线 $y=\sin x$ 与 $y=\cos x$，$x=0$，$x=\dfrac{\pi}{2}$ 所围成的平面图形的面积．

解　如图 6-13，曲线 $y=\sin x$ 与 $y=\cos x$ 交点为 $\left(\dfrac{\pi}{4},\dfrac{\sqrt{2}}{2}\right)$．根据正弦、余弦函

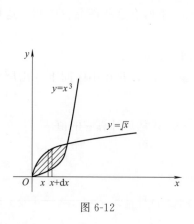

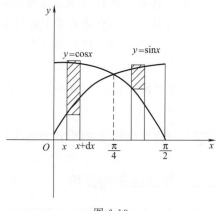

图 6-12   图 6-13

数性质知，当 $x \in \left[0, \dfrac{\pi}{4}\right]$ 时，$\sin x \leqslant \cos x$；当 $x \in \left[\dfrac{\pi}{4}, \dfrac{\pi}{2}\right]$ 时，$\sin x \geqslant \cos x$，则所求面积

$$S = \int_0^{\frac{\pi}{4}} (\cos x - \sin x)\,\mathrm{d}x + \int_{\frac{\pi}{4}}^{\frac{\pi}{2}} (\sin x - \cos x)\,\mathrm{d}x$$

$$= (\sin x + \cos x)\Big|_0^{\frac{\pi}{4}} + (-\cos x - \sin x)\Big|_{\frac{\pi}{4}}^{\frac{\pi}{2}}$$

$$= 2(\sqrt{2} - 1)$$

📝 笔 记

【例 3】 求由抛物线 $y^2 = 2x$ 与直线 $y = x - 4$ 所围成的平面图形的面积.

解 如图 6-14，先求抛物线与直线的交点，解方程组

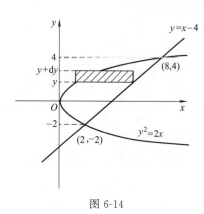

图 6-14

$$\begin{cases} y^2 = 2x \\ y = x - 4 \end{cases}$$

得交点 $A(2, -2)$，$B(8, 4)$

如果选择 y 作积分变量，$y \in [-2, 4]$，则所求面积

$$S = \int_{-2}^4 \left[(y + 4) - \frac{y^2}{2} \right] \mathrm{d}y$$

$$= \left(\frac{y^2}{2} + 4y - \frac{y^3}{6} \right) \Big|_{-2}^4 = 18$$

如果选择 x 作积分变量，$x \in [0, 8]$，则所求平面图形的面积要分块

$$S = \int_0^2 \left[\sqrt{2x} - (-\sqrt{2x}) \right] \mathrm{d}x + \int_2^8 \left[\sqrt{2x} - (x - 4) \right] \mathrm{d}x = 18$$

求平面图形面积时，要选择适当的积分变量，使计算简便.

思考：用微元法将求面积问题转化为定积分模型时需要明确的主要因素是什么？这些因素的几何意义是什么？

6.5.3 经济应用问题举例

当已知边际函数或变化率，求总量函数（总成本、总收益、总利润等）或总量函数在某个范围内的总量时，经常应用定积分进行计算。以下是三种常见情形：

（1）已知边际成本 $C'(q)$，固定成本 C_0，则总成本函数为

$$C(q) = \int_0^q C'(t)\mathrm{d}t + C_0$$

产量由 a 变到 b 时总成本的增量为

$$\Delta C = C(b) - C(a) = \int_a^b C'(t)\mathrm{d}t$$

（2）已知边际收益 $R'(q)$，则总收益函数为

$$R(q) = \int_0^q R'(t)\mathrm{d}t$$

产量由 a 变到 b 时总收益的增量为

$$\Delta R = R(b) - R(a) = \int_a^b R'(t)\mathrm{d}t$$

（3）已知边际利润 $L'(q)$，则总利润函数为

$$L(q) = \int_0^q L'(t)\mathrm{d}t$$

产量由 a 变到 b 时总利润的增量为

$$\Delta L = L(b) - L(a) = \int_a^b L'(t)\mathrm{d}t$$

📝 笔记

【例4】 设某产品在时刻 t 总产量的变化率为

$$f(t) = 100 + 12t - 0.6t^2 \text{（单位/小时）}$$

求从 $t=2$ 到 $t=4$ 这两个小时的总产量。

解 总产量 $P(t)$ 是其变化率 $f(t)$ 的原函数，所以从 $t=2$ 到 $t=4$ 这两个小时的总产量为

$$\begin{aligned}
\int_2^4 f(t)\mathrm{d}t &= \int_2^4 (100 + 12t - 0.6t^2)\mathrm{d}t \\
&= (100t + 6t^2 - 0.2t^3)\Big|_2^4 \\
&= 100(4-2) + 6(4^2 - 2^2) - 0.2(4^3 - 2^3) \\
&= 260.8 \text{（单位）}
\end{aligned}$$

【例5】 某工厂某产品的产量为 x 单位时，总成本的变化率（即边际成本）为

$$f(x) = 7 + \frac{25}{\sqrt{x}} \text{（元/单位）}$$

已知固定成本为 $C(0)=0$，当日产量为 10000 单位时，总成本为多少？

解 因为总成本是边际成本的原函数，即

$$\begin{aligned}
C(x) &= \int f(x)\mathrm{d}x = \int \left(7 + \frac{25}{\sqrt{x}}\right)\mathrm{d}x \\
&= 7x + 50\sqrt{x} + C_1
\end{aligned}$$

又 $\qquad\qquad\qquad\qquad C_1 = C(0) = 0$

故 $\qquad\qquad\qquad C(10000) = 70000 + 50\sqrt{10000} = 75000$

【例6】 已知生产某产品 q 单位时的边际收入为 $R'(q) = 100 - 2q$（元/单位），求生产 40 单位时的总收入，并求再增加生产 10 单位时所增加的总收入.

解 总收入函数 $R(q) - R(0) = \int_0^q R'(q)\mathrm{d}q$，$R(0) = 0$

生产 40 单位时的总收入

$$
\begin{aligned}
R(40) &= \int_0^{40} (100 - 2q)\mathrm{d}q \\
&= (100q - q^2)\Big|_0^{40} \\
&= 2400 \text{（元）}
\end{aligned}
$$

在生产 40 单位后生产 10 单位所增加的总收入

$$
\begin{aligned}
\Delta R &= R(50) - R(40) \\
&= \int_{40}^{50} R'(q)\mathrm{d}q = \int_{40}^{50} (100 - 2q)\mathrm{d}q \\
&= (100q - q^2)\Big|_{40}^{50} = 100 \text{（元）}
\end{aligned}
$$

思考：用微元法解决实际问题的思路及主要步骤如何？

 笔 记

【例7】 设某产品的边际成本是产量 q 的函数

$$C'(q) = 4 + 0.25q \text{（万元/吨）}$$

(1) 设固定成本为 $C_0 = 10$（万元），求总成本函数.

(2) 求产量由 10t 增加到 50t 时，总成本增加多少？

解 (1) 总成本函数 $\quad C(q) = \int_0^q C'(t)\mathrm{d}t + C_0 = \int_0^q (4 + 0.25t)\mathrm{d}t + 10$

$$= \left[4t + \frac{1}{8}t^2\right]_0^q + 10 - 10 + 4q + \frac{1}{8}q^2$$

(2) $\Delta C = C(50) - C(10) = \int_{10}^{50} C'(t)\mathrm{d}t = \int_{10}^{50} (4 + 0.25t)\mathrm{d}t = \left[4t + \frac{1}{8}t^2\right]_{10}^{50} = 460$

【例8】 生产某产品的边际成本为 $C'(q) = 8q$（单位：万元/百台），边际收益为 $R'(q) = 100 - 2q$，其中 q 是产量，试求

(1) 产量为多少时，利润最大？

(2) 从利润最大的产量再生产 200 台，利润有什么变化？

解 (1) $L'(q) = R'(q) - C'(q) = 100 - 2q - 8q = 10(10 - q)$

令 $L'(q) = 0$ 即 $10 - q = 0$，得驻点 $q = 10$

由于驻点唯一，则产量为 10 百台时利润最大.

(2) 在最大利润的产量 10 百台再增加 2 百台，利润的变化为

$$\Delta L = \int_{10}^{12} (100 - 10q)\mathrm{d}q = (100q - 5q^2)\Big|_{10}^{12} = -20 \text{（万元）}$$

所以当产量由 10 百台增加到 12 百台时，利润减少了 20 万元.

习题 6-5

1. 求由下列曲线所围成的平面图形的面积.

(1) $y=x$，$y=x^2$

(2) $y=\dfrac{1}{x}$，$y=x$，$x=2$

(3) $y^2=2x$，$2x+y-2=0$

(4) $y=x^3$，$y=\sqrt[3]{x}$

(5) $y=x^2$，$y=x$，$y=2x$

2. 已知某产品总产量 Q 在时刻 t 的变化率为 $Q'(t)=200+16t-t^2$（kg/h），求从 $t=1$ 到 $t=2$ 这一小时的总产量.

3. 设某产品的边际成本是产量 Q 的函数 $C'(Q)=4+0.25Q$（万元/吨），边际收入也是产量 Q 的函数 $R'(Q)=80-Q$（万元/吨）.

(1) 求产量由 10 吨增加到 50 吨时，总成本与总收入各增加多少？

(2) 设固定成本为 $C(0)=10$（万元），求总成本函数和总收入函数.

复习题 6

一、选择题

(1) 设 $f(x)$ 为连续函数，则 $\dfrac{\mathrm{d}}{\mathrm{d}x}\displaystyle\int_a^b f(x)\mathrm{d}x$ 等于（　　）.

A. $f(b)-f(a)$ 　　　 B. $f(b)$ 　　　 C. $-f(a)$ 　　　 D. 0

笔记

(2) 设 $f(x)$ 在区间 $[a,b]$ 上连续，则 $\displaystyle\int_a^b f(x)\mathrm{d}x-\int_a^b f(t)\mathrm{d}t$ 的值（　　）.

A. 小于零 　　　 B. 等于零 　　　 C. 大于零 　　　 D. 不确定

(3) 设 $f(x)$ 在区间 $[a,b]$ 上连续，则曲线 $y=f(x)$ 与直线 $x=a$，$x=b$，$y=0$ 所围图形的面积为（　　）.

A. $\displaystyle\int_a^b f(x)\mathrm{d}x$ 　　 B. $\left|\displaystyle\int_a^b f(x)\mathrm{d}x\right|$ 　　 C. $\displaystyle\int_a^b |f(x)|\mathrm{d}x$ 　　 D. 不确定

(4) 下列定积分的值不为 0 的是（　　）.

A. $\displaystyle\int_{-1}^1 x\cos x\,\mathrm{d}x$ 　 B. $\displaystyle\int_{-1}^1 x\cos x^2\,\mathrm{d}x$ 　 C. $\displaystyle\int_{-1}^1 x^2\cos x\,\mathrm{d}x$ 　 D. $\displaystyle\int_{-1}^1 \sin x\cos x\,\mathrm{d}x$

(5) 设 $f(x)$ 为连续函数，下列等式中成立的是（　　）.

A. $\mathrm{d}\displaystyle\int f(x)\mathrm{d}x = f(x)$

B. $\dfrac{\mathrm{d}}{\mathrm{d}x}\displaystyle\int f(x)\mathrm{d}x = f(x)\mathrm{d}x$

C. $\dfrac{\mathrm{d}}{\mathrm{d}x}\displaystyle\int f(x)\mathrm{d}x = f(x)+C$

D. $\mathrm{d}\displaystyle\int f(x)\mathrm{d}x = f(x)\mathrm{d}x$

(6) 设 $f(x)$ 为连续函数，则变上限积分 $\displaystyle\int_a^x f(t)\mathrm{d}t$ 是（　　）.

A. $f'(x)$ 的一个原函数

B. $f'(x)$ 的所有原函数

C. $f(x)$ 的一个原函数

D. $f(x)$ 的所有原函数

(7) $\displaystyle\int_a^b \dfrac{\ln x}{x}\mathrm{d}x = $（　　）.

A. $\dfrac{1}{2}\,(\ln^2 a-\ln^2 b)$

B. $\dfrac{1}{2}(\ln^2 b-\ln^2 a)$

C. $(\ln^2 a-\ln^2 b)$

D. $(\ln^2 b-\ln^2 a)$

二、填空题

(1) 设 $\int_0^1 (2x+k)\mathrm{d}x = 2$，则 $k =$ _____.

(2) 已知 $\int f(x)\mathrm{d}x = \dfrac{x-1}{x+1} + C$，则 $f(x) =$ _____.

(3) $\left(\int_{x^2}^x \arctan t\,\mathrm{d}t \right)' =$ _____.

(4) 已知 $F'(x) = f(x)$，则 $\int_a^x f(t+a)\mathrm{d}t =$ _____.

(5) $\displaystyle\lim_{x \to 0} \dfrac{\int_0^x \sin t\,\mathrm{d}t}{1 - \cos x} =$ _____.

(6) 设 $f'(x)$ 连续，则 $\int_x^a f'(x)\mathrm{d}x =$ _____.

(7) 椭圆 $\dfrac{x^2}{a^2} + \dfrac{y^2}{b^2} = 1$ 的面积为 _____.

三、计算下列定积分

(1) $\displaystyle\int_1^e \dfrac{\sin\ln x}{x}\mathrm{d}x$ (2) $\displaystyle\int_0^{\frac{\pi}{4}} (\tan^3 x + \tan^5 x)\mathrm{d}x$

(3) $\displaystyle\int_0^2 \sqrt{x^2 - 4x + 4}\,\mathrm{d}x$ (4) $\displaystyle\int_0^{\frac{1}{2}} \dfrac{x}{\sqrt{1-x^2}}\mathrm{d}x$

(5) $\displaystyle\int_1^8 \dfrac{1}{x + \sqrt[3]{x}}\mathrm{d}x$ (6) $\displaystyle\int_0^1 \cos\sqrt{x}\,\mathrm{d}x$

四、求下列曲线所围平面图形的面积

笔 记

(1) $y = 2 - x$，$y = x^2$ (2) $y = x^2$，$y^2 = x$

(3) $y = x$，$y = \dfrac{1}{x}$，$y = 0$. $x = 2$ (4) $y = x^2$，$y = \sqrt{2 - x^2}$

(5) $y = x^2 - 1$，$x = 2$，$y = 0$ (6) $y^2 = x + 4$，$x + 2y - 4 = 0$

五、已知某产品的总产量的变化率（单位：单位/天）是 $\dfrac{\mathrm{d}Q}{\mathrm{d}t} = 40 + 12t - \dfrac{3}{2}t^2$，求从第 2 天到第 10 天产品的总产量.

六、已知生产某产品的总收入的变化率（单位：元/件）是 $R'(Q) = 200 - \dfrac{1}{10}Q$，求：

(1) 生产 1000 件的总收入是多少？

(2) 从生产 1000 件到生产 2000 件时所增加的收入是多少？

第 **7** 章

二元函数微分学

运用一元函数微积分已能解决不少实际问题．但是在大量的实际问题中，遇到的却是多个变量的问题，仅有一元函数微积分的方法，还不足以解决问题．本章在一元函数微积分的基础上，讨论多元函数的微分法及应用．多元函数微分学是一元函数微分学的推广和发展，但两者之间又有一些本质上的差异，如一元函数有单调性，而多元函数就没有简单相似的性质，这种差异主要是由多元函数的特殊性产生的．

本章将在一元函数微分学的知识基础上，介绍二元函数的微分学．这是因为由一元函数到二元函数，单与多的差异已充分显露出来，而二元、三元以至 n 元函数之间，仅有形式上的差异，而本质上是相同的．

习题与复习题参考答案

 笔 记

7.1 二元函数的极限与连续

7.1.1 二元函数的概念

在实际问题中，经常会遇到含有两个自变量的函数关系．

如圆柱体的体积 V 和它的底半径 r、高 h 之间有关系
$$V=\pi r^2 h$$
当 r、h 在允许取值范围（$r>0$，$h>0$）内取定一对数值时，通过关系式有确定的 V 值与之对应．

又如，某企业生产某种产品的产量 Q 与投入的劳动力 L 和资金 K 有下面的关系
$$Q=AL^\alpha K^\beta$$
其中 A，α，β 均为正的常数，则产量 Q 是投入的劳动力 L 和资金 K 的函数．在经济学理论中，这一函数称为柯布-道格拉斯（Kobb-Douglas）函数．根据问题的经济意义，函数的定义域
$$D=\{(L,K)\,|\,L\geqslant 0,K\geqslant 0\}$$
尽管上面两个例子的具体意义各不相同，但它们却有共同的数学特征，由此给出二元函数的定义．

定义 1 设 D 是平面上的一个点集，如果对于任意点 $p(x,y)\in D$，变量 z 按照

一定的法则 f 都有唯一确定的值与之对应，则称变量 z 是变量 x、y 的二元函数，记为

$$z = f(x, y)$$

x、y 称为自变量，z 叫因变量，点集 D 称为函数的定义域，当 p 取遍 D 中的一切点时，对应的所有 z 值组成的数集称为函数的值域.

类似于一元函数定义域的求法，用数学解析式 $z = f(x, y)$ 表达的函数，其定义域为使数学式子有意义的一切点 $p(x, y)$ 的集合；对于由实际问题给出的函数，要由实际问题的具体意义来确定.

【例1】 求函数 $z = \sqrt{R^2 - x^2 - y^2}$ 的定义域.

解 要使数学式子有意义，应满足

$$x^2 + y^2 \leqslant R^2$$

的点 $p(x, y)$ 的集合（图 7-1），即

$$D = \{(x, y) \mid x^2 + y^2 \leqslant R^2\}$$

【例2】 求函数 $z = \ln(x + y)$ 的定义域.

解 要使函数有意义，应满足 $x + y > 0$ 的点 $p(x, y)$ 的集合（图 7-2），即

$$D = \{(x, y) \mid x + y > 0\}$$

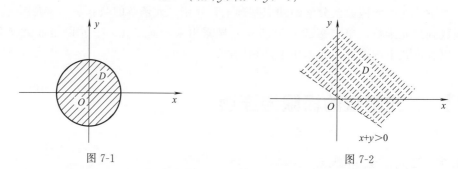

图 7-1   图 7-2

【例3】 矩形的面积 A 是其长和宽的函数，求该函数的定义域.

解 设长和宽分别为 x、y，则矩形的面积为

$$A = xy$$

由实际问题的意义，应满足边长为正数，所以定义域为（图 7-3）

$$D = \{(x, y) \mid x > 0, y > 0\}$$

一元函数的定义域一般是区间，而二元函数的定义域往往是由一条或几条曲线围成的一个平面区域（定义域也可以是整个 xOy 平面）. 围成平面区域的曲线称为区域的边界，包括边界在内的区域称为闭区域（如图 7-1）；不包括边界在内的区域称为开区域（如图 7-2）.

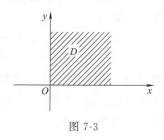

图 7-3

如果一个区域可以被包含在一个以原点为圆心，半径适当大的圆内，则称该区域为有界区域（如图 7-1）；否则，称为无界区域（如图 7-2 和图 7-3）.

一般地，一元函数 $y = f(x)$ 在平面直角坐标系中表示一条平面曲线. 而二元函

数 $z=f(x,y)$ 表示空间直角坐标系中的一个曲面（图7-4）.

例如，二元函数 $z=\sqrt{4-x^2-y^2}$ 表示以原点 O 为圆心，半径为 2 的上半球面（图7-5）.

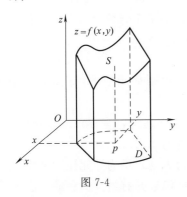

图 7-4

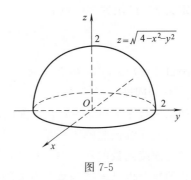

图 7-5

7.1.2　二元函数的极限

为叙述二元函数相关概念的方便，先把数轴上邻域的概念推广到平面上.

称以 $p_0(x_0,y_0)$ 为圆心，$\delta(>0)$ 为半径的圆形开区域叫做点 p_0 的 δ 邻域，它表示平面上的点集 $\{(x,y)\,|\,(x-x_0)^2+(y-y_0)^2<\delta,\delta>0\}$.

定义 2　设函数 $z=f(x,y)$ 在点 $p_0(x_0,y_0)$ 的某个邻域内有定义（在点 p_0 处可以没有定义），当点 $p(x,y)$ 以任意方式趋近于点 $p_0(x_0,y_0)$ 时，如果对应的函数值 $f(x,y)$ 无限趋近于一个确定的常数 A，则称 A 是函数 $f(x,y)$ 当点 $p(x,y)$ 趋于点 $p_0(x_0,y_0)$ 时的极限，记作

$$\lim_{\substack{x\to x_0\\y\to y_0}}f(x,y)=A \qquad \text{或} \qquad \lim_{p\to p_0}f(p)=A$$

应当注意，二元函数的极限存在，是指点 $p(x,y)$ 以任何路径趋于点 $p_0(x_0,y_0)$ 时，函数值都无限接近于常数 A. 也就是说，如果当点 $p(x,y)$ 沿两种不同的路径趋于点 $p_0(x_0,y_0)$ 时，函数趋于两个不同的值，那么就可以断定函数 $z=f(x,y)$ 在点 $p_0(x_0,y_0)$ 没有极限.

【例 4】　考察函数 $f(x,y)=\dfrac{xy}{x^2+y^2}$ 在点（0，0）的极限情况.

解　由于当点 $p(x,y)$ 沿直线 $y=x$ 趋于点（0，0）时，有

$$\lim_{\substack{x\to 0\\y\to 0}}f(x,y)=\lim_{\substack{x\to 0\\x\to 0}}\frac{xy}{x^2+y^2}=\lim_{x\to 0}\frac{x^2}{2x^2}=\frac{1}{2}$$

而当点 $p(x,y)$ 沿直线 $y=2x$ 趋于点（0，0）时，有

$$\lim_{\substack{x\to 0\\y\to 0}}f(x,y)=\lim_{\substack{x\to 0\\2x\to 0}}\frac{xy}{x^2+y^2}=\lim_{x\to 0}\frac{2x^2}{x^2+4x^2}=\frac{2}{5}$$

所以函数 $f(x,y)=\dfrac{xy}{x^2+y^2}$ 在点（0，0）没有极限.

一元函数的极限四则运算法则，对于二元函数仍然适用.

7.1.3 二元函数的连续性

可以把一元函数连续性的概念推广到二元函数的情形.

定义 3 设函数 $z=f(x,y)$ 在点 $p_0(x_0,y_0)$ 的某个邻域有定义，且有

$$\lim_{\substack{x \to x_0 \\ y \to y_0}} f(x,y)=f(x_0,y_0)$$

则称函数 $z=f(x,y)$ 在点 $p_0(x_0,y_0)$ 处连续，否则称函数 $z=f(x,y)$ 在点 $p_0(x_0,y_0)$ 处间断.

如果函数 $z=f(x,y)$ 在平面区域 D 的每一点都连续，则称该函数在区域 D 内连续. 二元连续函数的图形是一个没有孔隙和裂缝的曲面.

二元连续函数的和、差、积、商（在分母不为零处）仍为二元连续函数；二元连续函数的复合也是连续函数. 有界闭区域上的连续函数必有最大值和最小值，并可取得介于最大值与最小值之间的任何值.

习题 7-1

1. 设 $z=x^2-2xy+3y^2$，求

(1) $f(0,1)$

(2) $\dfrac{f(x,y+h)-f(x,y)}{h}$

2. 设 $z=x^2y+y^2$，求 $f(x+y,xy)$.

3. 求下列函数的定义域.

(1) $z=\sqrt{4-x^2-y^2}+\ln(x^2+y^2-1)$

(2) $z=\sqrt{1-x^2}+\sqrt{1-y^2}$

(3) $z=\dfrac{1}{\sqrt{x^2-2xy}}$

(4) $z=\arcsin\dfrac{y}{x}$

4. 指出下列函数的间断点（或间断线）.

(1) $z=\dfrac{x+y}{\sqrt{x^2+y^2}}$

(2) $z-\dfrac{1}{(x-y)^2}$

7.2 二元函数的偏导数与全微分

7.2.1 偏导数

7.2.1.1 偏导数的概念

一元函数的导数是因变量相对于自变量的变化率. 二元函数 $z=f(x,y)$ 的自变量有两个，有时需要考虑一个自变量固定不变，而只有另一个自变量变化时，函数相对于该变量的变化率问题.

定义 1 设函数 $z=f(x,y)$ 在点 (x_0,y_0) 的某个邻域内有定义，当 y 固定在 y_0 而 x 在 x_0 处有增量 Δx 时，相应地，函数有偏增量

$$f(x_0+\Delta x,y_0)-f(x_0,y_0)$$

📝 笔 记

如果
$$\lim_{\Delta x \to 0} \frac{f(x_0 + \Delta x, y_0) - f(x_0, y_0)}{\Delta x}$$

存在，则称此极限值为函数 $z = f(x, y)$ 在点 (x_0, y_0) 对 x 的偏导数，记作

$$\frac{\partial z}{\partial x}\bigg|_{\substack{x=x_0 \\ y=y_0}}, \quad \frac{\partial f}{\partial x}\bigg|_{\substack{x=x_0 \\ y=y_0}}, \quad z_x\bigg|_{\substack{x=x_0 \\ y=y_0}} \quad \text{或} \quad f_x(x_0, y_0)$$

类似地，如果

$$\lim_{\Delta y \to 0} \frac{f(x_0, y_0 + \Delta y) - f(x_0, y_0)}{\Delta y}$$

存在，则称此极限值为函数 $z = f(x, y)$ 在点 (x_0, y_0) 对 y 的偏导数，记作

$$\frac{\partial z}{\partial y}\bigg|_{\substack{x=x_0 \\ y=y_0}}, \quad \frac{\partial f}{\partial y}\bigg|_{\substack{x=x_0 \\ y=y_0}}, \quad z_y\bigg|_{\substack{x=x_0 \\ y=y_0}} \quad \text{或} \quad f_y(x_0, y_0)$$

如果函数 $z = f(x, y)$ 在区域 D 内每一点 (x, y) 处对 x（或 y）的偏导数都存在，这个偏导数仍然是 x、y 的函数，称此函数为 $z = f(x, y)$ 对自变量 x（或 y）的偏导函数，记作

$$\frac{\partial z}{\partial x}, \frac{\partial f}{\partial x}, z_x \quad \text{或} \quad f_x(x, y)$$

$$\frac{\partial z}{\partial y}, \frac{\partial f}{\partial y}, z_y \quad \text{或} \quad f_y(x, y)$$

显然，函数 $z = f(x, y)$ 在点 (x_0, y_0) 处关于 x 及 y 的偏导数 $f_x(x_0, y_0)$ 及 $f_y(x_0, y_0)$ 分别是偏导函数 $f_x(x, y)$ 及 $f_y(x, y)$ 在点 (x_0, y_0) 处的函数值，偏导函数也称为偏导数.

思考：偏导数与一元函数的导数有何关系？

 笔记

7.2.1.2　偏导数的计算

由偏导数的定义可知，要求偏导数 $\dfrac{\partial f}{\partial x}$ 时，只需把 y 看成常量而对 x 求导数；要求偏导数 $\dfrac{\partial f}{\partial y}$ 时，只需把 x 看成常量而对 y 求导数. 这样，偏导数的计算可归结为一元函数的导数计算.

【例1】 $f(x, y) = x^2 - 2xy + 3y^3$，求 $f_x(x, y), f_y(x, y)$.

解　把 y 看作常量，对 x 求导得

$$f_x(x, y) = 2x - 2y$$

把 x 看作常量，对 y 求导得

$$f_y(x, y) = -2x + 9y^2$$

【例2】 $f(x, y) = x^y (x > 0, x \neq 1)$，求 $f_x(x, y)$，$f_y(x, y)$.

解
$$f_x(x, y) = yx^{y-1}$$
$$f_y(x, y) = x^y \ln x$$

【例3】 $f(x, y) = e^x \sin(x - 2y)$，求 $f_x\left(0, \dfrac{\pi}{6}\right)$ 与 $f_y\left(0, \dfrac{\pi}{6}\right)$.

解　$f_x(x, y) = e^x \sin(x - 2y) + e^x \cos(x - 2y)$
$$f_y(x, y) = -2e^x \cos(x - 2y)$$

将 $\left(0,\dfrac{\pi}{6}\right)$ 代入上面的结果，得

$$f_x\left(0,\frac{\pi}{6}\right)=-\sin\frac{\pi}{3}+\cos\frac{\pi}{3}=\frac{1-\sqrt{3}}{2}$$

$$f_y\left(0,\frac{\pi}{6}\right)=-2\cos\left(\frac{\pi}{3}\right)=-1$$

7.2.2 高阶偏导数

一般来说，二元函数 $z=f(x,y)$ 对于 x 或 y 的偏导数 $\dfrac{\partial z}{\partial x}$、$\dfrac{\partial z}{\partial y}$ 仍是 x、y 的函数．如果这两个函数对 x 和 y 的偏导也存在，它们的偏导数称为函数 $z=f(x,y)$ 的二阶偏导数，分别记为

$$\frac{\partial}{\partial x}\left(\frac{\partial z}{\partial x}\right)=\frac{\partial^2 z}{\partial x^2}=f_{xx}(x,y)$$

$$\frac{\partial}{\partial y}\left(\frac{\partial z}{\partial x}\right)=\frac{\partial^2 z}{\partial x\partial y}=f_{xy}(x,y)$$

$$\frac{\partial}{\partial x}\left(\frac{\partial z}{\partial y}\right)=\frac{\partial^2 z}{\partial y\partial x}=f_{yx}(x,y)$$

$$\frac{\partial}{\partial y}\left(\frac{\partial z}{\partial y}\right)=\frac{\partial^2 z}{\partial y^2}=f_{yy}(x,y)$$

📝 笔记

其中 $\dfrac{\partial^2 z}{\partial y\partial x}$ 和 $\dfrac{\partial^2 z}{\partial x\partial y}$ 叫做二阶混合偏导数．同样可以定义三阶、四阶、…以及 n 阶偏导数．二阶及以上各阶偏导数统称为高阶偏导数．而 $\dfrac{\partial z}{\partial x}$ 和 $\dfrac{\partial z}{\partial y}$ 也称函数的一阶偏导数．

【例4】 求 $z=\ln(x^2+y^2)$ 的二阶偏导数．

解 $\dfrac{\partial z}{\partial x}=\dfrac{2x}{x^2+y^2}$ ， $\dfrac{\partial z}{\partial y}=\dfrac{2y}{x^2+y^2}$

$$\frac{\partial^2 z}{\partial x^2}=\frac{2(x^2+y^2)-4x^2}{x^2+y^2}=\frac{2(y^2-x^2)}{(x^2+y^2)^2}$$

$$\frac{\partial^2 z}{\partial y\partial x}=\frac{-4xy}{(x^2+y^2)^2} ， \frac{\partial^2 z}{\partial x\partial y}=\frac{-4xy}{(x^2+y^2)^2}$$

$$\frac{\partial^2 z}{\partial y^2}=\frac{2(x^2+y^2)-4y^2}{(x^2+y^2)^2}=\frac{2(x^2-y^2)}{(x^2+y^2)^2}$$

上例中，两个混合偏导数 $\dfrac{\partial^2 z}{\partial y\partial x}$ 与 $\dfrac{\partial^2 z}{\partial x\partial y}$ 相等．事实上，可以证明：当 $\dfrac{\partial^2 z}{\partial y\partial x}$ 与 $\dfrac{\partial^2 z}{\partial x\partial y}$ 连续时，它们一定相等．

7.2.3 全微分

一元函数 $y=f(x)$ 如果在点 x 处的增量 Δy 可表示为

$$\Delta y = A\Delta x + o(\Delta x)$$

其中 A 不依赖于 Δx 而只与 x 有关，$o(\Delta x)$ 是较 Δx 的一个高阶无穷小，则称 $A\Delta x$ 为函数 $y=f(x)$ 的微分，即 $\mathrm{d}y=A\Delta x$. 对于二元函数，也有类似的情况.

设函数 $z=f(x,y)$ 在点 $p_0(x_0,y_0)$ 的某一邻域内有定义，当 x、y 在点 p_0 (x_0,y_0) 处分别有增量 Δx 和 Δy 时，函数相应的增量

$$\Delta z = f(x_0+\Delta x, y_0+\Delta y) - f(x_0, y_0)$$

叫做 $y=(x,y)$ 在点 $p_0(x_0,y_0)$ 处对应于自变量增量 Δx、Δy 的全增量.

【例5】 一块矩形金属薄片，因受热而膨胀，（如图 7-6 所示）使原长 x_0 增加了 Δx，原宽 y_0 增加了 Δy，求相应面积的增量.

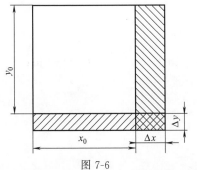

图 7-6

解 依题意，设矩形面积为 z，即

$$z = xy$$

当长和宽分别增加了 Δx 和 Δy 时，面积相应的全增量为

$$\begin{aligned}\Delta z &= (x_0+\Delta x)(y_0+\Delta y) - x_0 y_0 \\ &= y_0\Delta x + x_0\Delta y + \Delta x\Delta y\end{aligned}$$

上式右端的前两项 $y_0\Delta x$、$x_0\Delta y$ 分别是 Δx、Δy 的线性函数，而 $\Delta x\Delta y$ 是当 $\rho=\sqrt{(\Delta x)^2+(\Delta y)^2}\to 0$ 时，较 ρ 的高阶无穷小量，即 $\Delta x\Delta y=o(\rho)$. 于是，面积的全增量 Δz 可用 $y_0\Delta x + x_0\Delta y$ 近似地表示. 我们称 $y_0\Delta x + x_0\Delta y$ 为函数 $z=xy$ 在点 p_0 (x_0,y_0) 处的全微分.

定义 2 若函数 $z=f(x,y)$ 在点 (x,y) 处的全增量 Δz 可表示为

$$\Delta z = A\Delta x + B\Delta y + o(\rho) \qquad (\rho=\sqrt{(\Delta x)^2+(\Delta y)^2})$$

其中 A、B 不依赖于 Δx、Δy 而仅与 x、y 有关，$o(\rho)$ 是较 ρ 的高阶无穷小，则称 $A\Delta x + B\Delta y$ 为 $z=f(x,y)$ 在点 (x,y) 处的全微分. 记作 $\mathrm{d}z$，即

$$\mathrm{d}z = A\Delta x + B\Delta y$$

这时，称函数 $z=f(x,y)$ 在点 (x,y) 处可微.

当函数 $z=f(x,y)$ 在区域 D 内的每一点处都可微时，称这个函数在区域 D 内可微.

思考：二元函数在某点极限、连续、可导、可微之间的关系？

可以证明：若函数 $z=f(x,y)$ 在点 (x,y) 可微，则函数在点 (x,y) 的偏导数 $\dfrac{\partial z}{\partial x}$，$\dfrac{\partial z}{\partial y}$ 必存在；而当函数 $z=f(x,y)$ 的偏导数 $\dfrac{\partial z}{\partial x}$，$\dfrac{\partial z}{\partial y}$ 在点 (x,y) 连续时，则函数在该点可微. 且

$$\mathrm{d}z = \frac{\partial z}{\partial x}\Delta x + \frac{\partial z}{\partial y}\Delta y$$

习惯上，将自变量的增量 Δx、Δy 分别记作 $\mathrm{d}x$、$\mathrm{d}y$，分别称为自变量 x、y 的微分.

于是，函数 $z=f(x,y)$ 在点 (x,y) 处的全微分可以写成

📝 **笔记**

$$dz = \frac{\partial z}{\partial x}dx + \frac{\partial z}{\partial y}dy$$

或 $$df(x,y) = f_x(x,y)dx + f_y(x,y)dy$$

其中 $\frac{\partial z}{\partial x}dx$ 与 $\frac{\partial z}{\partial y}dy$ 分别称为函数 $z = f(x,y)$ 对 x 与 y 的偏微分. 上式表明：全微分等于偏微分之和.

【例 6】 求函数 $z = e^{x+y}\sin(x-y)$ 的全微分.

解 因为 $\frac{\partial z}{\partial x} = e^{x+y}\sin(x-y) + e^{x+y} \cdot \cos(x-y)$

$$\frac{\partial z}{\partial y} = e^{x+y}\sin(x-y) - e^{x+y} \cdot \cos(x-y)$$

所以 $dz = e^{x+y}[\sin(x-y) + \cos(x-y)]dx + e^{x+y}[\sin(x-y) - \cos(x-y)]dy$

【例 7】 求函数 $z = x^2 - xy^2$ 在点 （1，2）处全微分.

解 因为 $\frac{\partial z}{\partial x} = 2x - y^2$，$\frac{\partial z}{\partial y} = -2xy$

$$\frac{\partial z}{\partial x}\Big|_{\substack{x=1 \\ y=2}} - 2, \frac{\partial z}{\partial y}\Big|_{\substack{x=1 \\ y=2}} = -4$$

所以 $$dz = -2dx - 4dy$$

由二元函数全微分的定义可知，当函数 $z = f(x,y)$ 在点 (x,y) 可微，且 $|\Delta x|$、$|\Delta y|$ 很小时，有近似等式

$$\Delta z \approx dz = f_x(x,y)\Delta x + f_y(x,y)\Delta y \tag{1}$$

以及 $$f(x+\Delta x, y+\Delta y) \approx f(x,y) + f_x(x,y)\Delta x + f_y(x,y)\Delta y \tag{2}$$

利用以上两式，可以分别计算二元函数全增量的近似值与某点处函数值的近似值.

【例 8】 有一圆锥体，其底半径 r 由 30cm 增大到 30.1cm，高 h 由 60cm 减小到 59.5cm，求体积改变量的近似值.

解 设圆锥体的体积为 v，则有

$$v = \frac{1}{3}\pi r^2 h$$

$$\frac{\partial v}{\partial r}\Big|_{\substack{r=30 \\ h=60}} = \frac{2}{3}\pi \times 30 \times 60 = 1200\pi$$

$$\frac{\partial v}{\partial h}\Big|_{\substack{r=30 \\ h=60}} = \frac{1}{3}\pi(30)^2 = 300\pi$$

由题意知 $\Delta r = 0.1$，$\Delta h = -0.5$

由式 （1）得 $\Delta v \approx dv = 1200\pi \times 0.1 + 300\pi \times (-0.5) = -30\pi$（cm）^{3}

即此圆锥体的体积约减少了 30π （cm）^{3}.

【例 9】 计算 $(1.04)^{2.02}$ 的近似值.

解 设 $f(x,y) = x^y$.

取 $x = 1$，$y = 2$，$\Delta x = 0.04$，$\Delta y = 0.02$

$f_x(x,y) = yx^{y-1}$， $f_y(x,y) = x^y\ln x$，

$f_x(1,2) = 2$， $f_y(1,2) = 0$， $f(1,2) = 1$

📝 笔记

由式（2）得 　　$(1.04)^{2.02} \approx 1 + 2 \times 0.04 + 0 \times 0.02 = 1.08$

习题 7-2

1. 求下列函数的偏导数.

(1) $z = x^3 + y^3 - 3xy$　　　　(2) $z = \dfrac{x}{\sqrt{x^2 + y^2}}$　　　(3) $z = \mathrm{e}^{-\frac{x}{y}}$

(4) $z = y^{2x}$　　　　　　　　(5) $z = \dfrac{1}{y}\cos x^2$

2. 设 $z = (1 + xy)^y$，求 $\dfrac{\partial z}{\partial x}\Big|_{(1,1)}$，$\dfrac{\partial z}{\partial y}\Big|_{(1,1)}$.

3. 求下列函数的二阶偏导数.

(1) $z = \mathrm{e}^{xy} + x$　　　　　(2) $z = \ln\left(x + \sqrt{x^2 + y^2}\right)$

4. 求下列函数的全微分.

(1) $z = \ln(x^2 + y^2)$　　　　(2) $z = \sqrt{\dfrac{x}{y}}$

(3) $z = \sin(x - y)$　　　　　(4) $z = x^y$

5. 求函数 $z = \ln\left(1 + \dfrac{x}{y}\right)$，当 $x = 1$，$y = 1$，$\Delta x = 0.15$，$\Delta y = -0.25$ 时全微分的值.

7.3 二元复合函数的求导法则

笔记

在实际问题中经常遇到二元复合函数及其求导问题，本节将从一元函数微分学中的复合函数求导法则推广到二元复合函数的求导法则.

一般地，称函数 $z = f[u(x,y), v(x,y)]$ 是由 $z = f(u,v)$ 与 $u = u(x,y)$，$v = v(x,y)$ 复合而成的 x、y 的复合函数，其中，u，v 叫做中间变量，x、y 叫做自变量.

定理 1　如果函数 $u = u(x,y)$、$v = v(x,y)$ 在点 (x,y) 有连续偏导数 $\dfrac{\partial u}{\partial x}$、$\dfrac{\partial u}{\partial y}$ 和 $\dfrac{\partial v}{\partial x}$、$\dfrac{\partial v}{\partial y}$，函数 $z = f(u,v)$ 在对应点 (u,v) 有连续偏导数 $\dfrac{\partial z}{\partial u}$、$\dfrac{\partial z}{\partial v}$，那么复合函数 $z = f[u(x,y), v(x,y)]$ 在点 (x,y) 有对 x 和 y 的连续偏导数，且

$$\frac{\partial z}{\partial x} = \frac{\partial z}{\partial u} \cdot \frac{\partial u}{\partial x} + \frac{\partial z}{\partial v} \cdot \frac{\partial v}{\partial x}$$

$$\frac{\partial z}{\partial y} = \frac{\partial z}{\partial u} \cdot \frac{\partial u}{\partial y} + \frac{\partial z}{\partial v} \cdot \frac{\partial v}{\partial y}$$

图 7-7 可直观地反映因变量 z，中间变量 u、v，自变量 x、y 的函数关系. 求 $\dfrac{\partial z}{\partial x}$ 时，确定由 z 到 x 的所有路径及每条路径的步骤. 其中包括：$z \to u \to x$ 和 $z \to v \to x$ 两条路径.

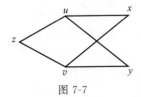
图 7-7

两条路径的步骤分别是：$\dfrac{\partial z}{\partial u} \cdot \dfrac{\partial u}{\partial x}$ 以及 $\dfrac{\partial z}{\partial v} \cdot \dfrac{\partial v}{\partial x}$，而后两者相加，即

$$\frac{\partial z}{\partial x}=\frac{\partial z}{\partial u}\cdot\frac{\partial u}{\partial x}+\frac{\partial z}{\partial v}\cdot\frac{\partial v}{\partial x}$$

类似地

$$\frac{\partial z}{\partial y}=\frac{\partial z}{\partial u}\cdot\frac{\partial u}{\partial y}+\frac{\partial z}{\partial v}\cdot\frac{\partial v}{\partial y}$$

称图 7-7 为变量关系图.

【例 1】 $z=\mathrm{e}^{xy}\cdot\sin(x-y)$，求 $\dfrac{\partial z}{\partial x}$，$\dfrac{\partial z}{\partial y}$.

解 设 $u=xy$，$v=(x-y)$，则 $z=\mathrm{e}^u\cdot\sin v$.

$$\begin{aligned}
\frac{\partial z}{\partial x}&=\frac{\partial z}{\partial u}\cdot\frac{\partial u}{\partial x}+\frac{\partial z}{\partial v}\cdot\frac{\partial v}{\partial x}\\
&=(\mathrm{e}^u\cdot\sin v)y+\mathrm{e}^u\cdot\cos v\\
&=\mathrm{e}^{xy}\big[y\sin(x-y)+\cos(x-y)\big]\\
\frac{\partial z}{\partial y}&=\frac{\partial z}{\partial u}\cdot\frac{\partial u}{\partial y}+\frac{\partial z}{\partial v}\cdot\frac{\partial v}{\partial y}\\
&=(\mathrm{e}^u\cdot\sin v)\cdot x+(\mathrm{e}^u\cdot\cos v)\cdot(-1)\\
&=\mathrm{e}^{xy}\big[x\sin(x-y)-\cos(x-y)\big]
\end{aligned}$$

【例 2】 $z=f(u,v)$，且 $f(u,v)$ 可微，$u=x\cdot y^2$，$v=\dfrac{x}{y}$，求 $\dfrac{\partial z}{\partial x}$，$\dfrac{\partial z}{\partial y}$.

解

$$\begin{aligned}
\frac{\partial z}{\partial x}&=\frac{\partial z}{\partial u}\cdot\frac{\partial u}{\partial x}+\frac{\partial z}{\partial v}\cdot\frac{\partial v}{\partial x}\\
&=f_u(u,v)\cdot y^2+f_v(u,v)\frac{1}{y}\\
&=y^2 f_u(u,v)+\frac{1}{y}f_v(u,v)\\
\frac{\partial z}{\partial y}&=\frac{\partial z}{\partial u}\cdot\frac{\partial u}{\partial y}+\frac{\partial z}{\partial v}\cdot\frac{\partial v}{\partial y}\\
&=f_u(u,v)\cdot 2xy+f_v(u,v)\cdot\left(-\frac{x}{y^2}\right)\\
&=2xy f_u(u,v)-\frac{x}{y^2}f_v(u,v)
\end{aligned}$$

如果 $z=f(u,v)$，而 $u=u(x)$，$v=v(x)$，则复合函数 $z=f[u(x),v(x)]$ 只是一个自变量 x 的函数，z 对于 x 的导数 $\dfrac{\mathrm{d}z}{\mathrm{d}x}$ 称为全导数. 由变量关系图 7-8 可知：

$$\frac{\mathrm{d}z}{\mathrm{d}x}=\frac{\partial z}{\partial u}\cdot\frac{\mathrm{d}u}{\mathrm{d}x}+\frac{\partial z}{\partial v}\cdot\frac{\mathrm{d}v}{\mathrm{d}x}$$

【例 3】 $z=x^3+\cos y$，而 $x=\sin t$，$y=t^2$，求 $\dfrac{\mathrm{d}z}{\mathrm{d}t}$.

图 7-8

解

$$\begin{aligned}
\frac{\mathrm{d}z}{\mathrm{d}t}&=\frac{\partial z}{\partial x}\cdot\frac{\mathrm{d}x}{\mathrm{d}t}+\frac{\partial z}{\partial y}\cdot\frac{\mathrm{d}y}{\mathrm{d}t}\\
&=3x^2\cdot\cos t-\sin y\cdot 2t\\
&=3\sin^2 t\cdot\cos t-2t\sin t^2
\end{aligned}$$

笔记

【例 4】　$z = x\ln(x^2 - y^2)$，求$\dfrac{\partial z}{\partial x}, \dfrac{\partial z}{\partial y}$.

解　直接用乘法法则计算，得

$$\frac{\partial z}{\partial x} = \ln(x^2 - y^2) + x \cdot \frac{2x}{x^2 - y^2}$$

$$= \frac{2x^2}{x^2 - y^2} + \ln(x^2 - y^2)$$

$$\frac{\partial z}{\partial y} = x \cdot \frac{-2y}{x^2 - y^2} = \frac{2xy}{y^2 - x^2}$$

类似于一元隐函数的概念，称由方程 $f(x, y, z) = 0$ 所确定的 z 为 x、y 的函数叫做二元隐函数．这个隐函数也可以不经过显化而直接由方程 $f(x, y, z) = 0$ 来确定它的偏导数$\dfrac{\partial z}{\partial x}$、$\dfrac{\partial z}{\partial y}$.

变量关系图如图 7-9 所示，根据复合函数求导法，等式两端对 x 求偏导，得

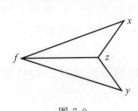

图 7-9

$$\frac{\partial f}{\partial x} + \frac{\partial f}{\partial z} \cdot \frac{\partial z}{\partial x} = 0$$

$$\frac{\partial z}{\partial x} = -\frac{\partial f / \partial x}{\partial f / \partial z}$$

类似地，有

$$\frac{\partial z}{\partial y} = -\frac{\partial f / \partial y}{\partial f / \partial z}$$

【例 5】　$e^z - xyz = 0$，求$\dfrac{\partial z}{\partial x}, \dfrac{\partial z}{\partial y}$.

解　$\dfrac{\partial f}{\partial x} = -yz, \dfrac{\partial f}{\partial y} = -xz, \dfrac{\partial f}{\partial z} = e^z - xy$.

所以　$\dfrac{\partial z}{\partial x} = \dfrac{yz}{e^z - xy}, \dfrac{\partial z}{\partial y} = \dfrac{xz}{e^z - xy}$.

需要指出的是：在计算$\dfrac{\partial f}{\partial x}$时，要把 y 和 z 当作常量，对于计算$\dfrac{\partial f}{\partial y}$、$\dfrac{\partial f}{\partial z}$也应注意同样的问题.

【例 6】　$x^2 + y^2 + z^2 = 4z$，求$\dfrac{\partial z}{\partial x}, \dfrac{\partial z}{\partial y}$.

解　$f(x, y, z) = x^2 + y^2 + z^2 - 4z$

由于　$$\frac{\partial f}{\partial x} = 2x, \frac{\partial f}{\partial z} = 2z - 4$$

所以　$$\frac{\partial z}{\partial x} = \frac{-2x}{2z - 4} = \frac{x}{2 - z}$$

类似可得　$$\frac{\partial z}{\partial y} = \frac{y}{2 - z}$$

笔记

习题 7-3

1. 设 $z = u^v$，而 $u = 3x^2 + y^2$，$v = 4x + 2y$，求$\dfrac{\partial z}{\partial x}, \dfrac{\partial z}{\partial y}$.

2. 设 $z = \arctan(xy)$，$y = e^x$，求 $\dfrac{dz}{dx}$.

3. 设 $z = u \cdot v + \sin t$，而 $u = e^t$，$v = \cos t$，求 $\dfrac{dz}{dt}$.

4. 求下列各方程所确定的隐函数偏导数.

(1) $x^2 + y^2 + z^2 - xyz = 0$　　(2) $e^z = xyz$

7.4　二元函数的极值

在一元函数微分学中，运用导数讨论了函数极值及最值的求法. 类似地，本节将介绍如何利用偏导数研究二元函数的极值及最值问题.

7.4.1　二元函数的极值及最值

定义 1　设函数 $z = f(x,y)$ 在点 $p_0(x_0,y_0)$ 的某邻域内有定义，如果对于该邻域内的任一点 $p(x,y)$（点 p_0 除外），总有 $f(x,y) < f(x_0,y_0)$，则称函数在点 $p_0(x_0,y_0)$ 取得极大值 $f(x_0,y_0)$；如果总有 $f(x,y) > f(x_0,y_0)$，则称函数在点 $p_0(x_0,y_0)$ 取得极小值 $f(x_0,y_0)$. 极大值、极小值统称为极值. 使函数取得极值的点称为极值点.

比如函数 $f(x,y) = \sqrt{4 - x^2 - y^2}$ 在点 $(0,0)$ 处取得极大值，$f(0,0) = 2$. 因为对于点 $(0,0)$ 某邻域内任一异于 $(0,0)$ 的点 (x,y)，总有 $f(x,y) = \sqrt{4 - x^2 - y^2} < \sqrt{4} = 2$. 而函数 $f(x,y) = x^2 + y^2$ 在点 $(0,0)$ 处取得极小值 $f(0,0) = 0$. 因为对于点 $(0,0)$ 某邻域内任一异于 $(0,0)$ 的点 (x,y)，总有 $f(x,y) = x^2 + y^2 > 0$.

类似于一元函数极值的讨论，下面的定理给出了通过二元函数的偏导数帮助解决二元函数的极值问题.

定理 1（极值存在的必要条件）　设函数 $z = f(x,y)$ 在点 $p_0(x_0,y_0)$ 具有偏导数，且在点 $p_0(x_0,y_0)$ 取得极值，则必有 $f_x(x_0,y_0) = 0$，$f_y(x_0,y_0) = 0$.

称使 $f_x(x,y) = 0$，$f_y(x,y) = 0$ 的点 (x_0,y_0) 为函数 $z = f(x,y)$ 的驻点. 也就是说，当函数存在偏导数时，极值点必为驻点.

需要注意：驻点不一定是极值点. 比如函数 $z = xy$ 在点 $(0,0)$ 处，$f_x(0,0) = 0$，$f_y(0,0) = 0$，$(0,0)$ 为函数 $z = xy$ 的驻点且 $f(0,0) = 0$，但当点 (x,y) 在第一、三象限时，$f(x,y) > 0$. 当点 (x,y) 在第二、四象限时，$f(x,y) < 0$. 根据极值定义，点 $(0,0)$ 仅是驻点不是极值点. 另外，二元函数的极值也可能在连续但偏导数不存在的点处取得.

定理 2（极值存在的充分条件）　设函数 $z = f(x,y)$ 在点 (x_0,y_0) 的某邻域内具有二阶连续偏导数，且 $f_x(x_0,y_0) = 0$，$f_y(x_0,y_0) = 0$. 记作

$$f_{xx}(x_0,y_0) = A, \quad f_{xy}(x_0,y_0) = B, \quad f_{yy}(x_0,y_0) = C$$

则

(1) 当 $\Delta = B^2 - AC < 0$ 时，$f(x_0,y_0)$ 是极值，其中当 $A < 0$ 时，为极大值；

当 $A>0$ 时，为极小值.

（2）当 $\Delta=B^2-AC>0$ 时，$f(x_0,y_0)$ 不是极值.

（3）当 $\Delta=B^2-AC=0$ 时，不能判定 $f(x_0,y_0)$ 是否为极值.

【例1】　求函数 $f(x,y)=x^3-4x^2+2xy-y^2$ 的极值.

解　由方程组

$$\begin{cases} f_x(x,y)=3x^2-8x+2y=0 \\ f_y(x,y)=2x-2y=0 \end{cases}$$

求得驻点为 $(0,0)$，$(2,2)$.

二阶偏导数为

$$f_{xx}(x,y)=6x-8,\quad f_{xy}(x,y)=2,\quad f_{yy}(x,y)=-2$$

在点 $(0,0)$ 处，$A=-8$，$B=2$，$C=-2$，所以 $\Delta=B^2-AC=-12<0$，又 $A=-8<0$，所以点 $(0,0)$ 为函数的极大值点，极大值为 $f(0,0)=0$.

在点 $(2,2)$ 处，$A=4$，$B=2$，$C=-2$，所以 $\Delta=B^2-AC=12>0$，故 $(2,2)$ 不是极值点.

通常遇到的实际问题中，如果根据问题的性质，知道函数 $f(x,y)$ 的最大值（最小值）一定在连续区域 D 的内部取得，而函数在 D 内只有一个驻点，那么可以肯定该驻点处的函数值就是函数 $f(x,y)$ 在 D 上的最大值（最小值）.

【例2】　用铁板做成一个体积为 2 立方米的有盖长方体箱子，问当长、宽、高为何值时，能使用料最省？

解　设箱子的长为 x 米，宽为 y 米，其高 h 应满足 $xyh=2$，则高应为 $h=\dfrac{2}{xy}$. 箱子所用材料面积为

$$\begin{aligned} A &= 2(xy+yh+xh) \\ &= 2\left(xy+\frac{2}{x}+\frac{2}{y}\right) \quad (x>0,\ y>0) \end{aligned}$$

所用材料面积 A 是 x 和 y 的二元函数，令

$$\begin{cases} f_x(x,y)=2\left(y-\dfrac{2}{x^2}\right)=0 \\ f_y(x,y)=2\left(x-\dfrac{2}{y^2}\right)=0 \end{cases}$$

解得 $x=y=\sqrt[3]{2}$. 由问题本身的实际意义可知，最小值一定存在，又 $(\sqrt[3]{2},\sqrt[3]{2})$ 是函数在开区域 $x>0$，$y>0$ 内的唯一驻点，因此可以断定，当箱子的长、宽、高均为 $\sqrt[3]{2}$ 米时，所用材料最省.

7.4.2　条件极值

对于所讨论的极值问题，除了函数的定义域对自变量限制以外，没有其它限制条件，这类极值称为无条件极值. 但在实际问题中，一般对自变量还有另外的附加条件，这类极值称为条件极值. 比如 7.4.1 中的例 2 的用料问题，就是在必须满足附加条件 $xyh=2$ 下，使表面积 $A=2(xy+yh+xh)$ 最小. 对于这个问题，可以通过

$xyh=2$，解出 $h=\dfrac{2}{xy}$ 后代入表面积函数中，将条件极值转化成无条件极值．但在许多情形下，不能由附加条件解得转化表达式，为了解决这一问题，以下介绍直接求条件极值的方法——拉格朗日乘数法．

拉格朗日乘数法 要求函数 $z=f(x,y)$ 在条件 $\varphi(x,y)=0$ 下的可能极值点，可先构造函数

$$F(x,y)=f(x,y)+\lambda\varphi(x,y)$$

其中 λ 为某一常数．求该函数的两个一阶偏导数，并令其为零，然后与 $\varphi(x,y)=0$ 联立：

$$\begin{cases} f_x(x,y)+\lambda\varphi_x(x,y)=0 \\ f_y(x,y)+\lambda\varphi_y(x,y)=0 \\ \varphi(x,y)=0 \end{cases}$$

由该方程组解出 x、y、λ，则其中 x、y 就是可能取得极值点的坐标．

【例3】 某化妆品公司可以通过报纸和电视台做销售化妆品的广告，根据统计资料，销售收入 R（百万元）与报纸广告费用 x_1（百万元）和电视广告费用 x_2（百万元）之间的关系有如下的经验公式：

$$R=15+14x_1+32x_2-8x_1x_2-2x_1^2-10x_2^2$$

（1）如果不限制广告费用的支出，求最优广告策略．

（2）如果可供使用的广告费用为 150 万元，求相应的最优广告策略．

解 （1）设该公司的净销售收入为

$$\begin{aligned} z=f(x_1,x_2) &=15+14x_1+32x_2-8x_1x_2-2x_1^2-10x_2^2-(x_1+x_2) \\ &=15+13x_1+31x_2-8x_1x_2-2x_1^2-10x_2^2 \end{aligned}$$

令

$$\begin{cases} \dfrac{\partial z}{\partial x_1}=13-8x_2-4x_1=0 \\ \dfrac{\partial z}{\partial x_2}=31-8x_1-20x_2=0 \end{cases}$$

得驻点 $x_1=0.75$（百万元），$x_2=1.25$（百万元）．因为只有一个驻点，由题意知净销售收入的最大值一定存在，所以，函数 $z=f(x_1,x_2)$ 在点（0.75，1.25）处有最大值，即最优广告策略为报纸广告费为 75 万元，电视广告费为 125 万元．

（2）如果广告费限定为 150 万元，则需求函数 $f(x_1,x_2)$ 在条件 $x_1+x_2=1.5$ 下的条件极值．设

$$L(x_1,x_2,\lambda)=15+13x_1+31x_2-8x_1x_2-2x_1^2-10x_2^2+\lambda(x_1+x_2-1.5)$$

解

$$\begin{cases} L_{x_1}=-4x_1-8x_2+13+\lambda=0 \\ L_{x_2}=-8x_1-20x_2+31+\lambda=0 \\ x_1+x_2-1.5=0 \end{cases}$$

得唯一可能性的极值点 $x_1=0$，$x_2=1.5$，根据问题的实际意义，在点（0，1.5）处 $f(x_1,x_2)$ 有条件极值．即将广告费全部用于电视广告，可使净收入最大．

📝 **笔记**

习题 7-4

1. 求下列函数的极值.

(1) $z = x^2 + xy + y^2 + x - y + 1$　　　　(2) $z = x^3 + y^3 - 3xy$

(3) $z = (6x - x^2)(4y - y^2)$

2. 将给定的正数 l 分为三个正数之和,使三个正数的乘积最大,求这三个正数.

3. 制作一个容积为 $1m^3$ 的有盖圆柱形木桶,问如何选择尺寸,才能使所用材料最省?

4. 某厂生产的某种产品同时在两个不同的市场上销售,售价分别为 p_1 和 p_2,销量分别为 q_1 和 q_2,需求函数为 $q_1 = 24 - 0.2p_1$,$q_2 = 10 - 0.05p_2$,总成本函数 $c = 35 + 40(q_1 + q_2)$. 问厂家应如何确定两个市场产品的价格,使其总利润最大?最大利润是多少?

5. 生产某种产品的数量 s 与所用两种原料 A、B 的数量 x、y 间的关系为 $s = 0.005x^2 y$,已知 A、B 原料的单价分别为 1 元、2 元,现欲用 150 元购买原料,问公司进两种原料各多少时,可使生产的产品数量最多?

复习题 7

一、选择题

(1) 二元函数 $z = \dfrac{1}{\ln(xy)}$ 的定义域为 (　　).

A. $x > 0$,$y > 0$　　　　　　　　B. $x < 0$,$y < 0$

C. $xy \neq 1$　　　　　　　　　　D. $x > 0$,$y > 0$ 或 $x < 0$,$y < 0$,且 $xy \neq 1$

(2) 设 $z = y^{2x}$,则 $\dfrac{\partial z}{\partial y} = $ (　　).

A. $2xy$　　　B. $2y^x$　　　　　C. $2xy^{2x-1}$　　　　D. $y^{2x} \ln y$

(3) 设函数 $f(x, y) = f_1(x) f_2(y)$ 在点 (x_0, y_0) 的某邻域内有定义,且存在一阶连续的偏导数,则 $f_x(x_0, y_0)$ 等于 (　　).

A. $\lim\limits_{h \to 0} \dfrac{f_1(x_0 + h) - f_1(x_0)}{h}$　　　　B. $\lim\limits_{h \to 0} \dfrac{f_1(x_0 + h) - f_1(x_0)}{h} \cdot f_2(x_0)$

C. $\lim\limits_{h \to 0} \dfrac{f_1(x_0, y_0 + h) - f_1(x_0, y_0)}{h}$　　　D. $\lim\limits_{h \to 0} \dfrac{f_1(x_0 + h, y_0 + h) - f_1(x_0, y_0)}{h}$

(4) 已知 $f(xy, x + y) = x^2 + y^2$,则 $\dfrac{\partial f(x, y)}{\partial x} + \dfrac{\partial f(x, y)}{\partial y} = $ (　　).

A. $-2 + 2y$　　B. $2 - 2y$　　　　C. $2x + 2y$　　　D. $2x - 2y$

(5) 设 $z = x^2 + 2xy + 2y^2$,则 $\mathrm{d}z \Big|_{\substack{x=1 \\ y=-1}} = ($　　).

A. $2\mathrm{d}x$　　　B. $\mathrm{d}x - \mathrm{d}y$　　　C. $-2\mathrm{d}y$　　　D. -2

(6) 说法错误的是 (　　).

A. 多元函数与一元函数一样,函数在某点连续时,在该点必有极限

B. 多元函数在某点可导一定连续

C. 多元函数在某点可微一定连续

D. 两个二元混合偏导数 $\dfrac{\partial^2 z}{\partial y \partial x}$,$\dfrac{\partial^2 z}{\partial x \partial y}$ 不一定相等,它们连续时必相等

二、填空题

(1) 若 $f\left(x + y, \dfrac{y}{x}\right) = x^2 - y^2$,则 $f(1, 1) = $ _____.

📝 笔记

(2) 已知 $f(x,y)=(xy)^{x+y}$，则 $f(x-y,x+y)=$ _____.

(3) 已知 $f(x-y,xy)=x^3-y^3$，则 $f(x,y)=$ _____.

(4) 设函数 $z=f(x,y)$ 存在一阶连续的偏导数 $\dfrac{\partial z}{\partial x},\dfrac{\partial z}{\partial x}$，则 $\mathrm{d}z=$ _____.

(5) 函数 $z=\ln(1+x+y)$ 的全微分 $\mathrm{d}z\Big|_{\substack{x=1\\y=0}}=$ _____.

(6) 满足 _____ 条件的点称为 $z=f(x,y)$ 的驻点.

(7) 设 $z=(x+y)^3$，则 $z_{xy}=$ _____.

三、求下列函数的定义域

(1) $z=\dfrac{1}{(x^2+y^2)\sqrt{4x^2-y^2}}$
    （2) $z=\arccos\dfrac{x}{4}+\arcsin\dfrac{y}{2}$

(3) $z=\dfrac{1}{\sqrt{x}}+\dfrac{1}{\sqrt{y}}$
    （4) $z=\dfrac{1}{\sqrt{\ln(xy)}}$

四、求下列函数的偏导数

(1) $z=xy+\ln\sqrt{x^2+y^2}$
    （2) $z=\left(\dfrac{1}{2}\right)^{\frac{x}{y}}$

(3) $z=\arctan\dfrac{x-y}{x+y}$
    （4) $z=f\left(\dfrac{y}{x^2}\right)$，其中 $f(x)$ 可导

(5) $z=(3x+2y)^y$
    （6) $z=\sqrt{\ln(xy)}$

(7) $u=x^{\frac{y}{z}}$
    （8) $z=\tan(xy)$

(9) $z=\sin(xy)+2x^2+y$

笔记

五、求下列隐函数的偏导数：$\dfrac{\partial z}{\partial x},\dfrac{\partial z}{\partial y}$

(1) 函数 $z=f(x,y)$ 由方程 $xz=y+\mathrm{e}^z$ 确定；

(2) 函数 $z=f(x,y)$ 由方程 $x^2+2y^2+3z^3+yz=1$ 确定；

(3) 函数 $z=f(x,y)$ 由方程 $x^2+z^2=y^2\mathrm{e}^z$ 确定.

六、求下列函数的全微分或全导数

(1) 设 $z=x^y$，$x=\sin t$，$y=\mathrm{e}^t$，求 $\dfrac{\mathrm{d}z}{\mathrm{d}t}$；

(2) 设 $z=\sin(xy)+2x^2+y$，求 $\mathrm{d}z$；

(3) 设 $z=\mathrm{e}^{2x+y}$，求 $\mathrm{d}z$；

(4) 设 $z=y\ln x$，求 $\mathrm{d}z$.

七、求下列函数的二阶偏导数

(1) $z=x^2+\sin y$
    （2) $z=\mathrm{e}^{x+y^2}$

八、求下列函数的极值

(1) $z=f(x,y)=4(x-y)-x^2-y^2$
    （2) $f(x,y)=\dfrac{1}{2}x^2-xy+y^2+3x$

(3) $z=x^2+xy-y^2-3ax-3bx$（a,b 为常数）

九、试求从原点到曲面 $\pi: z^2=xy+x-y+5$ 的距离的最小值.

十、斜边长为 c 的所有直角三角形中，求周长最大的直角三角形.

第**8**章

微分方程初步

习题与复习
题参考答案

8.1 微分方程的一般概念

在许多复杂的实际问题中，往往需要寻找与问题有关的各个变量之间的函数关系，从而分析某些现象的变化过程，这些变量间的函数关系式也就构成了方程．在实际问题中，往往只能列出含有未知函数及其导数或微分的关系式，也就是所谓的微分方程．在本节中，首先从两个例子认识微分方程，进而了解微分方程的阶、线性微分方程、微分方程的通解和特解等概念．通过本节的学习，要求理解微分方程的相关概念，并能判断函数是否是微分方程的解，能够解一些形式较简单的微分方程．

先来看两个例子：

【例1】 已知曲线上任一点处的切线斜率为 $x-1$，且该曲线过点 $(2,1)$，求此曲线方程．

解 设所求曲线方程为 $y=f(x)$，根据导数的几何意义，有

$$y'=x-1 \tag{1}$$

又由于曲线过点 $(2,1)$，因此曲线方程还满足条件

$$y\big|_{x=2}=1 \tag{2}$$

所以所求曲线方程满足下面的关系

$$\begin{cases} y'=x-1 \\ y\big|_{x=2}=1 \end{cases} \tag{3}$$

我们知道，已知导数求原函数是积分的过程，将方程（1）两边积分得

$$y=\int(x-1)\mathrm{d}x=\frac{1}{2}x^2-x+C \quad （C \text{ 为任意常数}） \tag{4}$$

又由于方程还满足条件 $y\big|_{x=2}=1$，代入解得 $C=1$，所以所求曲线方程为

$$y=\frac{1}{2}x^2-x+1 \tag{5}$$

【例2】 已知某产品在产量为 Q 时的边际成本为 $(60-2Q)$ 万元/年，固定成本为 100 万元，求总成本函数．

解 设总成本函数为 $C=C(Q)$，由边际成本的定义可知

$$C'(Q)=60-2Q \tag{6}$$

又由于固定成本为 100 万元，于是有条件

$$C(0)=100 \tag{7}$$

因此，函数 $C(Q)$ 满足下列关系

$$\begin{cases} C'(Q)=60-2Q \\ C(0)=100 \end{cases} \tag{8}$$

方程（6）两边积分，得

$$C(Q)=60Q-Q^2+C \quad （C \text{ 为任意常数}） \tag{9}$$

由于方程还满足条件 $C(0)=100$，代入求得 $C=100$.

故所求总成本函数为 $\qquad C(Q)=60Q-Q^2+100 \tag{10}$

上面的两个例子中，方程（1）、方程（6）都是含有未知函数的导数的方程.

定义 1 含有未知函数的导数或微分的方程，称为**微分方程**. 未知函数是一元函数的微分方程，称为**常微分方程**. 未知函数是多元函数的微分方程，称为**偏微分方程**.

定义 2 微分方程中出现的未知函数的导数或微分的最高阶数，称为微分方程的**阶**.

例如：

$$\frac{\mathrm{d}y}{\mathrm{d}x}=3x^2y \tag{11}$$

$$y''+y'-2y=0 \tag{12}$$

$$\frac{\mathrm{d}^2y}{\mathrm{d}x^2}=5x-2 \tag{13}$$

 笔 记

如方程（1）、（6）和（11）为一阶微分方程；方程（12）和（13）为二阶微分方程.

定义 3 若将一个函数代入微分方程中，能使得该微分方程成为恒等式，则此函数称为该微分方程的**解**. 求微分方程解的过程，称为解微分方程.

如例 1 中，显然式（4）和式（5）都是方程（1）的解. 但是，式（4）中含有任意常数 C，它表示的是一组函数，而不是一个函数，$y=\frac{1}{2}x^2-x+5$，$y=\frac{1}{2}x^2-x-\sqrt{2}$ 等都是方程（1）的解，要确定原问题的解，还必须利用问题中给出的附加条件，将任意常数 C 确定为一个定值.

定义 4 若微分方程的解中含有相互独立的任意常数（即它们不能合并而使得任意常数的个数减少），且所含有的任意常数的个数与微分方程的阶数相同，则称这样的解为微分方程的**通解**. 在通解中，利用附加条件确定出所含常数的取值，使得解中不含任意常数，就得到微分方程的**特解**. 而确定特解的条件称为**初始条件**. 求微分方程满足初始条件的特解的问题，称为**初值问题**.

如式（4）是方程（1）的通解，而式（5）是方程（1）满足初始条件（2）的特解，这个初值问题可以表示为式（3）.

【例 3】 验证方程 $xy'+3y=0$ 的通解是 $y=Cx^{-3}$，并求满足条件 $y\big|_{x=1}=4$ 的特解.

解 求出 $y=Cx^{-3}$ 的导数 $y'=-3Cx^{-4}$ 代入方程

$$x(-3Cx^{-4})+3(Cx^{-3})=-3Cx^{-3}+3Cx^{-3}=0$$

所以，$y=Cx^{-3}$ 是方程 $xy'+3y=0$ 的通解.

把初始条件 $y\mid_{x=1}=4$ 代入通解，得 $C=4$，

即满足条件 $y\mid_{x=1}=4$ 的特解为 $y=4x^{-3}$

【例 4】 验证函数 $y=C_1 e^{-2x}+C_2 e^{3x}$ 是微分方程 $y''-y'-6y=0$ 的通解.

解 $y'=-2C_1 e^{-2x}+3C_2 e^{3x}$，$y''=4C_1 e^{-2x}+9C_2 e^{3x}$

将 y'，y'' 代入方程左边，得

$$y''-y'-6y=(4C_1 e^{-2x}+9C_2 e^{3x})-(-2C_1 e^{-2x}+3C_2 e^{3x})-6(C_1 e^{-2x}+C_2 e^{3x})=0$$

所以函数 $y=C_1 e^{-2x}+C_2 e^{3x}$ 是微分方程 $y''-y'-6y=0$ 的解，又因为解中含有的任意常数的个数与阶数相同，且 C_1 和 C_2 相互独立，所以函数 $y=C_1 e^{-2x}+C_2 e^{3x}$ 是微分方程的通解.

一般来说，求微分方程的解是比较困难的，但是形如 $y^{(n)}=f(x)$ 的微分方程，右端是仅含有自变量 x 的已知函数，此方程可以经过 n 次积分得到通解.

【例 5】 求微分方程 $y'''=\cos x+6x+1$ 的通解.

解 这是一个三阶微分方程，经过三次积分可以得到通解.

$$y''=\sin x+3x^2+x+2C_1(C_1 \text{ 为任意常数})$$

$$y'=-\cos x+x^3+\frac{x^2}{2}+2C_1 x+C_2(C_2 \text{ 为任意常数})$$

$$y=-\sin x+\frac{x^2}{4}+\frac{x^3}{6}+C_1 x^2+C_2 x+C_3(C_3 \text{ 为任意常数})$$

即微分方程 $y'''=\cos x+6x+1$ 的通解为

$$y=-\sin x+\frac{x^2}{4}+\frac{x^3}{6}+C_1 x^2+C_2 x+C_3(C_1,C_2,C_3 \text{ 为任意常数}).$$

📝 笔 记

习题 8-1

1. 请指出下列微分方程的阶.

(1) $y'+3y+\dfrac{1}{x^2}=0$ 　　　　　　(2) $y\mathrm{d}x+x\mathrm{d}y=0$

(3) $y''+8y'=3x^2-2$ 　　　　　　(4) $\left(\dfrac{\mathrm{d}^2 y}{\mathrm{d}x^2}\right)^3+\left(\dfrac{\mathrm{d}y}{\mathrm{d}x}\right)^4-1=0$

2. 验证下列函数是不是所对应微分方程的解（其中 C、C_1、C_2 均是常数）.

(1) $x\mathrm{d}y-y\mathrm{d}x=0$，$y=Ce^x$

(2) $y''+y=e^x$，$y=C_1\sin x+C_2\cos x+\dfrac{1}{2}e^x$

(3) $y''=-y$，$y=3\sin x-4\cos x$

3. 验证对任意常数 C，$y=Ce^x$ 是微分方程 $\dfrac{\mathrm{d}y}{\mathrm{d}x}=y$ 的通解.

4. 已知二阶微分方程 $y''=2x+3$，求：

(1) 该微分方程的通解；

(2) 该微分方程满足初始条件 $y\mid_{x=1}=3$，$y'\mid_{x=1}=5$ 的特解.

5. 已知某产品的需求量对价格的弹性为 $\dfrac{EQ}{EP}=-\dfrac{5P^2}{Q}$，并且当价格 $P=2$ 时，需求量 $Q=290$，试求需求函数.

8.2 一阶微分方程

从微分方程诞生之日起，人们就试图寻找所遇到的一些类型的微分方程的解法. 最基本的想法就是将微分方程的求解问题转化为积分问题. 但是，一般的微分方程未必能使用这种方法求解. 在本节中，只讨论一些特殊的一阶微分方程及其解法. 通过本节的学习，要求掌握可分离变量的微分方程的解法，并能将一些特殊形式的微分方程转化为可分离变量的微分方程求解；能够正确求解一阶齐次线性微分方程，了解用常数变易法求一阶非齐次线性微分方程的方法，并会用通解公式法求解一阶非齐次线性微分方程.

8.2.1 可分离变量的微分方程

【例 1】 已知某产品的需求价格弹性值恒为 -1，并且当价格 $P=2$ 时，需求量 $Q=300$，试求需求函数.

解 由需求价格弹性的定义可知

$$\frac{EQ}{EP}=\frac{P}{Q}\cdot\frac{\mathrm{d}Q}{\mathrm{d}P}$$

因为产品的需求价格弹性值恒为 -1，所以需求函数 $Q(P)$ 满足

$$\frac{P}{Q}\cdot\frac{\mathrm{d}Q}{\mathrm{d}P}=-1 \tag{14}$$

此外，由于当价格 $P=2$ 时，需求量 $Q=300$，所以还有条件

$$Q(2)=300 \tag{15}$$

这个例子中，是方程（14）满足初始条件（15）的初值问题.

对于方程（14），可以将它变形为

$$\frac{\mathrm{d}Q}{Q}=-\frac{\mathrm{d}P}{P}$$

然后方程两端分别求不定积分得

$$\ln Q=-\ln P+C_1\text{（这里 }P,Q\text{ 均大于 }0,C_1\text{ 为任意常数）}$$

化简得

$$Q=\mathrm{e}^{-\ln P+C_1}=\mathrm{e}^{C_1}\cdot P^{-1}$$

令 $\mathrm{e}^{C_1}=C$ ，则 $Q=\dfrac{C}{P}$（C 为任意正常数）

再由 $Q(2)=300$，求得 $C=600$. 于是所求需求函数为 $Q=\dfrac{600}{P}$

例 1 中，方程（14）通过变形，使得等式两边分别只含有变量 Q 和 P，这样就可以两边分别积分，求得方程的通解.

定义 1 形如

$$\frac{\mathrm{d}y}{\mathrm{d}x}=g(x)h(y) \tag{16}$$

📝 **笔记**

或 $$g_1(x)h_1(y)\mathrm{d}x = g_2(x)h_2(y)\mathrm{d}y \tag{17}$$

的微分方程称为**可分离变量的微分方程**.

这类方程的特点是：方程经过适当的变形，可以将含有同一变量的函数与微分分离到等式的同一端，之后便可以两端分别积分，得到微分方程的通解. 方程（14）就是可分离变量的微分方程，方程（16）和（17）可分别分离变量为

$$\frac{\mathrm{d}y}{h(y)} = g(x)\mathrm{d}x$$

和

$$\frac{g_1(x)}{g_2(x)}\mathrm{d}x = \frac{h_2(y)}{h_1(y)}\mathrm{d}y$$

规律总结 解这类方程的方法称为**分离变量法**：

（1）分离变量，将方程变形为 $u(y)\mathrm{d}y = v(x)\mathrm{d}x$ 的形式

（2）两边积分，得 $\int u(y)\mathrm{d}y = \int v(x)\mathrm{d}x$

（3）求出积分，得通解 $U(y) = V(x) + C$

其中 $U(y)$ 和 $V(x)$ 分别是 $u(y)$ 和 $v(x)$ 的一个原函数，C 为任意常数.

【例 2】 求微分方程 $\dfrac{\mathrm{d}y}{\mathrm{d}x} = 2xy$ 的通解.

解 此方程为可分离变量的微分方程，分离变量后得

$$\frac{1}{y}\mathrm{d}y = 2x\mathrm{d}x$$

两边积分得 $$\int \frac{1}{y}\mathrm{d}y = \int 2x\mathrm{d}x$$

即 $$\ln|y| = x^2 + C_1 \quad (C_1 \text{ 为任意常数})$$

从而 $$y = \pm e^{x^2 + C_1} = \pm e^{C_1}e^{x^2}$$

因为 $\pm e^{C_1}$ 仍是任意常数，把它记作 C，便得所给方程的通解为

$$y = Ce^{x^2} \quad (C \text{ 为任意常数})$$

注意：以后对任意常数不再像例 2 这样详细讨论. 为了运算方便，可以将积分常数用 $\ln|C|$ 等形式表示.

【例 3】 求解初值问题 $\begin{cases} \sin x \cdot \cos y\,\mathrm{d}x = \cos x \cdot \sin y\,\mathrm{d}y \\ y\big|_{x=0} = \dfrac{\pi}{3} \end{cases}$

解 分离变量，得 $\dfrac{\sin x}{\cos x}\mathrm{d}x = \dfrac{\sin y}{\cos y}\mathrm{d}y$

两边积分，得 $\displaystyle\int \frac{\sin x}{\cos x}\mathrm{d}x = \int \frac{\sin y}{\cos y}\mathrm{d}y$

即 $\ln|\cos x| = \ln|\cos y| + \ln|C|$

这里我们将积分常数写成 $\ln|C|$ 是为了以后运算方便.

化简，得通解 $\cos x = C\cos y$. 将 $x = 0$，$y = \dfrac{\pi}{3}$ 代入得 $C = 2$.

笔 记

所以，原初值问题的解为 $\cos x = 2\cos y$.

8.2.2 一阶线性微分方程

定义 2　形如
$$\frac{\mathrm{d}y}{\mathrm{d}x} + p(x)y = q(x) \tag{18}$$
的方程，称为**一阶线性微分方程**，其中 $p(x)$，$q(x)$ 为已知函数.

若 $q(x) \equiv 0$，则方程
$$\frac{\mathrm{d}y}{\mathrm{d}x} + p(x)y = 0 \tag{19}$$
称为**一阶齐次线性微分方程**. 若 $q(x)$ 不恒等于 0，则方程（18）称为**一阶非齐次线性微分方程**.

注意：所谓线性，是指在方程中含有未知函数 y 和它的导数 y' 的项都是关于 y 和 y' 的一次项，$q(x)$ 称为自由项.

8.2.2.1 一阶齐次线性微分方程的通解

方程（19）是可分离变量的微分方程，分离变量，得 $\dfrac{\mathrm{d}y}{y} = -p(x)\mathrm{d}x$

两边积分，得 $\ln|y| = -\displaystyle\int p(x)\mathrm{d}x + \ln|C|$

即
$$y = Ce^{-\int p(x)\mathrm{d}x} \quad （C \text{ 为任意常数}) \tag{20}$$
这就是一阶齐次线性微分方程（19）的通解.

📝 **笔记**

注意：这里不定积分 $\displaystyle\int p(x)\mathrm{d}x$ 只表示 $p(x)$ 的一个原函数.

【例 4】　求方程 $(x-2)\dfrac{\mathrm{d}y}{\mathrm{d}x} = y$ 的通解.

解　这是一阶齐次线性微分方程，分离变量得
$$\frac{\mathrm{d}y}{y} = \frac{\mathrm{d}x}{x-2}$$
两边积分得
$$\ln|y| = \ln|x-2| + \ln C$$
方程的通解为
$$y = C(x-2)$$

【例 5】　求一阶齐次线性微分方程 $\dfrac{\mathrm{d}y}{\mathrm{d}x} + \dfrac{xy}{\sqrt{1-x^2}} = 0$ 满足初始条件 $y|_{x=-1} = 2$ 的特解.

解　分离变量，得 $\dfrac{\mathrm{d}y}{y} = -\dfrac{x}{\sqrt{1-x^2}}\mathrm{d}x$

两边积分，得 $\ln|y| = \sqrt{1-x^2} + \ln|C|$

于是得通解　$y = Ce^{\sqrt{1-x^2}}$

因为当 $x = -1$ 时 $y = 2$，所以 $C = 2$，故所求特解为 $y = 2e^{\sqrt{1-x^2}}$.

8.2.2.2 一阶非齐次线性微分方程的通解

一阶非齐次线性微分方程（18）的通解可以利用"常数变易法"得到.

首先求得方程（18）所对应的一阶齐次线性微分方程（19）的通解（20），然后将其中的任意常数 C 换成 x 的未知函数 $u(x)$，即设 $y=u(x)\mathrm{e}^{-\int p(x)\mathrm{d}x}$.

令 $y=u(x)\mathrm{e}^{-\int p(x)\mathrm{d}x}$ 为一阶非齐次线性微分方程（18）的解.

因为 $y'=u'(x)\mathrm{e}^{-\int p(x)\mathrm{d}x}-u(x)p(x)\mathrm{e}^{-\int p(x)\mathrm{d}x}$

将 y 和 y' 代入非齐次线性方程（18），得

$$u'(x)\mathrm{e}^{-\int p(x)\mathrm{d}x}-u(x)p(x)\mathrm{e}^{-\int p(x)\mathrm{d}x}+p(x)u(x)\mathrm{e}^{-\int p(x)\mathrm{d}x}=q(x)$$

整理，得 $u'(x)=q(x)\mathrm{e}^{\int p(x)\mathrm{d}x}$

两边积分，得 $u(x)=\displaystyle\int q(x)\,\mathrm{e}^{\int p(x)\mathrm{d}x}\mathrm{d}x+C$（$C$ 为任意常数）.

代入 $y=u(x)\mathrm{e}^{-\int p(x)\mathrm{d}x}$ 中，得非齐次线性方程（18）的通解为

$$y=\mathrm{e}^{-\int p(x)\mathrm{d}x}\left(\int q(x)\mathrm{e}^{\int p(x)\mathrm{d}x}\mathrm{d}x+C\right)$$

将上式写成两项之和

$$y=\mathrm{e}^{-\int p(x)\mathrm{d}x}\int q(x)\mathrm{e}^{\int p(x)\mathrm{d}x}\mathrm{d}x+C\mathrm{e}^{-\int p(x)\mathrm{d}x} \tag{21}$$

上式右端第一项是一阶非齐次线性微分方程（18）的一个特解（$C=0$ 时的解）；第二项是它对应的一阶齐次线性微分方程（19）的通解. 由此可知，一阶非齐次线性微分方程的通解等于对应的一阶齐次线性微分方程的通解与该非齐次方程的一个特解的和.

对一阶非齐次线性微分方程既可以直接使用通解公式（21）求解，也可以运用常数变易法求解.

【例6】 求微分方程 $x^2y'+2xy=x-1$ 的通解.

解 方法一：常数变易法.

原方程变形为 $\dfrac{\mathrm{d}y}{\mathrm{d}x}+\dfrac{2}{x}y=\dfrac{x-1}{x^2}$，这是一个一阶非齐次线性微分方程. 先求对应的一阶齐次线性微分方程 $\dfrac{\mathrm{d}y}{\mathrm{d}x}+\dfrac{2}{x}y=0$ 的通解.

分离变量，得 $\dfrac{\mathrm{d}y}{y}=-\dfrac{2}{x}\mathrm{d}x$

两边积分，得 $\ln|y|=-2\ln|x|+\ln|C|$，即 $y=\dfrac{C}{x^2}$（C 为任意常数）

令 $y=\dfrac{u(x)}{x^2}$，则 $y'=\dfrac{u'(x)}{x^2}-\dfrac{2u(x)}{x^3}$

将它们代入原方程，并化简得 $u'(x)=x-1$

两边积分，得 $u(x)=\dfrac{1}{2}x^2-x+C$

代入 $y=\dfrac{u(x)}{x^2}$，所以原方程的通解为 $y=\dfrac{1}{2}-\dfrac{1}{x}+\dfrac{C}{x^2}$（$C$ 为任意常数）

📝 笔记

方法二：通解公式法

原方程变形为 $\dfrac{\mathrm{d}y}{\mathrm{d}x}+\dfrac{2}{x}y=\dfrac{x-1}{x^2}$，则 $p(x)=\dfrac{2}{x}$，$q(x)=\dfrac{x-1}{x^2}$. 将它们代入通解公式（21），得

$$y=\mathrm{e}^{-\int \frac{2}{x}\mathrm{d}x}\left(\int \frac{x-1}{x^2}\mathrm{e}^{\int \frac{2}{x}\mathrm{d}x}\mathrm{d}x+C\right)=\mathrm{e}^{-2\ln|x|}\left(\int \frac{x-1}{x^2}\mathrm{e}^{2\ln|x|}\mathrm{d}x+C\right)$$

$$=\frac{1}{x^2}\left[\int (x-1)\mathrm{d}x+C\right]=\frac{1}{x^2}\left(\frac{1}{2}x^2-x+C\right)=\frac{1}{2}-\frac{1}{x}+\frac{C}{x^2}$$

即原方程的通解为：$y=\dfrac{1}{2}-\dfrac{1}{x}+\dfrac{C}{x^2}$（$C$ 为任意常数）

注意：在使用通解公式时，必须先把方程化为通解公式（18）的标准形式，以正确找出 $p(x)$ 和 $q(x)$.

【**例7**】 已知曲线 $y=f(x)$ 上每一点的切线斜率为 $x-2y$，且曲线过点 $(0,0)$，求该曲线方程.

解 由导数的几何意义可得 $\dfrac{\mathrm{d}y}{\mathrm{d}x}=x-2y$，且 $y\big|_{x=0}=0$.

上式变形为 $\dfrac{\mathrm{d}y}{\mathrm{d}x}+2y=x$，这是一个一阶非齐次线性微分方程，其中 $p(x)=2,q(x)=x$，所以

$$y=\mathrm{e}^{-\int 2\mathrm{d}x}\left(\int x\mathrm{e}^{\int 2\mathrm{d}x}\mathrm{d}x+C\right)=\mathrm{e}^{-2x}\left(\int x\mathrm{e}^{2x}\mathrm{d}x+C\right)$$

$$=\mathrm{e}^{-2x}\left(\frac{1}{2}\int x\mathrm{d}\mathrm{e}^{2x}+C\right)=\mathrm{e}^{-2x}\left(\frac{1}{2}x\mathrm{e}^{2x}-\frac{1}{2}\int \mathrm{e}^{2x}\mathrm{d}x+C\right)$$

$$=\mathrm{e}^{-2x}\left(\frac{1}{2}x\mathrm{e}^{2x}-\frac{1}{4}\mathrm{e}^{2x}+C\right)=\frac{1}{2}x-\frac{1}{4}+C\mathrm{e}^{-2x}$$

将初始条件 $y\big|_{x=0}=0$ 代入上式，得 $C=\dfrac{1}{4}$. 故所求曲线方程为

$$y=\frac{1}{2}x-\frac{1}{4}+\frac{1}{4}\mathrm{e}^{-2x}$$

📝**笔记**

习题 8-2

1. 选择题.

(1) 微分方程 $x\mathrm{d}y-y\mathrm{d}x=0$ 的通解是（　　）.

A. $y=Cx$ 　　　　　　　　　　 B. $y=\dfrac{C}{x}$

C. $y=C\mathrm{e}^x$ 　　　　　　　　　 D. $y=C\ln x$

(2) 微分方程 $x\mathrm{d}y+\mathrm{d}x=\mathrm{e}^y\mathrm{d}x$ 的通解是（　　）.

A. $y=Cx\mathrm{e}^x$ 　　　　　　　　　 B. $y=x\mathrm{e}^x+C$

C. $y=-\ln(1-Cx)$ 　　　　　　　 D. $y=-\ln(1+x)+C$

2. 求下列微分方程的通解.

(1) $x\ln x \cdot y' - y = 0$

(2) $x(y^2 - 1)\mathrm{d}x + y(x^2 - 1)\mathrm{d}y = 0$

(3) $(1 + y)\mathrm{d}x - (1 - x)\mathrm{d}y = 0$

(4) $3x^2 + 6x - 5yy' = 0$

(5) $y' + 2y = 1$

(6) $\dfrac{\mathrm{d}y}{\mathrm{d}x} + y = \mathrm{e}^{-x}$

(7) $y' + 2y = 4x$

(8) $y' + \dfrac{y}{x} = \dfrac{\sin x}{x}$

3. 求下列微分方程满足初始条件的特解.

(1) $y' = \mathrm{e}^{2x - y}$, $y\big|_{x=0} = 0$

(2) $\dfrac{\mathrm{d}y}{\mathrm{d}x} - y\tan x = \sec x$, $y\big|_{x=0} = 0$

4. 已知某商品的需求量 Q（万件）对价格 P（元）的弹性为 $\dfrac{EQ}{EP} = -4P^2$，而市场对该商品的最大需求量为 2 万件（即 $P = 0$ 时，$Q = 2$），求需求函数.

8.3 二阶常系数线性微分方程

在实际中应用较多的一类高阶微分方程是二阶常系数线性微分方程. 对于这类微分方程，我们只不加证明地给出它们的解的结论，大家利用这些结论进行求解即可. 通过本节的学习，要求了解二阶常系数线性微分方程解的结构，能写出二阶常系数齐次线性微分方程的特征方程，并求其特征根，会根据所给解的结论计算二阶常系数线性微分方程的解.

8.3.1 二阶常系数线性微分方程的概念

【例 1】 设某商品价格 P 是事件 t 的函数 $P(t)$，该商品的需求函数与供给函数分别为 $Q_\mathrm{D} = 42 - 4P - 4P' + P''$，$Q_\mathrm{S} = -6 + 8P$，初始条件为 $P(0) = 6$，$P'(0) = 4$，若在每一时刻市场供需都平衡，求价格函数 $P(t)$.

分析 在每一时刻市场供需都平衡，即总有 $Q_\mathrm{D} = Q_\mathrm{S}$ 成立，于是有

$$42 - 4P - 4P' + P'' = -6 + 8P$$

即

$$P'' - 4P' - 12P = -48$$

这是一个二阶线性微分方程，由于 P，P'，P'' 的系数均为常数，所以称为二阶常系数线性微分方程. 求价格函数 $P(t)$ 即求初值问题 $\begin{cases} P'' - 4P' - 12P = -48 \\ P(0) = 6, \ P'(0) = 4 \end{cases}$ 的解.

这类方程有怎样的分类？应当怎样求解？这些都是在这一节要讨论的问题.

定义 1 形如

$$y'' + py' + qy = f(x) \tag{1}$$

的微分方程称为**二阶常系数线性微分方程**，其中 p，q 为常数，$f(x)$ 为已知函数，当 $f(x) \equiv 0$ 时，方程

$$y'' + py' + qy = 0 \tag{2}$$

称为**二阶常系数齐次线性微分方程**. 当 $f(x)$ 不恒为零时，方程（1）称为**二阶常系数非齐次线性微分方程**.

8.3.2 二阶常系数齐次线性微分方程

先来讨论二阶常系数齐次线性微分方程（2）的通解.

笔记

定理 1 若 y_1，y_2 是二阶常系数齐次线性微分方程（2）的两个解，则
$$y = C_1 y_1 + C_2 y_2$$
也是方程（2）的解，其中 C_1，C_2 为任意常数.

定理 1 可利用导数运算的线性性质得证. 例如，$y_1 = e^x$ 和 $y_2 = e^{-x}$ 都是方程 $y'' - y = 0$ 的解，不难验证 $y = C_1 y_1 + C_2 y_2 = C_1 e^x + C_2 e^{-x}$（$C_1$，$C_2$ 为任意常数）也是方程 $y'' - y = 0$ 的解. 而 $y_1 = e^x$ 和 $y_3 = 2e^x$ 也都是方程 $y'' - y = 0$ 的解，于是 $\overline{y} = C_1 y_1 + C_3 y_3 = C_1 e^x + 2C_3 e^x$（$C_1$，$C_3$ 为任意常数）也是方程 $y'' - y = 0$ 的解. 虽然从形式上看，$y = C_1 e^x + C_2 e^{-x}$ 和 $\overline{y} = C_1 e^x + 2C_3 e^x$ 都含有两个任意常数，但由于 $\overline{y} = C_1 e^x + 2C_3 e^x = (C_1 + 2C_3) e^x = C e^x$，其中 $C = C_1 + 2C_3$，$\overline{y}$ 只含有一个任意常数，显然不是方程 $y'' - y = 0$ 的通解.

那么，在什么样的情况下 $y = C_1 y_1 + C_2 y_2$ 才是方程（2）的通解呢？我们不加证明地给出如下定理：

定理 2 若 y_1，y_2 是二阶常系数齐次线性微分方程（2）的两个特解，且 $\dfrac{y_1}{y_2}$ 不恒为常数，则 $y = C_1 y_1 + C_2 y_2$ 是二阶常系数齐次线性微分方程（2）的通解，其中 C_1，C_2 为任意常数.

注意： $\dfrac{y_1}{y_2}$ 不恒为常数这个条件是非常重要的. 一般地，对于任意两个函数 y_1，y_2，若它们的比 $\dfrac{y_1}{y_2}$ 恒为常数，则称它们是**线性相关**的，否则称它们是**线性无关**的. 于是我们知道，若 y_1，y_2 是方程（2）的两个线性无关的特解，则 $y = C_1 y_1 + C_2 y_2$（C_1，C_2 为任意常数）是方程（2）的通解.

如上面例子中，$y_1 = e^x$ 和 $y_2 = e^{-x}$ 都是方程 $y'' - y = 0$ 的特解，因为 $\dfrac{y_1}{y_2} = \dfrac{e^x}{e^{-x}} = e^{2x} \neq$ 常数，即 y_1，y_2 是方程 $y'' - y = 0$ 的两个线性无关的特解，所以 $y = C_1 e^x + C_2 e^{-x}$（C_1，C_2 为任意常数）是方程 $y'' - y = 0$ 的通解.

由定理 2 可知，要求二阶常系数齐次线性微分方程的通解，只需求出方程的两个线性无关的特解. 为此，我们给出特征方程和特征根的概念.

定义 2 方程 $r^2 + pr + q = 0$ 称为二阶常系数齐次线性微分方程 $y'' + py' + qy = 0$ 的**特征方程**，特征方程的根 r_1，r_2 称为**特征根**.

由特征方程 $r^2 + pr + q = 0$ 可以求得特征根，而根据特征根分别是两个相异实根、重实根、一对共轭复根，二阶常系数齐次线性微分方程 $y'' + py' + qy = 0$ 的特解有不同的形式，从而它的通解也对应不同的形式. 我们略去各种情况下对于特解形式的讨论，而直接给出如下结论.

【规律总结】
求二阶常系数齐次线性微分方程 $y'' + py' + qy = 0$ 的通解的步骤：
（1）写出微分方程的特征方程 $r^2 + pr + q = 0$；
（2）求出特征根 r_1，r_2；

📝 笔记

（3）根据特征根的不同情况，按照表 8-1 写出微分方程的通解.

表 8-1

特征根 r_1,r_2	微分方程 $y''+py'+qy=0$ 的通解
相异实根 $r_1=\dfrac{-p+\sqrt{p^2-4q}}{2}$,$r_2=\dfrac{-p-\sqrt{p^2-4q}}{2}$	$y=C_1e^{r_1x}+C_2e^{r_2x}$
重实根 $r_1=r_2=-\dfrac{p}{2}$	$y=(C_1+C_2x)e^{r_1x}$
共轭复根 $r_{1,2}=\alpha\pm i\beta$	$y=e^{\alpha x}(C_1\cos\beta x+C_2\sin\beta x)$

【**例 2**】 求微分方程 $y''-2y'-3y=0$ 的通解.

解 所给微分方程的特征方程为 $r^2-2r-3=0$，特征根为 $r_1=-1$，$r_2=3$，为两个相异实根，故所求微分方程的通解为

$$y=C_1e^{-x}+C_2e^{3x}（C_1,C_2\text{ 为任意常数}）$$

【**例 3**】 求方程 $y''+2y'+y=0$ 满足初始条件 $y|_{x=0}=4$ 和 $y'|_{x=0}=-2$ 的特解.

解 所给方程的特征方程为

$$r^2+2r+1=0 \quad 即 （r+1)^2=0$$

其根 $r_1=r_2=-1$ 是两个相等的实根（重实根），因此所给微分方程的通解为

$$y=(C_1+C_2x)e^{-x}$$

将条件 $y|_{x=0}=4$ 代入通解，得 $C_1=4$，从而

$$y=(4+C_2x)e^{-x}$$

将上式对 x 求导，得 $y'=(C_2-4+C_2x)e^{-x}$

再把条件 $y'|_{x=0}=-2$ 代入上式，得 $C_2=2$.于是所求特解为

$$y=(4+2x)e^{-x}$$

 笔记

【**例 4**】 求微分方程 $y''+8y'+17y=0$ 的通解.

解 所给微分方程的特征方程为 $r^2+8r+17=0$，它的根为

$$r_{1,2}=\frac{-8\pm\sqrt{8^2-4\times17}}{2}=-4\pm i$$

为一对共轭复根，故所求微分方程的通解为

$$y=e^{-4x}(C_1\cos x+C_2\sin x)（C_1,C_2\text{ 为任意常数}）$$

8.3.3 二阶常系数非齐次线性微分方程

二阶常系数非齐次线性微分方程的通解的结构满足下面的定理.

定理 3 若 y^* 是二阶常系数非齐次线性微分方程（1）的一个特解，Y 是与方程（1）对应的二阶常系数齐次线性微分方程（2）的通解，则

$$y=Y+y^*$$

是二阶常系数非齐次线性方程（1）的通解.

我们已经知道二阶常系数齐次线性微分方程的通解的求法，于是求二阶常系数非齐次线性微分方程的通解就归结为求它的一个特解的问题.下面仅就非齐次方程（1）右端的函数 $f(x)$ 的两种常见形式，给出用待定系数法求特解的方法.

8.3.3.1 $f(x) = P_m(x)e^{\lambda x}$($P_m(x)$ 为 x 的 m 次多项式，λ 为常数)

在实际应用中，二阶常系数非齐次线性微分方程的右端函数 $f(x)$ 的一种常见形式为 $f(x) = P_m(x)e^{\lambda x}$，其中 $P_m(x)$ 为 x 的 m 次多项式，λ 为常数. 我们不加证明地给出表 8-2 的结论.

表 8-2

$f(x)$ 的形式	条件	特解 y^* 的形式
	λ 不是特征方程的根	$y^* = Q_m(x)e^{\lambda x}$
$f(x) = P_m(x)e^{\lambda x}$	λ 是特征方程的单根	$y^* = xQ_m(x)e^{\lambda x}$
	λ 是特征方程的重根	$y^* = x^2 Q_m(x)e^{\lambda x}$

其中，$Q_m(x)$ 也是 x 的 m 次多项式.

【规律总结】

求二阶常系数非齐次线性微分方程 $y'' + py' + qy = P_m(x)e^{\lambda x}$ 的通解的步骤：

(1) 求其对应的二阶常系数齐次线性微分方程 $y'' + py' + qy = 0$ 的通解 Y；

(2) 根据表 8-2 中的结论设出原方程的特解 y^*，代入原方程，利用待定系数法求出特解；

(3) 得到所求方程的通解 $y = Y + y^*$.

【例 5】 求微分方程 $y'' + y = 2x^2 - 3$ 的通解.

解 所给微分方程为二阶常系数非齐次线性微分方程，先求它对应的二阶常系数齐次线性微分方程 $y'' + y = 0$ 的通解. 特征方程 $r^2 + 1 = 0$ 的根为 $r_{1,2} = \pm i$，所以 $y'' + y = 0$ 的通解为

$$Y = C_1 \cos x + C_2 \sin x \, (C_1, C_2 \text{ 为任意常数})$$

再求微分方程 $y'' + y = 2x^2 - 3$ 的一个特解. 右端 $f(x) = 2x^2 - 3$ 是 $P_m(x)e^{\lambda x}$ 型函数，其中 $m = 2$，$\lambda = 0$，因为 $\lambda = 0$ 不是特征方程的根，所以设

$$y^* = Q_2(x)e^0 = Ax^2 + Bx + C$$

则 $y^{*'} = 2Ax + B$，$y^{*''} = 2A$.

将 $y^{*'}$，$y^{*''}$ 代入原方程，得

$$2A + Ax^2 + Bx + C = 2x^2 - 3$$

比较两端 x 同次幂的系数，得

$$\begin{cases} A = 2 \\ B = 0 \\ 2A + C = -3 \end{cases}$$

解得 $A = 2$，$B = 0$，$C = -7$，$y^* = 2x^2 - 7$.

于是可得原方程的通解为

$$y = Y + y^* = C_1 \cos x + C_2 \sin x + 2x^2 - 7 \, (C_1, C_2 \text{ 为任意常数}).$$

8.3.3.2 $f(x) = e^{\lambda x}(a\cos\omega x + b\sin\omega x)$($\lambda$，$a$，$b$，$\omega$ 为常数)

当二阶常系数非齐次线性微分方程 (1) 的右端函数为 $f(x) = e^{\lambda x}(a\cos\omega x + b\sin\omega x)$，其中 λ，a，b，ω 为常数时，方程的特解为表 8-3 中的形式. 其中，A，B 是待定系数.

笔 记

表 8-3

$f(x)$的形式	条件	特解 y^* 的形式
$f(x)=\mathrm{e}^{\lambda x}(a\cos\omega x+b\sin\omega x)$	$\lambda\pm\omega\mathrm{i}$ 不是特征根	$y^*=\mathrm{e}^{\lambda x}(A\cos\omega x+B\sin\omega x)$
	$\lambda\pm\omega\mathrm{i}$ 是特征根	$y^*=x\mathrm{e}^{\lambda x}(A\cos\omega x+B\sin\omega x)$

【例6】 求微分方程 $y''+4y=\sin2x$ 的特解.

解 所给微分方程为二阶常系数非齐次线性微分方程，它的右端 $f(x)=\sin2x$ 是 $\mathrm{e}^{\lambda x}(a\cos\omega+b\sin\omega x)$ 型函数，其中 $\lambda=0$，$a=0$，$b=1$，$\omega=2$.

因为特征方程 $r^2+4=0$ 的根为 $r_{1,2}=\pm2\mathrm{i}$，而 $\lambda\pm\omega\mathrm{i}=\pm2\mathrm{i}$ 正好是特征根，所以设特解 $y^*=x\mathrm{e}^0(A\cos2x+B\sin2x)=x(A\cos2x+B\sin2x)$

则
$$y^{*\,\prime}=(A+2Bx)\cos2x+(B-2Ax)\sin2x$$
$$y^{*\,\prime\prime}=4(B-Ax)\cos2x-4(A+Bx)\sin2x$$

将 $y^{*\,\prime}$，$y^{*\,\prime\prime}$ 代入原方程，整理得
$$4B\cos2x-4A\sin2x=\sin2x$$

比较两端同类项的系数，得 $A=-\dfrac{1}{4}$，$B=0$. 所以所求特解为
$$y^*=-\frac{1}{4}x\cos2x$$

习题 8-3

📝 笔记

1. 求下列微分方程的通解.

(1) $y''-2y'+y=0$　　　　　(2) $3y''-2y'-8y=0$

(3) $4\dfrac{\mathrm{d}^2y}{\mathrm{d}x^2}+4\dfrac{\mathrm{d}y}{\mathrm{d}x}+y=0$　　(4) $y''+2y'+5y=0$

2. 求下列微分方程的通解.

(1) $y''+4y=8$　　　　　　(2) $y''+3y'+2y=3x\,\mathrm{e}^{-x}$

(3) $y''-8y'+16y=\mathrm{e}^{4x}$　　(4) $y''-2y'+5y=\mathrm{e}^x\sin2x$

3. 求下列微分方程满足初始条件的特解.

(1) $y''-3y'-4y=0$，$y\big|_{x=0}=0$，$y'\big|_{x=0}=-5$

(2) $y''+25y'=0$，$y\big|_{x=0}=-2$，$y'\big|_{x=0}=15$

8.4 常微分方程在经济问题中的应用

常微分方程被应用于经济领域的各个方面，以解决一些实际问题. 本节中将看到一些用常微分方程解决经济问题的例子. 通过本节的学习，要求能将经济应用问题转化为微分方程的问题，并通过正确求解微分方程来解决实际问题.

【例1】 某商品的需求量 Q 对价格 P 的弹性为 $-\dfrac{4P+2P^2}{Q}$，已知当 $P=10$ 时，需求量 $Q=460$，求需求量 Q 与价格 P 的函数关系.

解 由题意得

$$\frac{EQ}{EP} = \frac{P}{Q} \cdot \frac{\mathrm{d}Q}{\mathrm{d}P} = -\frac{4P+2P^2}{Q}$$

即
$$\frac{\mathrm{d}Q}{\mathrm{d}P} = -4 - 2P$$

两边同时积分，得 $Q = -4P - P^2 + C$（C 为任意常数）.

当 $P = 10$ 时，$Q = 460$，即 $460 = -4 \times 10 - 10^2 + C$，所以 $C = 600$.

故需求量 Q 与价格 P 的函数关系为 $Q = 600 - 4P - P^2$.

【例2】 假如某人以本金 p_0 元进行一项投资，投资的年利率为 r，若以连续复利计息，试用常微分方程的方法写出 t 年末的资金总额 $p(t)$.

分析 对于连续复利问题我们知道，t 年末的资金总额 $p(t) = p_0 \mathrm{e}^{rt}$. 但是本题要求用常微分方程的方法写出资金总额 $p = p(t)$，而 t 时刻资金总额的变化率等于 t 时刻资金总额获取的利息，即 $\frac{\mathrm{d}P}{\mathrm{d}t} = rp$. 由此我们可以写出微分方程及其初值问题.

解 因为 t 时刻资金总额的变化率等于 t 时刻资金总额获取的利息，而 t 时刻资金总额的变化率为 $\frac{\mathrm{d}P}{\mathrm{d}t}$，$t$ 时刻资金总额获取的利息为 rp，所以 $\frac{\mathrm{d}P}{\mathrm{d}t} = rp$

又因为当 $t = 0$ 时，$p(0) = p_0$，所以即为求初值问题 $\begin{cases} \dfrac{\mathrm{d}p}{\mathrm{d}t} = rp \\ p(0) = p_0 \end{cases}$ 的解.

对微分方程 $\frac{\mathrm{d}P}{\mathrm{d}t} = rp$，运用分离变量法可得 $p = C\mathrm{e}^{rt}$（C 为任意常数）.

又 $p(0) = C = p_0$，所以 $p(t) = p_0 \mathrm{e}^{rt}$.

【例3】 假设某产品的销售量 $x(t)$ 是时间 t 的可导函数，如果商品的销售量对时间的增长速率 $\frac{\mathrm{d}x(t)}{\mathrm{d}t}$ 正比于销售量 $x(t)$ 与销售量接近饱和水平的程度 $N - x(t)$ 的乘积（N 为饱和水平，比例常数 $k > 0$）. 且当 $t = 0$ 时，$x(0) = \frac{1}{4}N$. 求销售量函数 $x(t)$.

解 由题意可知，销售量 $x = x(t)$ 满足 $\frac{\mathrm{d}x}{\mathrm{d}t} = kx(N - x)$

分离变量得 $\frac{\mathrm{d}x}{x(N-x)} = k\mathrm{d}t$，变形得 $\left(\frac{1}{x} + \frac{1}{N-x} \right)\mathrm{d}x = Nk\mathrm{d}t$，两边积分得

$$\ln \frac{x}{N-x} = Nkt + \ln C_1 \text{（}C_1\text{为任意常数）}$$

即 $\frac{x}{N-x} = C_1 \mathrm{e}^{Nkt}$，于是可得通解

$$x(t) = \frac{NC_1 \mathrm{e}^{Nkt}}{C_1 \mathrm{e}^{Nkt} + 1} = \frac{N}{1 + C\mathrm{e}^{-Nkt}} \left(\text{其中 } C = \frac{1}{C_1} \right)$$

由 $x(0) = \frac{1}{4}N$ 得 $C = 3$，故 $x(t) = \frac{N}{1 + 3\mathrm{e}^{-Nkt}}$

注意： 微分方程 $\frac{\mathrm{d}x}{\mathrm{d}t} = kx(N - x)$ 称为**逻辑斯蒂方程**，其解曲线 $x(t) =$

笔记

$\dfrac{N}{1+Ce^{-Nkt}}$ 称为**逻辑斯蒂曲线**，在经济学中，常会遇到这样的量 $x(t)$，其增长率与 $x(t)$ 及 $N-x(t)$ 之积成正比（N 为饱和水平），也就是说它的变化规律遵循逻辑斯蒂方程，而它本身也就是逻辑斯蒂曲线的方程.

【**例 4**】　设某商品的需求函数与供给函数分别为　$Q_D=a-bP$，$Q_S=-c+dP$，其中 a，b，c，d 为正常数，假设商品价格 P 为时间 t 的函数，已知 $P(0)=P_0$，且在任一时刻 t，价格 $P(t)$ 的变化率与这时的过剩需求量 Q_D-Q_S 成正比，比例常数 $k>0$.

（1）求市场均衡价格 $\overline{P}$；

（2）试写出价格函数 $P(t)$ 的表达式.

解　（1）当该商品的需求量与供给量相等，即 $Q_D=Q_S$ 时，得市场均衡价格

$$\overline{P}=\frac{a+c}{b+d}$$

（2）价格 $P(t)$ 的变化率与这时的过剩需求量 Q_D-Q_S 成正比，即

$$\frac{dP}{dt}=k(Q_D-Q_S)$$

（3）将 Q_D，Q_S 代入上式，得

$$\frac{dP}{dt}=k(a-bP+c-dP)$$

即　　$\dfrac{dP}{dt}+k(b+d)P=k(a+c)$

解一阶非齐次线性微分方程，得通解

$$P(t)=Ce^{-k(b+d)t}+\frac{a+c}{b+d}$$

由 $P(0)=P_0$，得 $C=P_0-\dfrac{a+c}{b+d}$

又因为 $\overline{P}=\dfrac{a+c}{b+d}$，所以 $P(t)=(P_0-\overline{P})e^{-k(b+d)t}+\overline{P}$

注意：微分方程 $\dfrac{dP}{dt}=k(a-bP+c-dP)$ 也可以看做可分离变量的微分方程，使之变形为 $\dfrac{dP}{a+c-(b+d)P}=kdt$，再两边积分求解.

习题 8-4

1. 已知某地区在一个确定的时期内，国民收入 y（亿元）和国民债务 z（亿元）都是时间 t 的函数，国民收入的增长率为 $\dfrac{1}{8}$，国民债务的增长率为国民收入的 $\dfrac{1}{25}$. 若 $t=0$ 时，国民收入为 5 亿元，国民债务为 0.2 亿元，试分别求出国民收入及国民债务与时间 t 的函数关系.

2. 某商品的需求量 Q 对价格 P 的弹性为 $-P\ln2$，若商品的最大需求量为 900（即 $P=0$ 时，$Q=900$），求需求函数.

3. 某商品的需求量 Q 是价格 P 的函数，如果要使该商品的销售收入在价格变化的情况下保持

不变，则需求量 Q 关于价格 P 的函数关系满足怎样的微分方程？在这种情况下，该商品的需求量 Q 相对于价格 P 的弹性是多少？

4. 根据经验可知，某产品的纯利润 L 与广告支出 x 有关系 $\dfrac{dL}{dx}=k(A-L)$，其中 k，A 为常数，且 $k>0$，$A>0$. 若不做广告，即 $x=0$ 时，纯利润为 L_0，试求纯利润 L 与广告支出 x 之间的函数关系.

5. 已知生产某种产品的总成本 C 由可变成本与固定成本两部分构成，假设可变成本 y 是产量 x 的函数，且 y 关于 x 的变化率是 $\dfrac{x^2+y^2}{2xy}$，固定成本为 2，已知当产量为 1 个单位时，可变成本为 5，求总成本函数 $C(x)$.

复习题 8

一、填空题

1. 微分方程 $\left(\dfrac{dy}{dx}\right)^4+\dfrac{d^2y}{dx^2}+5y^3+2x^5=0$ 为 _____ 阶微分方程.

2. 微分方程 $y''=8\sin 2x+6$ 的通解是 _____.

3. 微分方程 $e^x(e^y-1)dx+e^y(e^x+1)dy=0$ 满足初始条件 $y|_{x=0}=1$ 的特解是 _____.

4. 微分方程 $y'=\dfrac{y}{x}+\dfrac{x}{y}$ 的通解是 _____.

📝 笔 记

5. 一阶线性微分方程 $xy'=y+x^3$ 的通解是 _____，满足初始条件 $y|_{x=0}=-\dfrac{1}{2}$ 的特解是 _____.

二、选择题

1. 微分方程 $y''=x^2$ 的解是（　　）.

A. $y=\dfrac{1}{x}$ 　　　　B. $y=\dfrac{x^3}{3}+C$ 　　　　C. $\dfrac{x^4}{12}$ 　　　　D. $\dfrac{x^4}{6}$

2. 函数 $y=e^{-x}+x-1$ 是微分方程 $\dfrac{dy}{dx}+y=x$ 的（　　）.

A. 特解 　　　　　　　　　　　　　　　　B. 通解

C. 是解，但既非通解也非特解 　　　　　　D. 不是解

3. 微分方程 $(x+1)dy-[(x+1)^3+2y]dx=0$ 是（　　）.

A. 可分离变量的微分方程 　　　　　　　　B. 一阶齐次线性微分方程

C. 一阶非齐次线性微分方程 　　　　　　　D. 一阶非线性微分方程

4. 微分方程 $3y^{(4)}-2(y'')^3+5x^2y=4$ 的通解中，含有相互独立的任意常数的个数是（　　）.

A. 3 　　　　　　B. 4 　　　　　　C. 5 　　　　　　D. 6

5. 下列函数不是微分方程 $y''+y'-2y=0$ 的解的是（　　）.

A. $3e^{-2x}$ 　　　　　　　　　　　　　　B. $5e^x$

C. $\dfrac{3}{2}e^{-2x}-\dfrac{1}{4}e^x$ 　　　　　　　　D. $2e^x+4$

6. 已知 $y^*=xe^{-x}$ 是一阶非齐次线性微分方程 $\dfrac{dy}{dx}+y=e^{-x}$ 的一个特解，则该微分方程的通解是（　　）.

A. $y=e^{-x}(x+C)$ 　　　　　　　　　　B. $y=Cxe^{-x}$

C.　$y = e^{-x}(C - x)$ 　　　　　　　　D.　$y = e^x(x + C)$

三、计算题

1. 求下列微分方程的通解.

（1）　$y'' = e^{-x} + \cos x$ 　　　　　　　　（2）　$(xy^2 + x)dx + (y - x^2 y)dy = 0$

（3）　$x^2 \dfrac{dy}{dx} = xy \dfrac{dy}{dx} - y^2$ 　　　　　（4）　$y'\cos x + y\sin x = 2$

2. 求下列初值问题的解.

（1）　$\begin{cases} x^2 e^{2y} dy = (x^3 + 1)dx \\ y \big|_{x=1} = 0 \end{cases}$ 　　　　　（2）　$\begin{cases} y' - \dfrac{y}{x+2} = x^2 + 2x \\ y \big|_{x=-1} = \dfrac{3}{2} \end{cases}$

四、应用题

1. 某商场的销售成本 y 和贮存费用 z 均是时间 t 的函数，随着时间 t 的增长，销售成本的变化率等于贮存费用的倒数与常数 4 的和，而贮存费用的变化率为贮存费用的 $-\dfrac{1}{2}$ 倍，若当 $t = 0$ 时，销售成本 $y = 0$，贮存费用 $z = 8$，试分别求出销售成本及贮存费用与时间 t 的函数关系.

2. 求一曲线的方程，使这条曲线通过原点，并且它在 (x, y) 处的切线斜率等于 $2x + y$.

📝 笔 记

第 **9** 章

概率论初步

习题与复习
题参考答案

9.1 随机事件及其概率

本节主要讨论随机事件和事件的概率，研究事件之间的关系和运算以及事件概率的性质和计算等一些基本问题．通过本节的学习，要求在了解古典概率、条件概率、事件的独立性等概念的基础上，能够熟练地应用概率的加法公式、乘法公式、条件概率公式等来计算基本的概率问题．

📝 笔记

9.1.1 随机现象与随机事件

9.1.1.1 基本概念

在自然界和人类社会活动中常常会出现大量的各种各样的现象．这些现象按其结果能否准确预测来划分，可以分为两大类．一类是在一定条件下，必然会出现某一种结果的现象，称为**必然现象**．例如，一枚硬币向上抛起后必然会落地；三角形中，任意两边之和一定大于第三边；在标准大气压下，冷水加热到 100 摄氏度必然会沸腾，等等都是必然现象．另一类是在一定条件下可能出现多种结果而事先也不能预测出现哪种结果的现象，称为**随机现象**．比如，在相同条件下，掷一枚骰子的结果可能有六种结果，但事先不能断定会出现几点；某路口半小时内汽车流量、电灯泡的使用寿命、每期中奖彩票的号码等都是随机现象．

随机现象是大量存在的．人们经过长期研究发现：虽然随机现象的结果事先根本无法预测，但是在大量的重复试验中其结果又必然呈现某种规律．例如，反复扔一枚硬币，当扔的次数越多时，出现正面和出现反面的次数之比接近 1:1. 随机现象所呈现的这种规律性称为**统计规律性**．概率论就是研究随机现象的统计规律性的一个数学分支．

为了更好地研究随机现象的统计规律性，都会进行大量的试验．比如，掷一枚骰子，观察出现哪一点；观察某路口半个小时内汽车的流量；从相同型号的灯泡中任意抽取一只，测试它的使用寿命，等等．

定义 1 具有以下特征的试验称为**随机试验**，简称**试验**：

（1）试验可以在相同的条件下重复地进行；

（2）试验的所有可能结果事先已经知道，并且不止一种；

（3）试验前不能确定试验后会出现哪一种结果．

同时，我们把一个随机试验所有可能的结果称为**随机事件**，简称为**事件**．随机事件通常用大写字母 A，B，C 等表示．一次随机试验的每个可能结果称为**基本事件**，由两个或两个以上的基本事件组成的集合称为**复合事件**．在每次试验中一定会发生的事件称为**必然事件**，通常用 Ω 来表示；而在任何一次试验中都不会发生的事件称为**不可能事件**，通常用 Φ 来表示。

在一个随机试验中，每一个可能出现的结果称为一个**样本点**，记作 ω．一个随机试验的所有可能的结果构成的集合称为该试验的**样本空间**，记作 Ω．也就是说，样本点的全体构成的集合就是样本空间，而样本空间的每一个元素就是一个样本点，也就是一个基本事件．

【**例 1**】 掷一枚骰子的试验，观察向上一面出现的点数．

解 $A=$"出现 2 点"为一个基本事件，$B=$"出现偶数点"为一个复合事件，$C=$"出现的点数为 10"为一个不可能事件，$D=$"出现的点数小于 7"为一个必然事件．

如果令 $\omega_n=\{$出现的点数为 n 点$\}$（$n=1$，2，$\cdots$，6），则该试验的样本空间 $\Omega=\{\omega_1$，ω_2，$\cdots$，$\omega_6\}$．

【**例 2**】 袋中有 3 个红球和 2 个白球，从中任意取出 2 个，观察其颜色．

解 $A=$"取出的球一个为红色，一个为白色"为一个基本事件；$B=$"取出的球颜色相同"为一个复合事件；$C=$"取出 2 个黄球"为不可能事件．

9.1.1.2 事件的关系与运算

在一次随机试验中，有许多随机事件，这些事件之间存在着联系，分析事件之间的关系，可以帮助更加深刻地认识随机事件．给出事件的关系和运算，更有助于讨论复杂的事件．由于事件是一个集合，事件的关系与运算就对应了集合的关系与运算．

（1）事件的包含与相等

设 A，B 为两个事件，若 A 发生必然导致 B 发生，则称事件 B 包含 A，或者 A 包含于 B，记做 $B \supset A$，$A \subset B$（如图 9-1）．若 $A \subset B$ 且 $B \subset A$，则称 A 与 B 相等，记做 $A=B$，表示 A 与 B 为同一事件．显然有：$\Phi \subset A \subset \Omega$．

例如，在例 1 中，令 A 表示"出现 1 点"，B 表示"出现奇数点"，C 表示"出现 1 点、3 点、5 点"，则 $A \subset B$，$B=C$．

（2）事件的和

"事件 A 与 B 中至少有一个发生"的事件称为事件 A 与事件 B 的**和**，也称为 A 与 B 的**并**，记做 $A \cup B$ 或 $A+B$，表示：或事件 A 发生，或事件 B 发生，或事件 A 与 B 都发生（如图 9-2）．显然有：$A \cup \Omega=\Omega$，$A \cup \Phi=A$．

例如，在例 2 中，令 A 表示"取出的全是红球"，B 表示"取出的全是白球"，C 表示"取出的球颜色相同"，则有：$A+B=C$．

（3）事件的积

"事件 A 与事件 B 同时发生"的事件称为事件 A 与事件 B 的**积**，也称为 A 与 B 的**交**，记做 AB 或者 $A \bigcap B$，表示事件 A 与事件 B 都发生（如图 9-3）．显然有：$A\Omega=A$，$A\Phi=\Phi$．

笔记

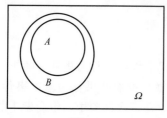

图 9-1

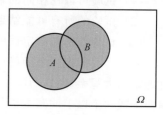

图 9-2

例如，在例 1 中，令 A 表示"出现的点数大于 3"，B 表示"出现奇数点"，则 AB 表示"出现 5 点".

（4）事件的差

"事件 A 发生而事件 B 不发生"的事件称为事件 A 与事件 B 的**差**，记作 $A-B$（如图 9-4）.

例如，在例 1 中，令 A 表示"出现的点数大于 4"，B 表示"出现奇数点"，则 $A-B$ 表示"出现 6 点"，$B-A$ 表示"出现 1 点和 3 点".

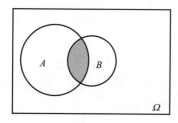

图 9-3

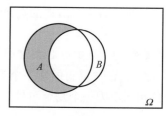

图 9-4

笔记

（5）互不相容事件（或互斥事件）

若事件 A 与事件 B 不能同时发生，即 $AB=\Phi$，则称事件 A 与事件 B **互不相容**，或者**互斥**（如图 9-5）.

例如，在例 1 中，令 A 表示"出现偶数点"，B 表示"出现奇数点"，则事件 A 与事件 B 互不相容.

（6）对立事件（或互逆事件）

若事件 A 与事件 B 满足 $A+B=\Omega$，$AB=\Phi$，则称事件 B 为事件 A 的**对立事件**，记做 $\overline{A}$，同时也称事件 A 与事件 B **互逆**（如图 9-6）.

通过对立的定义，也不难得出：对任意两事件 A 和 B，恒有 $A+\overline{A}=\Omega$，$A\overline{A}=\Phi$，$\overline{\overline{A}}=A$，$A-B=A\overline{B}$.

注意：互斥与互逆的区别与联系，一句话概括，互逆事件必定互斥，但互斥事件不一定互逆.

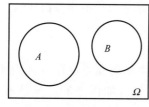

图 9-5

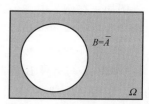

图 9-6

同集合的运算关系一样，事件的运算满足下述规律：

交换律：$A+B=B+A$，$AB=BA$

结合律：$(A+B)+C=A+(B+C)$，$(AB)C=A(BC)$

分配率：$(A+B)C=AC+BC$，$(AB)+C=(A+C)(B+C)$

对偶率：$\overline{A+B}=\overline{A}\cdot\overline{B}$，$\overline{AB}=\overline{A}+\overline{B}$

在处理复杂事件时，可以运用以上规律进行简单的运算.

【例3】 设 A，B，C 表示 Ω 中的 3 个事件，试用它们来表示以下事件：（1）A 发生而 B 与 C 都不发生；（2）A，B，C 恰有一个发生.

解 （1）B 不发生就是 B 的对立事件 $\overline{B}$ 发生，C 不发生就是 $\overline{C}$ 发生，如果 B 与 C 都不发生即为 $\overline{B}\overline{C}$. 所以，"A 发生而 B 与 C 都不发生"，可以表示为 $A\overline{B}\overline{C}$.

（2）"A，B，C 恰有一个发生"可以理解为：或者 A 发生而 B 与 C 都不发生，或者 B 发生而 A 与 C 都不发生，或者 C 发生而 A 与 B 都不发生，所以，A，B，C 恰有一个发生可以表示为 $A\overline{B}\overline{C}+\overline{A}B\overline{C}+\overline{A}\overline{B}C$.

注意：事件的表示不是唯一的. 例如，（1）中的事件，通过关系运算还可以表示为：$A-B-C$，$A-(B+C)$，$A(\overline{B+C})$ 等.

【例4】 向同一目标射击 3 次，若事件 A_i 表示"第 i 次击中目标"，试用 A_i 表示出事件：（1）至少有一次击中目标；（2）恰有两次击中目标.

解 （1）"至少有一次击中目标"即为 A_1，A_2，A_3 三个事件至少有一个要发生，结合事件加法的定义，所以表示为 $A_1+A_2+A_3$.

（2）"恰有两次击中目标"可以表示为 $A_1A_2\overline{A_3}+\overline{A_1}A_2A_3+A_1\overline{A_2}A_3$.

【思考】 以上事件还可以如何表示？

📝 笔记

9.1.2 事件的概率

9.1.2.1 统计定义

人们常常利用某事件发生的次数与试验次数的比值，来描述该事件发生可能性的大小.

在相同条件下重复进行了 n 次试验，若事件 A 发生了 m 次，则称比值 $\dfrac{m}{n}$ 为事件 A 发生的**频率**，通常记做 $f_n(A)$. 人们通过不断试验发现，如果试验的次数不断增加后，事件 A 发生的频率 $f_n(A)$ 会稳定地在某一固定数值附近摆动. 比如，历史上有不少人做过抛硬币的试验，结果发现，当抛硬币的次数增多时，出现正面这一事件总在 $\dfrac{1}{2}$ 附近摆动. 因此有以下的统计定义：

定义 2 当试验次数 n 增加时，事件 A 发生的**频率** $f_n(A)$ 始终在某一常数 P 附近摆动，则称常数 P 为事件 A 发生的**概率**，记做 $P(A)$.

通常用事件的概率来描述该事件发生可能性的大小，用统计定义去确定事件的概率，必须要进行大量的实验. 同时，也可以通过研究事件的内在规律去计算它的概率.

9.1.2.2 古典定义

定义 3 设 E 是一随机试验，若它满足以下两个条件：（1）基本事件的总数是有限的；(2) 每个基本事件发生的可能性相同，则称 E 为**古典概型**的试验.

定义4 在古典概型中，如果所有基本事件的个数为 n，事件 A 包含的基本事件的个数为 m，则事件 A 的概率为 $P(A) = \dfrac{m}{n}$.

此定义称为概率的古典定义. 概率具有以下性质：

性质1 对于任何事件 A，有 $0 \leqslant P(A) \leqslant 1$

性质2 $P(\Omega) = 1$，$P(\Phi) = 0$

性质3 （加法公式） 对于任意两个事件 A 与 B，恒有
$$P(A+B) = P(A) + P(B) - P(AB)$$

特别地，若事件 A 与事件 B 互斥，则有
$$P(A+B) = P(A) + P(B)$$

若 A_1，A_2，$\cdots$，A_n 两两互斥，则有
$$P(A_1 + A_2 + \cdots + A_n) = P(A_1) + P(A_2) + \cdots + P(A_n)$$

性质4 $P(\overline{A}) = 1 - P(A)$

性质5 若事件 A 与事件 B 满足 $A \subset B$，则
$$P(A) \leqslant P(B)，且 P(B-A) = P(B) - P(A)$$

【例5】 从 0，1，2，$\cdots$，9 的 10 个数字中任意选出 4 个不同的数字，试求这 4 个数字中不含 2 和 6 的概率.

解 设 $A = $"4 个数中不含 2 和 6". 从 10 个数字中任意取 4 个数字的方式共有 $n = C_{10}^4$ 种，而 4 个数字中不含 2 和 6，就应该从余下 8 个数字中选出来的，所以事件 A 包含的基本事件数为 $m = C_8^4$. 由概率的古典定义可得

$$P(A) = \frac{m}{n} = \frac{C_8^4}{C_{10}^4} = \frac{1}{3}$$

【例6】 在一批投资的人群中，有 60% 的人进行了股票投资，有 80% 的人进行了基金投资，有 40% 的人既投资了股票也投资了基金，若从该群人中任意选出一个，请问此人既没有投资股票也没有投资基金的概率.

解 设 $A = $"此人投资了股票"，$B = $"此人投资了基金"，则 $AB = $"此人既投资了股票也投资了基金". 易得 $P(A) = 0.6$，$P(B) = 0.8$，$P(AB) = 0.4$.

同时 $A + B = $"此人至少投资了股票和基金其中一项"，则 $\overline{A+B} = $"此人既没有投资股票也没有投资基金"，利用概率的加法公式，有：
$$P(A+B) = P(A) + P(B) - P(AB) = 0.6 + 0.8 - 0.4 = 0.8$$
所以 $P(\overline{A+B}) = 1 - P(A+B) = 1 - 0.8 = 0.2$

【例7】 袋子中有 10 个球，其中 6 个白球，4 个红球，甲乙两人从中依次抽取两个，求至少有一个人抽到白球的概率.

方法一 设 $A = $"至少有一个人抽到白球"，则 $\overline{A} = $"没有一个人抽到白球". 利用概率的古典定义，易得

$$P(\overline{A}) = \frac{C_4^1 C_3^1}{C_{10}^1 C_9^1} = \frac{2}{15}，所以 P(A) = 1 - P(\overline{A}) = \frac{13}{15}$$

方法二 将事件 $A = $"至少有一个人抽到白球"分为两两互斥的三个事件，即：

$A_1 =$"甲抽到白球，乙抽到红球"，$A_2 =$"甲抽到红球，乙抽到白球"，$A_3 =$"甲乙都抽到白球"，则

$$P(A_1) = \frac{C_6^1 C_4^1}{C_{10}^1 C_9^1} = \frac{4}{15}, P(A_2) = \frac{C_6^1 C_4^1}{C_{10}^1 C_9^1} = \frac{4}{15}, P(A_3) = \frac{C_6^1 C_5^1}{C_{10}^1 C_9^1} = \frac{1}{3}$$

$$P(A) = P(A_1) + P(A_2) + P(A_3) = \frac{4}{15} + \frac{4}{15} + \frac{1}{3} = \frac{13}{15}$$

方法三 将事件 $A =$"至少有一个人抽到白球"分为两个事件，即：$A_1 =$"甲抽到白球"，$A_2 =$"乙抽到白球"，则事件 A_1 与 A_2 不互斥. 又因为

$$P(A_1) = \frac{C_6^1 C_9^1}{C_{10}^1 C_9^1} = \frac{3}{5}, P(A_2) = \frac{C_6^1 C_9^1}{C_{10}^1 C_9^1} = \frac{3}{5}, P(A_1 A_2) = \frac{C_6^1 C_5^1}{C_{10}^1 C_9^1} = \frac{1}{3}$$

利用概率的加法公式可以得

$$P(A) = P(A_1 + A_2) = P(A_1) + P(A_2) - P(A_1 A_2) = \frac{3}{5} + \frac{3}{5} - \frac{1}{3} = \frac{13}{15}$$

9.1.3 条件概率与乘法公式

在同一试验下，随机事件是相互联系、相互影响的，那么一个事件的发生与否对其它事件发生的可能性大小是如何影响的？

9.1.3.1 条件概率

定义 5 设 A，B 为随机试验的两个事件，且 $P(B) \neq 0$，则在事件 B 发生的条件下，事件 A 发生的概率称为条件概率，记为 $P(A|B)$，条件概率的计算公式为

$$P(A|B) = \frac{P(AB)}{P(B)} \quad (P(B) \neq 0)$$

同理，可定义事件 A 发生的条件下事件 B 的条件概率

$$P(B|A) = \frac{P(AB)}{P(A)} \quad (P(A) \neq 0)$$

【例 8】 某种动物活到 20 岁的概率为 0.8，活到 25 岁的概率为 0.4，求现龄为 20 岁的动物活到 25 岁的概率.

解 设事件 $A =$"动物活到 20 岁"，$B =$"动物活到 25 岁"，则 $P(A) = 0.8$，$P(B) = 0.4$. 事件"现龄为 20 岁的动物活到 25 岁"的概率就是在事件 A 发生的条件下事件 B 的条件概率，又因为 $B \subset A$，所以 $AB = B$，故 $P(AB) = P(B) = 0.4$. 所以

$$P(B|A) = \frac{P(AB)}{P(A)} = \frac{0.4}{0.8} = 0.5$$

9.1.3.2 乘法公式

由条件概率公式可以得出概率的乘法公式：

$$P(AB) = P(B)P(A|B) \quad (P(B) \neq 0)$$
$$P(AB) = P(A)P(B|A) \quad (P(A) \neq 0)$$

【例 9】 某种商品，为甲厂生产的概率为 0.6，而该厂的次品率为 15%，如果在市场上购买一件这样的商品，那么买到的是甲厂生产的正品的概率为多少呢？

解 设 $A =$"甲厂生产"，$B =$"商品为正品"，则 $AB =$"甲厂生产的正品"，根据

笔记

已知 $P(A)=0.6$，$P(B|A)=0.85$. 由乘法公式得

$$P(AB)=P(A)P(B|A)=0.6\times0.85=0.51$$

所以买到的是甲厂生产的正品的概率为 51%.

通过两个事件的乘法公式，可以推广到多个事件的乘积，比如

$$P(ABC)=P(A)P(B|A)P(C|AB) \quad (P(AB)\neq0)$$

【规律总结】

一般地，当 $n\geq2$ 且 $P(A_1A_2\cdots A_{n-1})\neq0$ 时，则有

$$P(A_1A_2\cdots A_{n-1}A_n)=P(A_1)P(A_2|A_1)P(A_3|A_1A_2)\cdots P(A_n|A_1A_2\cdots A_{n-1}).$$

【例10】 袋中有 10 个同样的球，其中 6 个红球、4 个白球，每次取出 1 个，取后放回，再放入与取出的球颜色相同的球 1 个，求连续三次取得白球的概率.

解 设 $A_i=$"第 i 次取到白球"（$i=1$，2，3），则 $A_1A_2A_3=$"连续三次取到白球". 易得

$$P(A_1)=\frac{4}{10},\ P(A_2|A_1)=\frac{5}{11},\ P(A_3|A_1A_2)=\frac{6}{12}$$

所以，利用乘法公式可得

$$P(A_1A_2A_3)=P(A_1)P(A_2|A_1)P(A_3|A_1A_2)=\frac{4}{10}\times\frac{5}{11}\times\frac{6}{12}=\frac{1}{11}$$

*9.1.3.3 全概率公式

定义6 设事件 A_1，A_2，$\cdots$，A_n 满足：

① 互不相容，且 $P(A_i)>0$（$i=1$，2，$\cdots$，n）；

② $A_1+A_2+A_3+\cdots+A_n=\Omega$，即事件 A_1，A_2，$\cdots$，A_n 中至少有一个发生.

此时称 A_1，A_2，$\cdots$，A_n 为样本空间 Ω 的一个划分.

定理1（全概率公式） 假设随机试验的样本空间为 Ω，且 A_1，A_2，$\cdots$，A_n 为 Ω 的一个划分，则对于任意一个事件 B，一定有

$$P(B)=\sum_{i=1}^{n}p(A_i)P(B|A_i)$$

注意：如果 $0<P(A)<1$，则 A 与 $\overline{A}$ 就为 Ω 的一个划分，对于任意一个事件 B，就有 $P(B)=P(A)P(B|A)+P(\overline{A})P(B|\overline{A})$.

【例11】 盒子中有 5 件正品和 3 件次品，连续不放回地从中取两次，每次只取一件产品，求第二次取得正品的概率.

解 假设事件 A 为"第一次取得正品"，事件 B 为"第二次取得正品"，则有

$$P(A)=\frac{5}{8},\ P(\overline{A})=\frac{3}{8},\ P(B|A)=\frac{4}{7},\ P(B|\overline{A})=\frac{5}{7}$$

由全概率公式可得

$$P(B)=P(A)P(B|A)+P(\overline{A})P(B|\overline{A})=\frac{5}{8}$$

9.1.3.4 事件的独立性

定义7 若两个事件 A，B 中，任一事件的发生与否不影响另一事件发生的概率，则称事件 A 与 B 是相互独立的. 即满足 $P(A)=P(A|B)$ 或者 $P(B)=P(B|A)$ 时，事件 A 与 B 相互独立.

 笔记

根据独立性的定义和乘法公式不难得出，两个相互独立的事件具有以下性质：

性质 1 若事件 A 与 B 相互独立，则一定有 $P(AB)=P(A)P(B)$.

性质 2 若事件 A 与 B 相互独立，则 A 与 $\overline{B}$，$\overline{A}$ 与 B，$\overline{A}$ 与 $\overline{B}$ 也都相互独立.

【例 12】 假设甲、乙两人独立地向同一目标射击，其中甲击中目标的概率为 0.9，乙击中目标的概率为 0.8，如今两人各射击一次，求：（1）目标被击中的概率；（2）恰有一人击中目标的概率.

解 设 $A=$"甲击中目标"，$B=$"乙击中目标"，易得 $P(A)=0.9$，$P(B)=0.8$，由题设可知事件 A 与 B 相互独立，所以有 $P(AB)=P(A)P(B)$.

（1）$A+B=$"目标被击中"，利用加法公式可得

$$P(A+B)=P(A)+P(B)-P(AB)$$
$$=P(A)+P(B)-P(A)P(B)=0.9+0.8-0.9\times0.8=0.98$$

（2）$A\overline{B}+\overline{A}B=$"恰有一人击中目标"，则有

$$P(A\overline{B}+\overline{A}B)=P(A\overline{B})+P(\overline{A}B)=P(A)P(\overline{B})+P(\overline{A})P(B)$$
$$=0.9+(1-0.8)+(1-0.9)\times0.8=0.26$$

9.1.3.5 贝努利概型

定义 8 若某些实验的样本空间只有两个样本点，即只有两个可能结果 A 与 $\overline{A}$，并且知道其中 $P(A)=p$，$0<p<1$，将试验独立重复进行 n 次，则称这 n 次试验为 n 重贝努利试验. 该类试验的概率模型称为**贝努利概型**.

对于 n 重贝努利实验，我们关心的是在 n 次独立重复试验中，事件 A 恰好发生 k 次的概率 $P_n(k)$.

在 n 重贝努利试验中，若每次试验中事件 A 发生的概率为 $p(0<p<1)$，则事件 A 恰好发生 k 次的概率为：

$$P_n(k)=C_n^k p^k (1-p)^{n-k} \quad (k=0,1,\cdots,n)$$

【例 13】 某人对一目标独立射击 4 次，每次射击的命中率为 0.8，试求：（1）恰好命中两次的概率；（2）至少命中一次的概率.

解 因为每次射击都是相互独立的，所以该问题可视为 4 重贝努利试验，且 $p=0.8$.

（1）若事件 A 表示"4 次射击恰好命中两次"，则根据贝努利概型概率公式得

$$P(A)=P_4(2)=C_4^2(0.8)^2(1-0.8)^2=0.1536$$

（2）若事件 B 表示"4 次射击至少命中一次"，则 $\overline{B}$ 为"4 次射击命中 0 次"，故有 $P(B)=1-P(\overline{B})=1-P_4(0)=1-C_4^0(0.8)^0(1-0.8)^4=0.9984$

习题 9-1

1. 某射手向目标连续射击 2 次，每次一发子弹，设 A_i 表示"第 i 次命中"（$i=1$，2）. 试用 A_i 表示下列事件：

（1）两发都命中　　　　（2）两发都没有中

（3）恰有一发命中　　　　（4）至少有一发命中

2. 设 A、B、C 为三个事件，用事件的运算关系表示下列事件：

（1）三个事件都发生　　（2）A、B 至少有一个发生，而 C 不发生

（3）三个事件中恰好发生两个

笔记

3. 同时掷两颗骰子，求下列事件的概率：

(1) 点数之和为 1 　　　　(2) 点数之和大于 10 　　　　(3) 点数之和不超过 11

4. 袋子中有红、黄、白色球各一个，每一次从袋中任取一球，看过颜色后再放回袋中，共取球三次，求下列事件的概率：

(1) $A=$"全红" 　　　　(2) $B=$"颜色全相同" 　　　　(3) $C=$"无白颜色的球"

5. 已知某射手射击一次中靶 6 环、7 环、8 环、9 环、10 环的概率分别为 0.19、0.18、0.17、0.16、0.15，该射手射击一次，求：

(1) 至少中 8 环的概率　　　(2) 至多中 8 环的概率

6. 某小区有 50％住户订日报，有 65％住户订晚报，有 85％住户至少订这两报纸中的一种，求同时订这两种报纸的住户的百分率.

7. 班里有 10 位同学，出生于同一年，求：

(1) 至少有 2 人的生日在同一个月的概率；

(2) 至少有 2 人的生日在同一天的概率（一年按照 365 天计算）.

8. 任取一个三位数的正整数，求这个数能被 2 和 3 整除的概率.

9. 设 $P(A)=0.7$，$P(B)=0.6$，$P(B\,|\,\overline{A})=0.4$，求 $P(AB)$.

10. 已知随机事件 A，B，且 $P(A)=p$，$P(B)=q$，$P(A+B)=r$，求 $P(AB)$，$P(\overline{AB})$，$P(A\overline{B})$.

11. 设 10 件同样的产品中有 8 件合格品，用下面两种方法抽取 2 次，每次取 1 件，求 2 件都是合格品的概率：

(1) 不放回地抽取；(2) 有放回地抽取.

12. 三门大炮同时对一架敌机发射一发炮弹，它们的命中率分别为 0.1、0.2、0.3，求敌机恰好被一发炮弹击中的概率.

13. 在某工厂中有甲、乙、丙三台机器生产同一型号的产品，它们的产量各占 30％，35％，35％，并且在各自的产品中废品率分别为 5％，4％，3％，求该厂的这种产品中任取一件是废品的概率.

14. 在 13 题中，如果任取一件都是废品，分别求它是由甲、乙、丙生产的概率.

15. 已知运动员甲在比赛中对运动员乙的胜率为 0.4. 求运动员甲在与运动员乙比赛 5 次中：

(1) 胜利 3 场的概率；(2) 至少胜利 2 场的概率.

16. 灯泡使用寿命在 1000h 以上的概率为 0.2，求 3 个灯泡在使用 1000h 以后最多只坏一个的概率.

9.2 随机变量及其概率分布

本节主要重点讨论一维随机变量及其概率分布情况，通过本节的学习，要求了解随机变量的概念，能够区分离散型随机变量和连续型随机变量；掌握离散型随机变量的分布律和连续型随机变量的密度函数，熟悉几类常见的随机变量的分布情况；在此基础上了解二维随机变量的概率分布情况；了解随机变量独立性的概念等.

9.2.1 离散型随机变量及其概率分布

9.2.1.1 随机变量的概念

在前面的一节中，已经研究了随机事件及其概率，随机试验的试验结果都是用随机事件来表示的，但不难发现，很多随机试验的结果其实也可以结合数量来表示，为了更好地结合微积分知识来研究概率问题，可以将随机试验的结果进行数量化，看以下几个例子．

【例 1】 投掷一枚骰子，如果用某一变量 X 来表示这一随机试验的结果，则它可能的取值就为 1，2，3，4，5，6．

【例 2】 在 10 件产品中，有 3 件为次品，现任取 2 件，如果用某一变量 Y 来表示取得次品的数目，则它可能的取值为 0，1，2．

【例 3】 考虑"测试手机电池的使用寿命"这一试验，如果用某一变量 Z 来表示电池的使用寿命（单位：h），则它就可能在连续区间（0，$+\infty$）上取不同的值．

定义 1 对于随机事件的每一基本事件，即每一个样本点 ω，都有一个实数 $X(\omega)$ 与之对应，则 X 是随着 ω 取值不同而变化的一个变量，称为**随机变量**．通常用大写字母 X，Y，Z，…表示随机变量，而用小写字母 x，y，z，…来表示随机变量可能的取值．

随机变量通常具有以下两个特征：

（1）取值随机性　随机变量的取值在试验之前都不能够确定；

（2）统计规律性　随机变量取某一个值的概率是确定的．比如，例 1 中，X 取每一个值的概率都为 $\dfrac{1}{6}$．

9.2.1.2　离散型随机变量及其分布律

有些随机变量的取值是可列无穷多个或者有限个（取值可以一一列举），比如，例 1 和例 2 中的随机变量，这类随机变量称为离散型随机变量．

定义 2 如果随机变量 X 只取有限个或可列无穷多个数值 x_1，x_2，…，x_n，…，记作 $P\{X=x_i\}=p_i$，它满足：（1）$p_i \geqslant 0$，（2）$\sum\limits_{i=1}^{\infty} p_i = 1$，则称 X 为**离散型随机变量**，并称 $P\{X=x_i\}=p_i$，$i=1$，2，…为 X 的**分布律**（或分布列，或概率分布）．

离散型随机变量的分布律也可以用表 9-1 表示．

表 9-1

X	x_1	x_2	…	x_k	…
P	p_1	p_2	…	p_k	…

由概率的定义和性质易知，任何离散型随机变量的分布律都有以下性质：

性质 1（非负性）$p_k \geqslant 0$（$k=1$，2，…）．

性质 2（规范性）$\sum\limits_{k} p_k = 1$．

【例 4】 在 10 件产品中有 2 件为次品，其余为正品，现从中任取一个，如果每次取出后不放回，求取得正品之前取得的次品数的分布律．

解 设 X 表示取得正品之前取得的次品数，则 $X=0$，1，2．

$$P(X=0)=\frac{8}{10}=\frac{4}{5}, \quad P(X=1)=\frac{C_2^1 C_8^1}{C_{10}^1 C_9^1}=\frac{8}{45}, \quad P(X=2)=\frac{C_2^1 C_1^1 C_8^1}{C_{10}^1 C_9^1 C_8^1}=\frac{1}{45}$$

所以，X 的分布律如表 9-2 所示．

表 9-2

X	0	1	2
P	4/5	8/45	1/45

9.2.1.3 二项分布

定义 3 如果离散型随机变量 X 所有可能的取值为 0，1，2，…，且它的分布律为 $P(X=k)=C_n^k p^k (1-p)^{n-k}$ $(k=0，1，2，…)$，其中，$0<p<1$，则称 X 服从参数为 n，p 的**二项分布**，记为 $X \sim B(n，p)$.

二项分布的分布律也可以表示如表 9-3 所示.

表 9-3

X	0	1	…	k	…
P	$(1-p)^n$	$C_n^1 p(1-p)^{n-1}$	…	$C_n^k p^k (1-p)^{n-k}$	…

一般地，在 n 重独立试验概型中，如果随机变量 X 为事件 A 发生的次数，则 X 是服从二项分布的，且如果事件 A 发生的概率为 p，则 $X \sim B(n，p)$.

（1）如果 $n=1$，则随机变量 X 的分布律就如表 9-4 所示. 则称 X 服从**两点分布**，记为 $X \sim B(1，p)$，两点分布主要适用于在一次试验中只有两个结果的随机现象，比如，观察扔硬币的试验结果等.

表 9-4

X	0	1
P	$1-p$	p

（2）在二项分布中，如果 n 很大，而 p 较小时，二项分布 $B(n，p)$ 可以近似用参数为 $\lambda=np$ 的泊松分布来表示.

定义 4 如果离散型随机变量 X 所有可能的取值为 0，1，2，…，且它的分布律为：

$$P(X=k)=\frac{\lambda^k e^{-\lambda}}{k!}(k=0,1,2,\cdots)$$

其中，$\lambda>0$ 为常数，则称 X 服从参数为 λ 的泊松分布，记为 $X \sim P(\lambda)$

在实际问题中，有很多的随机变量都服从泊松分布，比如，某十字路口在一段时间内通过的车辆数、一批布匹上的瑕疵的点数等.

【例 5】 某人进行射击试验，击中目标的概率为 0.6，求：（1）射击一次的结果分布律；（2）连续射击 5 次击中目标的次数的分布律.

表 9-5

X	0	1
P	0.4	0.6

解 （1）设 X 表示射击一次的结果，则 X 只能取 0，1（分别表示未击中和击中目标），且 $P(X=0)=1-0.6=0.4$，$P(X=1)=0.6$.

所以，X 的分布律如表 9-5 所示.

（2）设 Y 表示连续射击 5 次击中目标的次数，则 $Y=0$，1，2，3，4，5，又因为击中目标的概率 $p=0.6$，则 $Y \sim B(5,0.6)$，所以 Y 的分布律为

$$P(X=k)=C_5^k(0.6)^k(1-0.6)^{5-k}=C_5^k(0.6)^k(0.4)^{5-k}(k=0.1,2,3,4,5)$$

【例6】 某工厂的机器每天正常工作的概率为 0.8，求最近 10 天内机器正常工作的天数的分布律.

解 设 X 表示最近 10 天内机器正常工作的天数，则 $X \sim B(10,0.8)$，所以 X 的分布律为

$$P(X=k)=C_{10}^k(0.8)^k(1-0.8)^{10-k}=C_{10}^k(0.8)^k(0.2)^{10-k}(k=0,1,2,\cdots,10)$$

【例7】 某电话交换台每分钟的呼叫次数服从参数为 4 的泊松分布，求：（1）每分钟恰好有 8 次呼叫的概率；（2）每分钟的呼叫次数不超过 10 次的概率.

解 设 X 为每分钟的呼叫次数，则 $X \sim P(4)$，查泊松分布表可得：

（1）$P(X=8)=P(X \geqslant 8)-P(X \geqslant 9)=0.0298$

（2）$P(X \leqslant 10)=1-P(X \geqslant 11)=0.9981$

9.2.1.4 离散型随机变量函数的概率分布

设 $g(x)$ 是一给定的连续函数，则称 $Y=g(X)$ 为随机变量 X 的一个函数，显然 Y 也是一个随机变量. 当随机变量 X 取某值 x 时，随机变量 Y 则相应地取 $g(x)$. 下面将讨论如何由已知的随机变量 X 的概率分布去求函数 $Y=g(X)$ 的概率分布.

设离散型随机变量 X 的分布律如表 9-6 所示，如果 X 所有可能的取值为 x_1，x_2，$\cdots x_k$，$\cdots$，则随机变量 Y 也一定为一个离散型随机变量，且其可能的取值为 $g(x_1)$，$g(x_2)$，$\cdots$，$g(x_k)$，$\cdots$，而相应的概率也由随机变量 X 的概率值来确定，下面主要通过一些实际例子来说明有关离散型随机变量函数的概率分布情况.

表 9-6

X	x_1	x_2	$\cdots$	x_k	$\cdots$
P	p_1	p_2	$\cdots$	p_k	$\cdots$

【例8】 设随机变量 X 的分布律如表 9-7 所示. 求：（1）$Y=X^3$ 的分布律；（2）$Z=X^2$ 的分布律.

表 9-7

X	-1	0	1	2
P	0.1	0.2	0.4	0.3

解 （1）因为 $Y=X^3$，所以，Y 的可能取值为 -1，0，1，8. 又因为

$$P(Y=-1)=P(X=-1)=0.1, P(Y=0)=P(X=0)=0.2$$

$$P(Y=1)=P(X=1)=0.4, P(Y=8)=P(X=2)=0.3$$

所以，Y 的分布律如表 9-8 所示.

表 9-8

Y	-1	0	1	8
P	0.1	0.2	0.4	0.3

（2）因为 $Z=X^2$，所以 Y 的可能取值为 0，1，4. 且

$$P(Z=0)=P(X=0)=0.2, \quad P(Z=1)=P(X=-1)+P(X=-1)=0.5$$
$$P(Z=4)=P(X=2)=0.3$$

故 Z 的分布律如表 9-9 所示.

表 9-9

Z	0	1	4
P	0.2	0.5	0.3

注意：当函数值 $g(x_1)$，$g(x_2)$，$\cdots$，$g(x_k)$，$\cdots$中有相等的情况时，应该把使得 $g(x_k)$ 相等的那些 x_k 所对应的概率相加，作为 Y 取值 $g(x_k)$ 的概率，从而得出随机变量函数 Y 的分布律.

9.2.2 连续型随机变量及其密度函数

9.2.2.1 分布函数的概念

定义 5 设 X 是一个随机变量，x 是任意实数，则称函数

$$F(x)=P(X\leqslant x)$$

为随机变量 X 的**分布函数**，记为 $X\sim F(x)$ 或 $F_X(x)$.

注意：根据分布函数的定义，对于任意两个实数 a，b（$a<b$），则有：

(1) $P(X\leqslant a)=F(a)$

笔记

(2) $P(a<X\leqslant b)=F(b)-F(a)$

(3) $P(X>b)=1-F(b)$

随机变量 X 的分布函数 $F(x)$ 具有下列性质：

性质 1 对一切 $x\in R$，有 $0\leqslant F(x)\leqslant 1$

性质 2 $F(x)$ 是单调不减函数，即当 $x_1<x_2$ 时，有 $F(x_1)\leqslant F(x_2)$

性质 3 $\lim\limits_{x\to -\infty}F(x)=0$，$\lim\limits_{x\to +\infty}F(x)=1$

9.2.2.2 连续型随机变量及其密度函数

定义 6 若对随机变量 X 的分布函数 $F(x)$，存在非负函数 $f(x)$，使得对任意实数 x，有 $F(x)=\displaystyle\int_{-\infty}^{x}f(t)\mathrm{d}t$，则称 X 为**连续型随机变量**，并称 $f(x)$ 为 X 的**概率密度函数**，简称概率密度或密度函数.

任何连续型随机变量的概率密度函数有以下性质：

性质 1 $f(x)\geqslant 0$.

性质 2 $\displaystyle\int_{-\infty}^{+\infty}f(x)\mathrm{d}x=1$

注意：对于连续型随机变量 X 而言，它取任一实数值 a 的概率为 0，即

$$P(X=a)=0 \quad \left[因为 P(X=a)=\int_{a}^{a}f(x)\mathrm{d}x=0\right]$$

故有 $\quad P(a\leqslant X\leqslant b)=P(a<X\leqslant b)=P(a\leqslant X<b)=P(a<X<b)=\displaystyle\int_{a}^{b}f(x)\mathrm{d}x$

【例9】　若连续型随机变量 X 的概率密度函数为 $f(x)=\begin{cases}Ax & 0<x<1 \\ 0 & \text{其它}\end{cases}$，求：

(1) A；(2) $P\left(-1<X<\dfrac{1}{2}\right)$.

解　(1) 由概率密度函数的性质 $\int_{-\infty}^{+\infty}f(x)\mathrm{d}x=1$，可得

$$\int_{-\infty}^{+\infty}f(x)\mathrm{d}x=\int_{0}^{1}f(x)\mathrm{d}x=\int_{0}^{1}Ax\,\mathrm{d}x=\frac{A}{2}=1,\text{ 所以 }A=2$$

(2) $P\left(-1<X<\dfrac{1}{2}\right)=\int_{-1}^{\frac{1}{2}}f(x)\mathrm{d}x=\int_{0}^{\frac{1}{2}}2x\,\mathrm{d}x=\dfrac{1}{4}$

9.2.2.3　常见连续型随机变量的分布

(1) 均匀分布

若随机变量 X 的概率密度为

$$f(x)=\begin{cases}\dfrac{1}{b-a} & a\leqslant x\leqslant b \\ 0 & \text{其它}\end{cases}$$

则称 X 在区间 $[a,b]$ 上服从**均匀分布**，记为 $X\sim U(a,b)$.

注意：对于任一区间 $[c,d]\subset[a,b]$，恒有

$$P(c\leqslant X\leqslant d)=\int_{c}^{d}\frac{1}{b-a}\mathrm{d}x=\frac{d-c}{b-a}$$

(2) 指数分布

若随机变量 X 的概率密度为

$$f(x)=\begin{cases}\lambda\mathrm{e}^{-\lambda x} & x\geqslant0 \\ 0 & x<0\end{cases}$$

其中 $\lambda>0$，则称 X 服从参数为 λ 的**指数分布**，记为 $X\sim E(\lambda)$.

(3) 正态分布

若随机变量 X 的概率密度为

$$f(x)\frac{1}{\sqrt{2\pi}\sigma}\mathrm{e}^{-\frac{(x-\mu)^2}{2\sigma^2}}\quad(-\infty<x<+\infty)$$

其中，μ，σ 为常数，且 $\sigma>0$，则称 X 服从参数为 μ，σ 的**正态分布**，记为 $X\sim U(\mu,\sigma^2)$.

特别地，如果 $\mu=0$，$\sigma=1$ 时，则称正态分布 $N(0,1)$ 为**标准正态分布**，记为 $X\sim N(0,1)$（见图9-7）.

通常用函数 $\varphi(x)$ 来表示标准正态分布的概率密度函数，即

$$\varphi(x)=\frac{1}{\sqrt{2\pi}}\mathrm{e}^{-\frac{x^2}{2}}\quad(-\infty<x<+\infty)$$

正态分布的概率密度函数 $f(x)$ 具有以下性质：

性质1　$f(x)$ 以直线 $x=\mu$ 为对称轴，并在 $x=\mu$

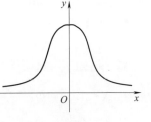

图 9-7

笔记

时取得最大值 $\dfrac{1}{\sqrt{2\pi}\sigma}$.

性质 2 $f(x)$ 以直线 $y=0$（x 轴）为渐近线.

性质 3 $f(x)$ 的两个拐点的横坐标为 $x=\mu\pm\sigma$.

通过正态分布的概率密度函数的曲线形态不难发现，正态分布的特点为"两头小，中间大，左右对称"．在自然界中，大量的随机变量都服从正态分布，比如，人的身高、体重、某门课程的考试成绩、某零件的尺寸、测量中的误差等．而在实际问题中，许多非正态分布的随机变量和正态分布的随机变量有着密切的联系，所以正态分布是概率论中最重要的一种分布.

由连续型随机变量在某区间内概率的计算方法可知，标准正态分布的概率计算方法如下：

若 $X\sim N$（0，1），记函数 $\Phi(x)=\displaystyle\int_{-\infty}^{x}\dfrac{1}{\sqrt{2\pi}}e^{-\frac{t^2}{2}}\mathrm{d}t$，即 Φ（x）$=P$（X$\leqslant$x），则有

$$P(a\leqslant X\leqslant b)=\Phi(b)-\Phi(a)$$

其中，$\Phi(x)$ 的值可以从附录"标准正态分布表"中查得.

注意：标准正态分布表中只给出了 $0\leqslant x<3.09$ 时 $\Phi(x)$ 的值.

当 $x\geqslant3.09$ 时，可取 $\Phi(x)\approx1$；当 $x<0$ 时，$\Phi(-x)=1-\Phi(x)$.

对于一般的正态分布，若 $X\sim N(\mu,\sigma^2)$，则有 $Y=\dfrac{X-\mu}{\sigma}\sim N(0,1)$，于是

$$P(a\leqslant X\leqslant b)=P\left(\dfrac{a-\mu}{\sigma}\leqslant Y\leqslant\dfrac{b-\mu}{\sigma}\right)=\Phi\left(\dfrac{b-\mu}{\sigma}\right)-\Phi\left(\dfrac{a-\mu}{\sigma}\right)$$

对于 $\Phi(x)$ 的值，又可以利用"标准正态分布表"查得．因此，服从正态分布的随机变量的概率都可以标准化后通过查表来计算.

【例 10】 已知 $X\sim N$（0，1），求：（1）$P(X<1.5)$；（2）$P(X\geqslant2)$；（3）$P(1<X<2)$；（4）$P(|X|<1)$.

解 查标准正态分布表可得：

$P(X<1.5)=\Phi(1.5)=0.9332$

$P(X\geqslant2)=1-P(X<2)=1-\Phi(2)=1-0.9772=0.0228$

$P(1<X<2)=\Phi(2)-\Phi(1)=0.9772-0.8413=0.1359$

$P(|X|<1)=P(-1<X<1)=\Phi(1)-\Phi(-1)$
$\qquad\qquad=\Phi(1)-(1-\Phi(1))=2\Phi(1)-1=0.6826$

【例 11】 已知 $X\sim N$（1，9），求：（1）$P(X<1.3)$；（2）$P(X>4)$；（3）$P(0.4<X<1.6)$.

解 已知 $\mu=1$，$\sigma=3$，所以

$P(X<1.3)=\Phi\left(\dfrac{1.3-1}{3}\right)=\Phi(0.1)=0.5398$

$P(X>4)=1-\Phi\left(\dfrac{4-1}{3}\right)=1-\Phi(1)=1-0.8413=0.1587$

笔记

$$P(0.4 < X < 1.6) = \Phi\left(\frac{1.6-1}{3}\right) - \Phi\left(\frac{0.4-1}{3}\right)$$
$$= \Phi(0.2) - \Phi(-0.2) = 2\Phi(0.2) - 1 = 0.1586$$

【例 12】 现有一批圆形零件，其半径 X（cm）服从正态分布 $N(10, 0.09)$，从这些零件中任取一件，试求：半径与其均值的误差不超过 0.6cm 的概率.

解 $X \sim N(10, 0.09)$，已知 $\mu = 10$，$\sigma = 0.3$. 因为

$$P(|X-10| \leqslant 0.6) = P\left(\left|\frac{X-10}{0.3}\right| \leqslant \frac{0.6}{0.3}\right) = P\left(\left|\frac{X-10}{0.3}\right| \leqslant 2\right) = 2\Phi(2) - 1$$
$$= 0.9544$$

所以，半径与其均值的误差不超过 0.6cm 的概率为 0.9554.

习题 9-2

1. 设随机变量 X 只可能取 -1，0，1，2 这 4 个值，且取这 4 个值相应的概率依次为 $\frac{1}{2c}$，$\frac{3}{4c}$，$\frac{5}{8c}$，$\frac{7}{16c}$，求常数 c.

2. 袋中有五个球，编号为 1、2、3、4、5，从中任取三只球，其中，最大号码为 X，求 X 的分布律.

3. 若离散型随机变量 X 的分布律为 $P(X=k) = \frac{a}{4^k}$ $(k = 1, 2, \cdots)$，试求常数 a.

4. 在相同条件下，某运动员连续投篮 4 次，每次的命中率为 0.7，求其投篮命中次数的分布律.

5. 某工厂每天用水量正常的概率为 0.75，求最近 6 天内用水量正常的天数的分布律.

6. 设随机变量 X 服从参数为 5 的泊松分布，求：
(1) $P(X=10)$；(2) $P(X \leqslant 10)$.

7. 设随机变量 X 服从泊松分布，且已知 $P(X=1) = P(X=2)$，求 $P(X=4)$.

8. 设 $X \sim N(2, 4)$，求：(1) $P(X>1)$；(2) $P(X \leqslant 2)$；(3) $P(-1 < X < 3)$.

9. 某机器生产的螺栓长度 X（单位：cm）服从正态分布 $N(10.05, 0.06^2)$，规定长度在范围 10.05 ± 0.12 内为合格，求一螺栓不合格的概率.

10. 在某一银行等待时间 X（分钟）近似服从正态分布 $X \sim N(3.7, 1.4^2)$，求：
(1) 等待时间小于 2 分钟的概率；(2) 等待时间大于 6 分钟的概率.

 笔记

9.3 随机变量的数字特征

随机变量的分布能够比较完整描述随机变量的取值规律，但有时要确定出一个随机变量的分布却比较困难，同时也没有必要去了解随机变量的整体分布情况. 在绝大多数的实际问题中，只需知道随机变量的部分特征即可. 本节主要讨论随机变量的数字特征，要求理解随机变量的数学期望与方差的概念；掌握求离散型随机变量和连续型随机变量的期望与方差的方法；熟悉几种常见随机变量的期望与方差值；在此基础上了解随机变量间的协方差与相关系数.

9.3.1 数学期望

9.3.1.1 离散型随机变量的数学期望

定义 1 设离散型随机变量 X 的分布律如表 9-10 所示，则称 $\sum_{k} x_k p_k$ 为随机变量 X 的数学期望，简称为期望或均值，记为 $E(X)$，即

$$E(X) = \sum_{k} x_k p_k$$

表 9-10

X	x_1	x_2	...	x_k	...
P	p_1	p_2	...	p_k	...

特别地，(1) 若 $X \sim B(1, p)$，则 $E(X) = p$；

(2) 若 $X \sim B(n, p)$，则 $E(X) = np$；

(3) 若 $X \sim P(\lambda)$，则 $E(X) = \lambda$.

推广 若 $Y = f(X)$ 是关于离散型随机变量 X 的函数，则 Y 的期望为

$$E(Y) = E(f(X)) = \sum_{k} f(x_k) p_k$$

【例 1】 设随机变量 X 的分布律如表 9-11 所示．求：$E(X)$，$E(2X-1)$，$E(X^2)$．

表 9-11

X	-2	0	1	2
P	0.1	0.2	0.6	0.1

解 $E(X) = (-2) \times 0.1 + 0 \times 0.2 + 1 \times 0.6 + 2 \times 0.1 = 0.6$

$E(2X-1) = (-5) \times 0.1 + (-1) \times 0.2 + 1 \times 0.6 + 3 \times 0.1 = 0.2$

$E(X^2) = 4 \times 0.1 + 0 \times 0.2 + 1 \times 0.6 + 4 \times 0.1 = 1.4$

9.3.1.2 连续型随机变量的数学期望

定义 2 设连续型随机变量 X 的密度函数为 $f(x)$，如果 $\int_{-\infty}^{+\infty} x f(x) \mathrm{d}x$ 绝对收敛，则称该积分为连续型随机变量 X 的数学期望，即

$$E(X) = \int_{-\infty}^{+\infty} x f(x) \mathrm{d}x$$

特别地，(1) 若 $X \sim U(a, b)$，则 $E(X) = \dfrac{a+b}{2}$；

(2) 若 $X \sim N(\mu, \sigma^2)$，则 $E(X) = \mu$；

(3) 若 $X \sim E(\lambda)$，则 $E(X) = \dfrac{1}{\lambda}$.

推广 若 $Y = g(X)$ 是关于连续型随机变量 X 的函数，则 Y 的期望为

$$E(Y) = E(g(X)) = \int_{-\infty}^{+\infty} g(x) f(x) \mathrm{d}x$$

笔记

【例2】 若随机变量 $X \sim U$ (1，5)，求 $E(X)$，$E(X^2)$.

解 因为 $X \sim U$ (1，5)，所以，X 的密度函数为 $f(x) = \begin{cases} \dfrac{1}{4}, & 1 \leqslant x \leqslant 5 \\ 0, & \text{其它} \end{cases}$

则 $E(X) = \displaystyle\int_{-\infty}^{+\infty} x f(x) \mathrm{d}x = \int_1^5 \dfrac{1}{4} x \, \mathrm{d}x = 3$

$E(X^2) = \displaystyle\int_{-\infty}^{+\infty} x^2 f(x) \mathrm{d}x = \int_1^5 \dfrac{1}{4} x^2 \, \mathrm{d}x = \dfrac{31}{3}$

9.3.1.3 数学期望的性质

性质 1 若 c 为常数，则 $E(c) = c$.

性质 2 若 a，b 为常数，则 $E(aX+b) = aE(X)+b$.

性质 3 $E(X+Y) = E(X)+E(Y)$.

性质 4 若随机变量 X，Y 相互独立，则 $E(XY) = E(X)E(Y)$.

注意：性质 3 和性质 4 可推广到有限个随机变量代数和与乘积的情况.

9.3.2 方差

在实际问题中，除了要知道随机变量的数学期望外，一般还要知道随机变量的取值与其数学期望的偏离程度，从而可以更好地描述随机变量的特征. 比如，两个班级在某门课程的平均分（即数学期望）相同的情况下，为了比较两个班成绩的好坏，可以比较哪个班的成绩更加集中于平均分附近，一般来讲，用方差来刻画随机变量的离散程度.

9.3.2.1 随机变量的方差

定义 3 设 X 为一个随机变量，则称 $E\,(X-E(X)\,)^2$ 为 X 的**方差**，记为 $D(X)$，即 $D(X) = E\,(X-E(X)\,)^2$.

同时，也称 $\sqrt{D(X)}$ 为随机变量 X 的**标准差**.

若离散型随机变量 X 的分布律为 $P(X=x_k) = p_k$，则 X 的方差为

$$D(X) = \sum_k (x_k - E(X))^2 p_k$$

若连续型随机变量 X 的密度函数为 $f(x)$，则 X 的方差为

$$D(X) = \int_{-\infty}^{+\infty} (x - E(X))^2 f(x) \mathrm{d}x$$

注意：结合方差的定义与数学期望的性质可得计算方差的一个常用公式：

$$D(X) = E(X^2) - E^2(X)$$

特别地，(1) 若 $X \sim B$ (1，p)，则 $D(X) = p(1-p)$；

(2) 若 $X \sim B$ (n，p)，则 $D(X) = np(1-p)$；

(3) 若 $X \sim P$ (λ)，则 $D(X) = \lambda$；

(4) 若 $X \sim U$ (a，b)，则 $D(X) = \dfrac{(b-a)^2}{12}$；

(5) 若 $X \sim N$ (μ，σ^2)，则 $D(X) = \sigma^2$；

(6) 若 $X \sim E$ (λ)，则 $D(X) = \dfrac{1}{\lambda^2}$.

笔记

【例 3】　分别计算在例 1 和例 2 中的随机变量的方差.

解　在例 1 中，已经计算出：$E(X)=0.6$，$E(X^2)=1.4$，所以

$$D(X)=E(X^2)-E^2(X)=1.4-(0.6)^2=1.04$$

在例 2 中，已经计算出：$E(X)=3$，$E(X^2)=\dfrac{31}{3}$，所以

$$D(X)=E(X^2)-E^2(X)=\dfrac{31}{3}-(3)^2=\dfrac{4}{3}$$

9.3.2.2　方差的性质

性质 1　若 c 为常数，则 $D(c)=0$.

性质 2　若 a，b 为常数，则 $D(aX+b)=a^2D(X)$.

性质 3　若随机变量 X，Y 相互独立，则 $D(X+Y)=D(X)+D(Y)$.

习题 9-3

1. 设随机变量 X 的分布律如下表所示，试求：(1) $E(X)$；(2) $E(X^2)$；(3) $E(2X^2-3)$.

X	-1	1	2
P	0.3	0.4	0.3

2. 设随机变量 $X\sim B(5,p)$，已知 $E(X)=1.6$，求参数 p.

3. 已知随机变量 X 所有可能的取值为 1 和 x，且 $P(X=1)=0.4$，$E(X)=0.2$，求 x.

笔记

4. 设随机变量 X 的密度函数为 $f(x)=\begin{cases}\mathrm{e}^{-x}, & x\geqslant0 \\ 0, & x<0\end{cases}$，当 (1) $Y=3X$；(2) $Y=\mathrm{e}^{-2x}$ 时，分别求 $E(Y)$.

5. 设随机变量 X 的密度函数为 $f(x)=\begin{cases}\dfrac{x+1}{4}, & 0\leqslant x\leqslant1 \\ 0, & \text{其它}\end{cases}$，求 $D(X)$.

6. 设 $X\sim U(a,b)$，$Y\sim N(4,3)$，X 与 Y 有相同的期望和方差，求 a，b 的值.

9.4　概率在经济中的应用

在经济预测、决策或管理工作中，往往面临多种方案可供选择的问题，这需要决策者借助概率论原理和方法来进行决策．通过本节的学习，要求能够运用期望等概率论知识解决某些经济问题中的预测、决策问题.

9.4.1　期望值的应用

【例 1】　近些年来，我国彩票事业蓬勃发展，愈来愈多的人开始购买彩票，但是中奖的机会却非常小，如果以每张 1 元的价格售出 2 万张彩票，仅一张彩票可中奖的价值为 5000 元的物品，试求每张彩票的平均中奖费用.

解　把中奖价值 5000 元和不中奖价值零，视为一个随机变量 X 所取的两个值，根据题意可得

$$P(X=5000)=\frac{1}{20000}, \ P(X=0)=\frac{19999}{20000}$$

彩票的平均中奖费用即为随机变量 X 的期望值，所以

$$E(X)=5000\times\frac{1}{20000}+0\times\frac{19999}{20000}=0.25$$

即每张彩票的平均中奖费用为 0.25 元。

【例2】 为了市场的需要，某企业提出扩大生产的两个方案．一个方案是扩大工厂，另一个方案是缩小工厂，两个方案的损益值（单位为万元）以及市场状态的概率如表 9-12.

表 9-12

概率	市场状态	扩大工厂的收益	缩小工厂的收益
0.8	销路好	300 万元	90 万元
0.2	销路差	−50 万元	60 万元

试问：如果不考虑投资成本，应该选择哪种方案来进行投资？

解 由已知的损益及其概率分别求出两个方案的损益期望值：

扩大工厂的损益期望值＝$300\times0.8+(-50)\times0.2=230$ （万元）

缩小工厂的损益期望值＝$90\times0.8+60\times0.2=84$ （万元）

因为扩大工厂的预期收益更大，所以应该选择扩大工厂的方案来投资.

【例3】 某保险公司需要决定是否对某工程项目开办一个新保险，如果开办而不出险情（不发生事故），则每年可获利 6 万元；如果开办后发生险情，则保险公司将赔款 100 万元；如果不开办该保险，则保险公司要付出调研费用 8 千元，根据往年情况，预测承保后不出险情的概率为 0.96，出险情的概率为 0.04，在该情况下，请问保险公司是否对该工程项目承保？

解 通过数据计算出承保与不承保两种方案的期望收益，从而来选择是否承保.

承保方案的期望收益＝$6\times0.96+(-100)\times0.04=1.76$ （万元）

不承保方案的期望收益＝$(-0.8)\times0.96+(-0.8)\times0.04=-0.8$ （万元）

由于承保获得的受益更大，故保险公司应该对该工程项目承保.

*【例4】 某产品每件卖 4 元，其成本为 2 元，厂家规定卖不掉的产品不能退回，如果这位销售员每日的销售量服从区间 $[100,200]$ 上的均匀分布，为使得他的期望利润达到最大，请问他应该购进多少产品？

解 假设这位销售员购进 a 件产品，用随机变量 X 来表示销售量，则他每日获得利润为

$$L(X)=\begin{cases} 2a, & X\geqslant a \\ 4X-2a, & X<a \end{cases}$$

又因为随机变量 $X\sim U(100,200)$，所以 X 的概率密度为

$$f(x)=\begin{cases} \dfrac{1}{100}, & 100\leqslant x\leqslant 200 \\ 0, & 其它 \end{cases}$$

 笔记

所以，期望利润为

$$E[L(X)] = \int_{100}^{200} L(x)f(x)\mathrm{d}x$$

$$= \frac{1}{100}\int_{100}^{a}(4x-2a)\mathrm{d}x + \frac{1}{100}\int_{a}^{200}2a\,\mathrm{d}x$$

$$= -\frac{2a^2}{100} + 6a - 200$$

上式求最值，可得：当 $a = 150$ 时，期望利润最大，所以，销售员应该购买 150 件产品.

9.4.2 概率在决策问题中的应用

决策问题通常分为三类：确定型、风险型和不确定型.

所谓确定型决策是在决策环境完全确定的条件下进行决策，因而其所作的选择的结果也是确定的，例如，在线性规划中的问题就是属于确定型决策问题. 在此，我们重点介绍风险型决策问题和不确定型决策问题.

9.4.2.1 风险型决策问题

风险型决策有不同的决策准则，其中，期望值准则是比较重要的一种，期望值准则就是把每个方案的收益值看成离散型随机变量，只需求出每个方案损益值的数学期望，加以比较，选取一个收益值的数学期望最大的方案作为最优方案即可.

【例5】 根据市场调查和预测的表 9-13 中的数据，某厂要选择其新产品的生产批量.

表 9-13

方案 \ 自然状态 收益值	自然状态 自然状态概率	产品销路		
		a_1（好） $P(a_1)=0.3$	a_2（一般） $P(a_2)=0.6$	a_3（差） $P(a_3)=0.1$
A_1（大批量生产）		50	30	10
A_2（中批量生产）		40	40	20
A_3（小批量生产）		25	25	25

解 根据表中各状态的概率和损益值，计算出每一个方案损益值的期望值：

$$E(A_1) = 50\times0.3 + 30\times0.6 + 10\times0.1 = 34$$

$$E(A_2) = 40\times0.3 + 40\times0.6 + 20\times0.1 = 38$$

$$E(A_3) = 25\times0.3 + 25\times0.6 + 25\times0.1 = 25$$

可知 $E(A_2)$ 为最大，所以应该选择 A_2 的行动方案.

*9.4.2.2 不确定型决策问题

假设某个决策问题，由于存在决策者不可控的因素，决策方案也存在多种可能的结果，我们把这种决策称为**不确定性条件下的决策**. 在不确定的情况下，决策者不能预先估计或计算出各种自然状态出现的概率，无法计算期望值，所以转化为求线性规划的期望极值：

笔 记

$$\max(\min)E = \sum_{j=1}^{n} P_j x_j \qquad 满足 \begin{cases} \sum_{j=1}^{n} P_j = 1 \\ P_j - P_{j+1} \geqslant 0 \quad (j=1,2,\cdots,n-1) \\ P_j \geqslant 0 \qquad (j=1,2,\cdots,n) \end{cases}$$

其中，x_j 是已知收益值，P_j 为自然状态概率，是决策变量．

假设 y_j 是各种自然状态局部收益之和，Q_j 表示概率的决策变量，令

$$y_j = \sum_{k=1}^{j} x_k, Q_j = \begin{cases} P_j - P_{j+1} \geqslant 0 \quad (j=1,2,\cdots,n-1) \\ P_n \qquad (j=n) \end{cases}$$

则上述线性规划可变化为

$$\max(\min)E = \sum_{j=1}^{n} Q_j y_j \qquad 满足 \begin{cases} \sum_{j=1}^{n} j Q_j = 1 \\ Q_j \geqslant 0 \quad (j=1,2,\cdots,n) \end{cases}$$

可以证明当 $j = m$ 时，$Q_m = \dfrac{1}{m}$；$j \neq m$ 时，$Q_j = 0$．

将 Q_m 代入目标函数中，得

$$\max(\min)E = \frac{1}{m} y_m = \frac{1}{m} \sum_{k=1}^{m} x_k$$

将此值称为第 m 种状态的**局部平均值**（局部期望值），记为 $\overline{x}_m$，即

$$\overline{x}_m = \frac{1}{m} y_m = \frac{1}{m} \sum_{k=1}^{m} x_k$$

概率排序型决策，只要按照概率大小，重新排列各种自然状态对应的收益值，求出各方案的局部平均值 $\overline{x}_m$，然后根据不定型决策标准，选择最优方案．

【例6】 某工厂有三种方案来生产产品，分别为：每年生产 5 万件、4 万件和 3 万件．可能出现四种自然状态：畅销、好、差、滞销．其中，产品销路为好的概率最大，为差的概率第二，为畅销的概率第三，为滞销的概率最小，每年各种自然状态收益值如表 9-14 所示．试选择最优方案．

表 9-14

方案 ＼ 状态	产品销路			
	畅销 x_3	好 x_1	差 x_2	滞销 x_4
5 万件	85	40	−2	−43
4 万件	54	37	11	−14
3 万件	24	24	12	0

解 根据已知条件，设产品销路好、差、畅销、滞销对应的概率分别为 P_1，P_2，P_3，P_4，对应的收益值分别为 x_1，x_2，x_3，x_4，则 $P_1 \geqslant P_2 \geqslant P_3 \geqslant P_4$．

利用各方案的局部平均值（局部期望值）$\overline{x}_m = \dfrac{1}{m} y_m = \dfrac{1}{m} \sum_{k=1}^{m} x_k$ 可以计算得：

📝 笔记

（1）生产 5 万件时

$$\overline{x_1} = x_1 = 40$$

$$\overline{x_2} = \frac{1}{2}(x_1 + x_2) = \frac{1}{2}(40 - 2) = 19$$

$$\overline{x_3} = \frac{1}{3}(x_1 + x_2 + x_3) = \frac{1}{3}(40 - 2 + 85) = 41$$

$$\overline{x_4} = \frac{1}{4}(x_1 + x_2 + x_3 + x_4) = \frac{1}{4}(40 - 2 + 85 - 43) = 20$$

（2）同理可得：生产 4 万件时，$\overline{x_1} = 37$；$\overline{x_2} = 24$；$\overline{x_3} = 34$；$\overline{x_4} = 22$.

（3）同理可得：生产 3 万件时，$\overline{x_1} = 24$；$\overline{x_2} = 18$；$\overline{x_3} = 20$；$\overline{x_4} = 15$.

对上述数据进行比较后，可以按照最大最小决策标准或者最大最大决策标准来选择最优方案.

利用最大最小决策标准来选择：在最小值中选择最大的一个. 三种方案局部平均值最小值分别为 19，22，15，选择最大值 22. 所以，选择第二种方案（每年生产 4 万件）为最优方案.

利用最大最大决策标准来选择：在最大值中选择最大的一个. 三种方案局部平均值最大值分别为 41，37，24，选择最大值 41. 所以，选择第一种方案（每年生产 5 万件）为最优方案.

📝 笔 记

习题 9-4

1. 某水果店在不下雨的日子每天可盈利 100 元，在雨天的日子则要亏损 10 元，该地区每年下雨的日子约有 130 天（一年按 365 天计算），求该水果店每天获利的期望值.

2. 一批产品有一等品、二等品、三等品、等外品及废品五种，相应的概率分别为 0.6，0.2，0.1，0.05 及 0.05，若其产值分别为 6 元、5.5 元、5 元、2 元及 −2 元，试求产品的平均产值.

3. 某公司为了适应市场需求欲扩大生产，三部门提出 3 种方案供公司考虑：（Ⅰ）扩大现有工厂；（Ⅱ）建立一个新工厂；（Ⅲ）将部分产量转包给其他街道工厂生产. 对公司来说，最大的不确定性是未来市场对产品的需求量，经市场预测分析，需求量状态以高、中、低、失败（无需要）的概率分别为 0.2，0.5，0.2，0.1. 根据以往历史资料分析，预计 3 种方案在各种市场需求状态下，公司能够获得的利润值（单位：百万元）见下表. 计算三种方案的期望利润，并回答哪一种方案对实现期望利润最大化的目标最优？

利润　　　　　方案 需求量状态	方案（Ⅰ） 扩大	方案（Ⅱ） 新建	方案（Ⅲ） 转包
高	500	750	300
中	250	300	150
低	−250	−400	−10
失败	−450	−800	−100

4. 某公司举办一个会议来扩大市场，会议地点打算选择甲、乙、丙三地；获利情况除了与会址有关系外，还与天气有关. 天气可区分为晴、普通、多雨三种. 通过天气预报，估计三种天气情况可能发生的概率为 0.25，0.50，0.25，其收益情况如下表所示：

选址方案	自然状态			
	天气	晴	普通	多雨
	概率	0.25	0.5	0.25
甲地		4	6	1
乙地	收益	5	4	1.5
丙地		6	2	1.2

使用期望值准则对会议地点进行决策.

复习题 9

一、填空题

1. 一口袋中有 3 个红球，2 个黑球，现从中任取 2 个球，则这 2 个球为一红一黑的概率是_____.

2. 事件 A、B 互不相容，且 $P(A)=0.4$，$P(B)=0.3$，则 $P(\overline{A}\,\overline{B})=$_____.

3. 事件 A、B 相互独立，$P(A)=0.2$，$P(B)=0.6$，则 $P(A\,|\,B)=$_____.

4. 设 X 的分布律为 $P(X=k)=\dfrac{a}{2+k}$，$(k=0,1,2,3)$，则 $a=$_____.

5. 设 $X\sim B(n,p)$，且 $E(X)=6$，$D(Y)=3.6$，则 $n=$_____，$p=$_____.

二、选择题

1. 设 A，B 为随机事件，则 $(A+B)A=$（　　）.

A. AB　　　　B. A　　　　C. B　　　　D. $A+B$

2. 设 A，B 为对立事件，且 $P(A)>0$，$P(B)>0$，则下列各式中错误的是（　　）.

A. $P(\overline{B}\,|\,A)=0$　　　　　　B. $P(A\,|\,B)=0$

C. $P(AB)=0$　　　　　　　　D. $P(A+B)=0$

3. 设 $X\sim N(0,1)$，$f(x)$ 为 X 的密度函数，则 $f(0)=$（　　）.

A. 0　　　　B. $\dfrac{1}{\sqrt{2\pi}}$　　　　C. 1　　　　B. $\dfrac{1}{2}$

4. 设 $D(X)=(E(X))^2$，则 X 服从（　　）.

A. 正态分布　　　B. 指数分布　　　C. 二项分布　　　D. 泊松分布

5. 设 $X\sim U(2,4)$，则 $P(3<X<4)=$（　　）.

A. $P(2.25<X<3.25)$　　　　　B. $P(1.5<X<3.25)$

C. $P(2<X<3.5)$　　　　　　　D. $P(4.5<X<5.5)$

三、计算题

1. 写出下列随机试验的样本空间及下列事件包含的样本点：

(1) 将一枚质地均匀的硬币抛两次，A 表示"第一次出现正面"，B 表示"两次出现同一面"，C 表示"至少一次出现正面"；

(2) 从 0、1、2 三个数中有放回地抽两次，每次取一个，A 表示"第二次取出的数字是 2"，B 表示"至少有一个数字是 2".

2. 盒子中有红、黄、白球的数目分别为 3、2、1，任取三球，求：

(1) 恰好取得三种颜色的球各一个的概率；

(2) 恰好取得两个红球的概率.

3. 设 $P(A)=0.5$，$P(B)=0.6$，$P(B\,|\,\overline{A})=0.4$，求 $P(AB)$.

4. 甲、乙、丙三人独立地对同一目标进行射击，甲命中的概率为 0.9，乙命中的概率为 0.8，丙命中的概率为 0.7；求：

（1）三人都命中的概率；

（2）三人都未命中的概率；

（3）三人中至少有一人命中的概率.

5. 某种产品共 40 件，其中有 3 件次品，现从中任取 2 件，求其中至少有一件为次品的概率.

6. 掷一枚均匀的骰子，试写出点数 X 的分布律，并求 $P(X>1)$，$P(2<X<5)$.

7. 设随机变量 X 的分布律如下表所示.

X	-2	0	2	3
P	0.2	0.2	0.3	0.3

求：（1）$Y_1=-2X+1$ 的分布律；（2）$Y_2=|X|$ 的分布律.

8. 若连续型随机变量 X 的概率密度函数为 $f(x)=\begin{cases} cx, & 0\leqslant x\leqslant 1 \\ 0, & 其它 \end{cases}$，求：

（1）c；（2）$P(0.3\leqslant X<0.7)$，$P(0.5\leqslant X\leqslant 1.2)$.

9. 公共汽车站每隔 5 分钟有一班汽车通过. 假设乘客在车站上的等车时间为 X，若 X 在 $[0,5]$ 上服从均匀分布，求：

（1）X 的密度函数；（2）等车时间不超过 2 分钟的概率.

10. 设 $X\sim N(1,0.6^2)$，求：

（1）$P(X>0)$；（2）$P(0.2<X<1.8)$.

四、应用题

1. 加工某种零件需要两道工序，第一道工序出次品的概率为 0.02，如果第一道工序出次品，则此零件就为次品；如果第一道工序出正品，则第二道工序出次品的概率为 0.03，求加工的零件是正品的概率.

2. 为了防止意外，在煤矿内同时设有两种报警系统 A 与 B，每种系统单独使用时，其有效的概率系统 A 为 0.92，系统 B 为 0.93，在 A 失灵的条件下，B 有效的概率为 0.85，求：

（1）发生意外时，这两个报警系统至少有一个有效的概率；

（2）B 失灵的条件下，A 有效的概率.

3. 某交通路口有大量的汽车通过，设每辆汽车在一天的某段事件内出事故的概率为 0.0004，在某天的该段时间内有 1000 辆汽车通过，求出事故的次数不小于 2 次的概率.

4. 银行常以某一科目在行、社间往来账目记账一笔为一标准工作量. 根据 3 个营业员 72 天的统计，会计日人均工作量为 253.64（标准工作量），标准差 $\sigma=45.90$. 假设会计员的日人均工作量 X 服从正态分布，若完成标准工作量在 300 笔以上时，给予物质奖励，求受奖励的面有多大？

5. A，B 两台机床同时加工某种零件，每生产 1000 件产品则出次品数 X 的分布律如下表所示.

X	0	1	2	3
P_1（机床 A）	0.7	0.2	0.06	0.04
P_2（机床 B）	0.8	0.06	0.04	0.10

问哪一台机床加工质量好？

笔 记

附　录

附录 A　基本初等函数的图像与主要性质

函数名称	表达式	定义域	图像	主要性质
常数函数	$y=c$ （c 为常数）	$(-\infty,+\infty)$		偶函数,有界周期函数,任何正数均为它的周期,图像平行于 x 轴
幂函数	$y=x^a$	a 的值不同,函数的定义域也不同		图像都经过（1,1）点,a 为偶数时,图像关于 y 轴对称; 　a 为奇数时,图像关于原点对称; 　$a>0$ 函数在第一象限是单调增加的; 　$a<0$ 函数在第一象限是单调减少的
指数函数	$y=a^x$ （$a>0,a\neq 1$）	$(-\infty,+\infty)$		图像都经过（0,1）点,当 $a>1$ 时,函数是单调增加的,当 $0<a<1$ 时,函数是单调减少的
对数函数	$y=\log_a x$ （$a>0,a\neq 1$）	$(0,+\infty)$		图像都经过（1,0）点,当 $a>1$ 时,函数是单调增加的; 　当 $0<a<1$ 时,函数是单调减少的

续表

函数名称	表达式	定义域	图像	主要性质
三角函数	$y=\sin x$	$(-\infty,+\infty)$		奇函数,有界周期函数,周期为 2π,在 $[-\frac{\pi}{2}+2k\pi,\frac{\pi}{2}+2k\pi](k\in z)$ 内是单调增加的,在 $[\frac{\pi}{2}+2k\pi,\frac{3\pi}{2}+2k\pi](k\in z)$ 内是单调减少的
	$y=\cos x$	$(-\infty,+\infty)$		偶函数,有界周期函数,周期为 2π,在 $[(2k-1)\pi,2k\pi](k\in z)$ 内是单调增加的,在 $[2k\pi,(2k+1)\pi](k\in z)$ 内是单调减少的
	$y=\tan x$	$x\neq k\pi+\frac{\pi}{2}$		奇函数,周期函数,周期为 π,在 $(-\frac{\pi}{2}+2k\pi,\frac{\pi}{2}+2k\pi)(k\in z)$ 内是单调增加的
	$y=\cot x$	$x\neq k\pi$		奇函数,周期函数,周期为 π,在 $(k\pi,(k+1)\pi)(k\in z)$ 内是单调减少的
反三角函数	$y=\arcsin x$	$[-1,1]$		奇函数,有界,单调增加. $-\frac{\pi}{2}\leqslant\arcsin x\leqslant\frac{\pi}{2}$

📝 笔 记

续表

函数名称	表达式	定义域	图像	主要性质
反三角函数	$y = \arccos x$	$[-1,1]$		非奇非偶函数,有界,单调减少,$0 \leqslant \arccos x \leqslant \pi$
	$y = \arctan x$	$(-\infty, +\infty)$		奇函数,有界,单调增加. $-\dfrac{\pi}{2} < \arctan x < \dfrac{\pi}{2}$
	$y = \operatorname{arccot} x$	$(-\infty, +\infty)$		非奇非偶函数,有界,单调减少. $0 < \operatorname{arccot} x < \pi$

附录 B　初等数学常用公式和相关知识选编

一、乘法公式

1. $(a \pm b)^2 = a^2 \pm 2ab + b^2$;

2. $(a \pm b)^3 = a^3 \pm 3a^2 b + 3ab^2 \pm b^3$;

3. $(a+b)(a-b) = a^2 - b^2$;

4. $(a \pm b)(a^2 \mp ab + b^2) = a^3 \pm b^3$;

5. $(a+b)^n = c_n^0 a^n b^0 + c_n^1 a^{n-1} b^1 + c_n^2 a^{n-2} b^2 + \cdots + c_n^k a^{n-k} b^k + \cdots + c_n^n a^0 b^n$.

二、一元二次方程

1. 一般形式:$ax^2 + bx + c = 0 (a \neq 0)$.

2. 根的判别式:$\Delta = b^2 - 4ac$

(1) 当 $\Delta > 0$ 时,方程有两个不等实根;

(2) 当 $\Delta = 0$ 时,方程有两个相等实根;

(3) 当 $\Delta < 0$ 时,方程无实根(有两个共轭复数根).

笔 记

3. 求根公式：$x_{1,2} = \dfrac{-b \pm \sqrt{b^2 - 4ac}}{2a}$.

4. 根与系数的关系：$x_1 + x_2 = -\dfrac{b}{a}$，$x_1 \cdot x_2 = \dfrac{c}{a}$.

三、不等式与不等式组

1. 一元一次不等式的解集：

若 $ax + b > 0$，且 $a > 0$，则 $x > -\dfrac{b}{a}$；

若 $ax + b > 0$，且 $a < 0$，则 $x < -\dfrac{b}{a}$；

2. 一元一次不等式组的解集：设 $a < b$.

(1) $\begin{cases} x > a \\ x > b \end{cases} \Rightarrow x > b$；

(2) $\begin{cases} x < a \\ x < b \end{cases} \Rightarrow x < a$；

(3) $\begin{cases} x > a \\ x < b \end{cases} \Rightarrow a < x < b$；

(4) $\begin{cases} x < a \\ x > b \end{cases} \Rightarrow$ 空集.

📝 笔记

3. 一元二次不等式的解集：

设 x_1，x_2 是一元二次方程 $ax^2 + bx + c = 0$（$a \neq 0$）的根，且 $x_1 < x_2$，其根的判别式 $\Delta = b^2 - 4ac$.

类型	$\Delta > 0$	$\Delta = 0$	$\Delta < 0$
$ax^2 + bx + c > 0$ （$a > 0$）	$x < x_1$ 或 $x > x_1$	$x \neq -\dfrac{b}{2a}$	$x \in R$
$ax^2 + bx + c < 0$ （$a > 0$）	$x_1 < x < x_2$	空集	空集

四、指数与对数

1. 指数

(1) 定义

正整数指数幂：$a^n = \overbrace{a \cdot a \cdot \cdots a}^{n个}$（$a \in N^*$）；

零指数幂：$a^0 = 1$（$a \neq 0$）；

负指数幂：$a^{-n} = \dfrac{1}{a^n}$（$a > 0$，$n \in N^*$）；

有理指数幂：$a^{\frac{n}{m}} = \sqrt[m]{a^n}$（$a > 0$，$m$，$n \in N^*$，$m > 1$）.

(2) 幂的运算法则

① $a^m \cdot a^n = a^{m+n}$ $(a > 0, m, n \in R)$；

② $(a^m)^n = a^{m \cdot n}$ $(a > 0, m, n \in R)$；

③ $(a \cdot b)^n = a^n \cdot b^n$ $(a > 0, b > 0, n \in R)$.

2. 对数

（1）定义

如果 $a^b = N$ $(a > 0, 且 \neq 1)$，那么，b 称为以 a 为底 N 的对数，记作 $\log_a N = b$. 其中，a 称为底数，N 称为真数. 以 10 为底的对数叫做常用对数；以 $e = 2.71828\cdots$ 为底的对数叫做自然对数，记作 $\log_e N$，或简记为 $\ln N$.

（2）性质

① $N > 0$；

② $\log_a 1 = 0$；

③ $\log_a a = 1$；

④ $a^{\log_a N} = N$.

（3）运算法则

① $\log_a (M \cdot N) = \log_a M + \log_a N (M > 0, N > 0)$；

② $\log_a \dfrac{M}{N} = \log_a M - \log_a N (M > 0, N > 0)$；

③ $\log_a M^n = n \log_a M (M > 0)$；

④ $\log_a \sqrt[n]{M} = \dfrac{1}{n} \log_a M (M > 0)$；

⑤ $\log_a N = \dfrac{\log_b N}{\log_b a}$ $(N > 0)$.

五、等差数列与等比数列

	等差数列	等比数列
定义	从第 2 项起，每一项与它前一项之差都等于同一个常数	从第 2 项起，每一项与它前一项之商都等于同一个常数
一般形式	$a_1, a_1 + d, a_1 + 2d, \cdots (d 为公差)$	$a_1, a_1 q, a_1 q^2, \cdots (q 为公比)$
通项公式	$a_n = a_1 + (n-1)d$	$a_n = a_1 q^{n-1}$
前 n 项和公式	$S_n = \dfrac{n(a_1 + a_n)}{2}$ 或 $S_n = na_1 + \dfrac{n(n-1)}{2}d$	$S_n = \dfrac{a_1(1-q^n)}{1-q}$ 或 $S_n = \dfrac{a_1 - a_n q}{1-q}$
中项公式	a 与 b 的等差中项 $A = \dfrac{a+b}{2}$	a 与 b 的等比中项 $G = \pm\sqrt{ab}$

注：

$1 + 2 + 3 + \cdots + n = \dfrac{n(n+1)}{2}$；

$\dfrac{1}{2} + \dfrac{1}{2^2} + \dfrac{1}{2^3} + \cdots + \dfrac{1}{2^n} + \cdots = 1$；

拆分公式 $\dfrac{1}{n(n+1)} = \dfrac{1}{n} - \dfrac{1}{n+1}$；$\dfrac{1}{n(n+k)} = \dfrac{1}{k}\left(\dfrac{1}{n} - \dfrac{1}{n+k}\right)$.

笔 记

六、排列、组合

1. 排列 $P_n^m = n(n-1)(n-2)\cdots(n-m+1)$.

特殊地 $P_n^n = n!$.

规定 $P_n^m = \dfrac{n!}{(n-m)!}$.

2. 组合 $C_n^m = \dfrac{P_n^m}{P_n^n} = \dfrac{n\ (n-1)\ (n-2)\ \cdots\ (n-m+1)}{m!} = \dfrac{n!}{m!\ (n-m)!}$. 式中，

n，$m \in N$，且 $m \leqslant n$. 规定 $C_n^0 = 1$. 性质 （1） $C_n^m = C_n^{n-m}$； （2） $C_n^m + C_n^{m-1} = C_{n+1}^m$.

七、点与直线

1. 平面上两点间距离

设平面直角坐标系内两点 $P_1(x_1，y_1)$、$P_2(x_2，y_2)$，这两点间的距离为

$$|P_1 P_2| = \sqrt{(x_2 - x_1)^2 + (y_2 - y_1)^2}$$

2. 直线方程

（1）直线的斜率 $k = \tan\ (0° \leqslant \alpha < 180°)$.

如果 $P_1(x_1，y_1)$、$P_2(x_2，y_2)$ 是直线上两点，那么，这条直线的斜率为

$$k = \frac{y_2 - y_1}{x_2 - x_1}(x_2 \neq x_1)$$

（2）直线的几种形式

① 点斜式

已知直线过点 $P_0(x_0，y_0)$，且斜率为 k，则该直线方程为

$$y - y_0 = k(x - x_0)$$

② 斜截式

已知直线的斜率为 k，且在 y 轴上的截距为 b，则该直线方程为

$$y = kx + b$$

③ 一般式

平面内任一直线的方程都是关于 x 和 y 的一次方程，其一般式为

$$Ax + By + C = 0(A，B \text{ 不全为零}).$$

（3）几种特殊的直线方程

平行于 x 轴的直线方程：$y = b\ (b \neq 0)$；

平行于 y 轴的直线方程：$x = a\ (a \neq 0)$；

x 轴：$y = 0$；

y 轴：$x = 0$.

3. 点到直线距离

平面内一点 $P_0(x_0，y_0)$ 到直线 $Ax + By + C = 0$ 的距离为

$$d = \frac{|Ax_0 + By_0 + C|}{\sqrt{A^2 + B^2}}$$

📝 笔记

4. 两条直线的位置关系

设两条直线方程为

$$l_1 : y = k_1 x + b_1 \text{ 或 } A_1 x + B_1 y + C_1 = 0$$
$$l_2 : y = k_2 x + b_2 \text{ 或 } A_2 x + B_2 y + C_2 = 0$$

(1) 两条直线平行的充要条件：

$k_1 = k_2$ 且 $b_1 \neq b_2$ 或 $\dfrac{A_1}{B_1} = \dfrac{B_1}{B_2} \neq \dfrac{C_1}{C_2}$.

(2) 两条直线垂直的充要条件：

$k_1 \cdot k_2 = -1$ 或 $A_1 A_2 + B_1 B_2 = 0$.

八、三角函数

1. 角度与弧度的换算

$$360° = 2\pi \text{ 弧度}, 180° = \pi \text{ 弧度}$$

$$1° = \frac{\pi}{180} \approx 0.017453 \text{ 弧度}$$

$$1 \text{弧度} = \left(\frac{180}{\pi}\right)° = 57°17'44.8''$$

2. 特殊角的三角函数值

α	0	$\dfrac{\pi}{6}$	$\dfrac{\pi}{4}$	$\dfrac{\pi}{3}$	$\dfrac{\pi}{2}$
$\sin\alpha$	0	$\dfrac{1}{2}$	$\dfrac{\sqrt{2}}{2}$	$\dfrac{\sqrt{3}}{2}$	1
$\cos\alpha$	1	$\dfrac{\sqrt{3}}{2}$	$\dfrac{\sqrt{2}}{2}$	$\dfrac{1}{2}$	0
$\tan\alpha$	0	$\dfrac{\sqrt{3}}{3}$	1	$\sqrt{3}$	不存在
$\cot\alpha$	不存在	$\sqrt{3}$	1	$\dfrac{\sqrt{3}}{3}$	0

📝 笔 记

3. 同角三角函数间的关系

(1) 平方关系

$$\sin^2 x + \cos^2 x = 1, 1 + \tan^2 x = \sec^2 x, 1 + \cot^2 x = \csc^2 x$$

(2) 商的关系

$$\tan x = \frac{\sin x}{\cos x}, \cot x = \frac{\cos x}{\sin x}$$

(3) 倒数关系

$$\tan x = \frac{1}{\cot x}, \sec x = \frac{1}{\cos x}, \csc x = \frac{1}{\sin x}$$

4. 三角公式

(1) 加法公式

$$\sin(x \pm y) = \sin x \cos y \pm \cos x \sin y$$

$$\cos(x \pm y) = \cos x \cos y \mp \sin x \sin y$$

$$\tan(x \pm y) = \frac{\tan x \pm \tan y}{1 - \tan x \tan y}$$

（2）倍角公式

$$\sin 2x = 2 \sin x \cos y$$

$$\cos 2x = \cos^2 x - \sin^2 x = 2\cos^2 x - 1 = 1 - 2\sin^2 x$$

$$\tan 2x = \frac{2\tan x}{1 - \tan^2 x}$$

（3）半角公式

$$\sin^2 \frac{x}{2} = \frac{1 - \cos x}{2}$$

$$\cos^2 \frac{x}{2} = \frac{1 + \cos x}{2}$$

$$\tan^2 \frac{x}{2} = \pm \sqrt{\frac{1 - \cos x}{1 + \cos x}} = \frac{1 - \cos x}{\sin x} = \frac{\sin x}{1 + \cos x}$$

（4）积化和差公式

$$\sin x \cos y = \frac{1}{2}\left[\sin(x + y) + \sin(x - y)\right]$$

📝 笔记

$$\cos x \sin y = \frac{1}{2}\left[\sin(x + y) - \sin(x - y)\right]$$

$$\cos x \cos y = \frac{1}{2}\left[\cos(x + y) + \cos(x - y)\right]$$

$$\sin x \sin y = -\frac{1}{2}\left[\cos(x + y) - \cos(x - y)\right]$$

（5）和差化积公式

$$\sin x + \sin y = 2\sin \frac{x + y}{2} \cos \frac{x - y}{2}$$

$$\sin x - \sin y = 2\cos \frac{x + y}{2} \sin \frac{x - y}{2}$$

$$\cos x + \cos y = 2\cos \frac{x + y}{2} \cos \frac{x - y}{2}$$

$$\cos x - \cos y = -2\sin \frac{x + y}{2} \sin \frac{x - y}{2}$$

（6）万能公式

$$\sin x = \frac{2\tan \frac{x}{2}}{1 + \tan^2 \frac{x}{2}}; \cos x = \frac{1 - \tan^2 \frac{x}{2}}{1 + \tan^2 \frac{x}{2}}; \tan x = \frac{2\tan \frac{x}{2}}{1 - \tan^2 \frac{x}{2}}$$

（7）负角公式

$$\sin(-x)=-\sin x,\cos(-x)=\cos x,\tan(-x)=-\tan x$$

$$\arcsin(-x)=-\arcsin x,\arccos(-x)=\pi-\arccos x,\arctan(-x)=-\arctan x$$

九、三角形的边角关系

1. 直角三角形

设 $\triangle ABC$ 中，$\angle C=90°$，三边分别是 a，b，c，面积为 S，则有

(1) $\angle A+\angle B=90°$；

(2) $a^2+b^2=c^2$；

(3) $\sin A=\dfrac{a}{c}$，$\cos A=\dfrac{b}{c}$，$\tan A=\dfrac{a}{b}$；

(4) $S=\dfrac{1}{2}ab$.

2. 斜三角形

设 $\triangle ABC$ 中，三边分别是 a，b，c，面积为 S，外接圆半径为 R，则有

(1) $\angle A+\angle B+\angle C=180°$；

(2) $\dfrac{a}{\sin A}=\dfrac{b}{\sin B}=\dfrac{c}{\sin C}=2R$（正弦定理）；

(3) $a^2=b^2+c^2-2bc\cos A$，

$b^2=a^2+c^2-2ac\cos B$，

$c^2=a^2+b^2-2ab\cos C$.（余弦定理）；

(4) $S=\dfrac{1}{2}ab\sin C$.

十、圆、球及其它旋转体

1. 圆

周长：$C=2\pi r$（r 为半径）；

面积：$S=\pi r^2$.

2. 球

表面积：$S=4\pi r^2$；

体积：$V=\dfrac{4}{3}\pi r^3$.

3. 圆柱

侧面积：$S_侧=2\pi rh$（h 为圆柱的高）；

全面积：$S_全=2\pi r(r+h)$；

体积：$V=\pi r^2 h$.

4. 圆锥

侧面积：$S_侧=\pi rl$（l 为圆锥的母线长）；

全面积：$S_全=\pi r(r+h)$；

体积：$V=\dfrac{1}{3}\pi r^2 h$.

笔记

附录 C 标准正态分布表

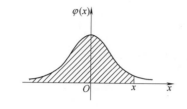

$$\Phi(x) = \frac{1}{\sqrt{2\pi}} \int_{-\infty}^{x} e^{-\frac{t^2}{2}} dt \quad (x \geqslant 0)$$

x	0.00	0.01	0.02	0.03	0.04	0.05	0.06	0.07	0.08	0.09
0.0	0.5000	0.5040	0.5080	0.5120	0.5160	0.5199	0.5239	0.5279	0.5319	0.5359
0.1	0.5398	0.5438	0.5478	0.5517	0.5557	0.5596	0.5636	0.5675	0.5714	0.5753
0.2	0.5793	0.5832	0.5871	0.5910	0.5948	0.5987	0.6026	0.6064	0.6103	0.6141
0.3	0.6179	0.6217	0.6255	0.6293	0.6331	0.6368	0.6404	0.6443	0.6480	0.6517
0.4	0.6554	0.6591	0.6628	0.6664	0.6700	0.6736	0.6772	0.6808	0.6844	0.6879
0.5	0.6915	0.6950	0.6985	0.7019	0.7054	0.7088	0.7123	0.7157	0.7190	0.7224
0.6	0.7257	0.7291	0.7324	0.7357	0.7389	0.7422	0.7454	0.7486	0.7517	0.7549
0.7	0.7580	0.7611	0.7642	0.7673	0.7703	0.7734	0.7764	0.7794	0.7823	0.7852
0.8	0.7881	0.7910	0.7939	0.7967	0.7995	0.8023	0.8051	0.8078	0.8106	0.8133
0.9	0.8159	0.8186	0.8212	0.8238	0.8264	0.8289	0.8315	0.8340	0.8365	0.8389
1.0	0.8413	0.8438	0.8461	0.8485	0.8508	0.8531	0.8554	0.8577	0.8599	0.8621
1.1	0.8643	0.8665	0.8686	0.8708	0.8729	0.8749	0.8770	0.8790	0.8810	0.8830
1.2	0.8849	0.8869	0.8888	0.8907	0.8925	0.8944	0.8962	0.8980	0.8997	0.9015
1.3	0.9032	0.9049	0.9066	0.9082	0.9099	0.9115	0.9131	0.9147	0.9162	0.9177
1.4	0.9192	0.9207	0.9222	0.9236	0.9251	0.9265	0.9279	0.9292	0.9306	0.9319
1.5	0.9332	0.9345	0.9357	0.9370	0.9382	0.9394	0.9406	0.9418	0.9430	0.9441
1.6	0.9452	0.9463	0.9474	0.9484	0.9495	0.9505	0.9515	0.9525	0.9535	0.9535
1.7	0.9554	0.9564	0.9573	0.9582	0.9591	0.9599	0.9608	0.9616	0.9625	0.9633
1.8	0.9641	0.9648	0.9656	0.9664	0.9672	0.9678	0.9686	0.9693	0.9700	0.9706
1.9	0.9713	0.9719	0.9726	0.9732	0.9738	0.9744	0.9750	0.9756	0.9762	0.9767
2.0	0.9772	0.9778	0.9783	0.9788	0.9793	0.9798	0.9803	0.9808	0.9812	0.9817
2.1	0.9821	0.9826	0.9830	0.9834	0.9838	0.9842	0.9846	0.9850	0.9854	0.9857
2.2	0.9861	0.9864	0.9868	0.9871	0.9874	0.9878	0.9881	0.9884	0.9887	0.9890
2.3	0.9893	0.9896	0.9898	0.9901	0.9904	0.9906	0.9909	0.9911	0.9913	0.9916
2.4	0.9918	0.9920	0.9922	0.9925	0.9927	0.9929	0.9931	0.9932	0.9934	0.9936
2.5	0.9938	0.9940	0.9941	0.9943	0.9945	0.9946	0.9948	0.9949	0.9951	0.9952
2.6	0.9953	0.9955	0.9956	0.9957	0.9959	0.9960	0.9961	0.9962	0.9963	0.9964
2.7	0.9965	0.9966	0.9967	0.9968	0.9969	0.9970	0.9971	0.9972	0.9973	0.9974
2.8	0.9974	0.9975	0.9976	0.9977	0.9977	0.9978	0.9979	0.9979	0.9980	0.9981
2.9	0.9981	0.9982	0.9982	0.9983	0.9984	0.9984	0.9985	0.9985	0.9986	0.9986
3	0.9987	0.9990	0.9993	0.9995	0.9997	0.9998	0.9998	0.9999	0.9999	1.0000
x	0.1	0.1	0.2	0.3	0.4	0.5	0.6	0.7	0.8	0.9

笔记

附录 D　希腊字母

正　体		斜　体		黑　斜　体		名称	近似读音
大写	小写	大写	小写	大写	小写		
Α	α	A	α	$\boldsymbol{A}$	$\boldsymbol{\alpha}$	alpha	阿尔法
Β	β	B	β	$\boldsymbol{B}$	$\boldsymbol{\beta}$	beta	贝塔
Γ	γ	Γ	γ	$\boldsymbol{\Gamma}$	$\boldsymbol{\gamma}$	gamma	伽马
Δ	δ	Δ	δ	$\boldsymbol{\Delta}$	$\boldsymbol{\delta}$	delta	德尔塔
Ε	ε	E	ε	$\boldsymbol{E}$	$\boldsymbol{\varepsilon}$	epsilon	伊普西龙
Ζ	ζ	Z	ζ	$\boldsymbol{Z}$	$\boldsymbol{\zeta}$	zeta	截塔
Η	η	H	η	$\boldsymbol{H}$	$\boldsymbol{\eta}$	eta	艾塔
Θ	θ	Θ	θ	$\boldsymbol{\Theta}$	$\boldsymbol{\theta}$	theta	西塔
Ι	ι	I	ι	$\boldsymbol{I}$	$\boldsymbol{\iota}$	iota	约塔
Κ	κ	K	κ	$\boldsymbol{K}$	$\boldsymbol{\kappa}$	kappa	卡帕
Λ	λ	Λ	λ	$\boldsymbol{\Lambda}$	$\boldsymbol{\lambda}$	lambda	兰姆达
Μ	μ	M	μ	$\boldsymbol{M}$	$\boldsymbol{\mu}$	mu	谬
Ν	ν	N	ν	$\boldsymbol{N}$	$\boldsymbol{\nu}$	nu	纽
Ξ	ξ	Ξ	ξ	$\boldsymbol{\Xi}$	$\boldsymbol{\xi}$	xi	克西
Ο	ο	O	o	$\boldsymbol{O}$	$\boldsymbol{o}$	omicron	奥密克戎
Π	π	Π	π	$\boldsymbol{\Pi}$	$\boldsymbol{\pi}$	pi	派
Ρ	ρ	P	ρ	$\boldsymbol{P}$	$\boldsymbol{\rho}$	rho	柔
Σ	σ	Σ	σ	$\boldsymbol{\Sigma}$	$\boldsymbol{\sigma}$	sigma	西格马
Τ	τ	T	τ	$\boldsymbol{T}$	$\boldsymbol{\tau}$	tau	套
Υ	υ	Υ	υ	$\boldsymbol{\Upsilon}$	$\boldsymbol{\upsilon}$	upsilon	宇普西龙
Φ	φ	Φ	ϕ	$\boldsymbol{\Phi}$	$\boldsymbol{\phi}$	phi	佛爱
Χ	χ	X	χ	$\boldsymbol{X}$	$\boldsymbol{\chi}$	chi	喜
Ψ	ψ	Ψ	ψ	$\boldsymbol{\Psi}$	$\boldsymbol{\psi}$	psi	普赛
Ω	ω	Ω	ω	$\boldsymbol{\Omega}$	$\boldsymbol{\omega}$	omega	欧米伽

笔记

参考文献

［1］ 白雪银. 经济应用数学. 北京：化学工业出版社，2014.
［2］ 侯风波. 经济数学基础. 北京：高等教育出版社，2007.
［3］ 盛光进. 经济应用数学. 上海：上海交通大学出版社，2009.
［4］ 吕同富. 经济数学及应用. 北京：中国人民大学出版社，2011.
［5］ 李聪睿. 经济应用数学. 上海：上海交通大学出版社，2012.